Psicologia do Desenvolvimento

Temas de investigação

Psicologia do Desenvolvimento

Temas de investigação

Editado por
 Maria da Conceição Taborda Simões
 Maria Teresa Sousa Machado
 Maria da Luz Vale Dias
 Luiza Isabel Nobre Lima

PSICOLOGIA DO DESENVOLVIMENTO
TEMAS DE INVESTIGAÇÃO

EDITORAS

MARIA DA CONCEIÇÃO TABORDA SIMÕES
MARIA TERESA SOUSA MACHADO
MARIA DA LUZ VALE DIAS
LUIZA ISABEL NOBRE LIMA

APOIO

INSTITUTO DE PSICOLOGIA COGNITIVA
DESENVOLVIMENTO VOCACIONAL E SOCIAL
(FEDER/POCTI – SFA – 160-192)

EDITOR

EDIÇÕES ALMEDINA, SA
Rua da Estrela, n.º 6
3000-161 Coimbra
Tel.: 239 851 904
Fax: 239 851 901
www.almedina.net
editora@almedina.net

IMPRESSÃO • ACABAMENTO

G.C. – GRÁFICA DE COIMBRA, LDA.
Palheira – Assafarge
3001-453 Coimbra
producao@graficadecoimbra.pt

Novembro, 2006

DEPÓSITO LEGAL
250314/06

Os dados e as opiniões inseridos na presente publicação
são da exclusiva responsabilidade do(s) seu(s) autor(es).

Toda a reprodução desta obra, por fotocópia ou outro qualquer processo,
sem prévia autorização escrita do Editor,
é ilícita e passível de procedimento judicial contra o infractor.

Índice

Nota de apresentação v

1   O que está vivo e o que está morto em Piaget 1
    J. Ferreira da Silva

2   Onde procurar primeiro para compreender a disputa
    de Turiel com Kohlberg: O caso da competência moral
    da criança 23
    Orlando Lourenço

3   Análise do erro na resolução de problemas verbais
    de estrutura aditiva. Uma perspectiva construtivista 53
    **D. Botelho, J. Castro, L. Morgado,
    S. Parrat-Dayan & A. Spinillo**

4   Estratégias de resolução de conflitos interpessoais:
    Alguns dados empíricos 77
    **M. C. Taborda Simões, M. L. Vale Dias
    & M. D. Formosinho Sanches**

5   Significações sobre parentalidade e *bons-cuidados*:
    Como pensam os pais? 95
    **Luísa Barros
    & Margarida C. dos Santos**

| 6 | Perspectivas sobre a problemática do abandono escolar .... | 117 |

M. D. Formosinho Sanches
& M. C. Taborda Simões

| 7 | Aconselhamento psicológico no Ensino Superior .... | 159 |

Anabela M. de Sousa Pereira

| 8 | Por que a sabedoria dificilmente poderá ser ensinada nas escolas — Uma resposta a Robert Sternberg .... | 185 |

Helena Marchand

| 9 | Trajectórias dos nossos vínculos: Desenvolvimento, psicopatologia e aplicações clínicas .... | 213 |

Isabel Soares

| 10 | O estudo da cognição no adulto: Potencialidades do modelo piagetiano .... | 243 |

M. T. Sousa Machado
& M. C. Taborda Simões

Nota de apresentação

A publicação deste livro tem uma pequena história. Feita de avanços e alguns recuos, essa história começou no âmbito de um encontro científico — Psicologia do Desenvolvimento: Temas de investigação / Áreas de intervenção — que se realizou em Coimbra, promovido pelo Núcleo de Desenvolvimento Psicológico da Criança e do Adolescente (Faculdade de Psicologia e de Ciências da Educação da Universidade de Coimbra). Com efeito, o interesse que os temas então tratados despertaram nos participantes (psicólogos, estudantes de psicologia e de ciências da educação, professores, educadores de infância, técnicos de serviço social e profissionais de saúde) fez nascer a ideia de divulgar as comunicações apresentadas. O debate que entre os próprios investigadores se gerou, enriquecido por encontros e desencontros de perspectivas, fortaleceu essa ideia, agora concretizada com o aparecimento do presente volume que inclui contributos de outros especialistas além dos oradores.

Apesar da diversidade das questões que colocam, os textos aqui inseridos sob a forma de capítulos remetem todos para uma visão do desenvolvimento como processo dinâmico e complexo que, coincidindo com o ciclo da vida, é determinado por múltiplos e variados factores. Além disso, têm o mérito de abrir ao leitor a possibilidade de reconhecer o lugar de destaque que a psicologia do desenvolvi-

mento tem vindo a conquistar no seio da ciência psicológica. Vale a pena salientar ainda o facto de, no seu conjunto, esses textos traçarem um panorama suficientemente representativo dos desafios que aos psicólogos do desenvolvimento hoje se colocam quer no plano da investigação quer ao nível da intervenção.

Assim, no primeiro capítulo, J. Ferreira da Silva toma como objecto de reflexão a teoria de Jean Piaget a quem justamente reconhece o estatuto de "figura dominante" na psicologia do desenvolvimento ao longo do "segundo e terceiro quartéis do século XX". Embora admitindo a influência que essa teoria continua a exercer e o facto de nem as "impiedosas críticas" nem o "aparecimento de teorias alternativas" terem abalado a sua hegemonia em termos de pertinência, o autor não deixa de lhe apontar várias lacunas e limitações. Fá-lo, porém, com a convicção de que "pretender preservar a pureza dos seus ensinamentos seria certamente o pior serviço que se podia prestar a Piaget e (...) à psicologia do desenvolvimento cognitivo".

No segundo capítulo, Orlando Lourenço propõe-se esclarecer o "sentido da disparidade entre a teoria de desenvolvimento moral de Kohlberg e a abordagem de domínios de Turiel no que à competência moral da criança diz respeito". Para tanto, enfatiza a necessidade de proceder a determinadas "clarificações conceptuais" e apresenta dados de um estudo empírico em que participaram crianças de seis e de oito anos de idade.

Por sua vez, no terceiro capítulo, D. Botelho, J. Castro, L. Morgado, S. Parrat-Dayan e A. Spinillo analisam, numa perspectiva construtivista, o "erro na resolução de problemas verbais de estrutura aditiva". A análise das dificuldades que tais problemas levantam aos alunos é sustentada por uma investigação realizada com crianças do último ano do ensino Pré-escolar e do 1.º e 2.º anos do Ensino Básico.

Com o objectivo de identificar "as estratégias avançadas por crianças e adolescentes na resolução de um conflito hipotético com outro sujeito mais novo", M. C. Taborda Simões, M. L. Vale Dias e M. D. Formosinho Sanches apresentam, no quarto capítulo, dados de um estudo levado a cabo em jardins de infância e escolas do concelho de Coimbra.

No quinto capítulo, Luísa Barros e Margarida C. dos Santos tomam como objecto de reflexão as "significações sobre parentalidade e bons cuidados". *Reconhecendo que a identificação dessas significações assume particular interesse para a intervenção com pais, avançam com um modelo próprio de significações parentais sobre os bons cuidados.*

A problemática do abandono escolar é abordada no sexto capítulo, no qual M. D. Formosinho Sanches e M. C. Taborda Simões tecem várias considerações sobre os factores explicativos, a dinâmica e as implicações deste fenómeno. São também referidos exemplos quer de modelos de despistagem e prevenção quer de programas de intervenção.

No sétimo capítulo, Anabela M. de Sousa Pereira toma como objecto de análise questões relativas ao "aconselhamento psicológico no Ensino Superior". Insistindo na necessidade de criar estruturas de apoio psicopedagógico para intervir junto dos alunos com problemas, descreve as diversas actividades que, desde 1999, vêm sendo concretizadas no âmbito do Gabinete de Aconselhamento Psicopedagógico dos Serviços de Acção Social da Universidade de Coimbra.

Por seu lado, no oitavo capítulo, Helena Marchand debruça-se sobre as diferentes conceptualizações de sabedoria e comenta os resultados de algumas pesquisas sobre o tema. Sem deixar de parte a caracterização dos ambientes susceptíveis de activar a sabedoria, questiona a possibilidade de se proceder ao seu ensino nas escolas.

Ao longo do nono capítulo, Isabel Soares centra-se nas "trajectórias dos nossos vínculos: desenvolvimento, psicopatologia e aplicações clínicas". Adoptando uma perspectiva histórica, examina as contribuições mais relevantes para o estudo da vinculação e dedica particular atenção ao impacto que os avanços neste domínio podem ter na prática psicoterapêutica.

Por último, no décimo capítulo, M. T. Sousa Machado e M. C. Taborda Simões interrogam-se sobre a relevância do modelo piagetiano para responder aos desafios colocados pelo estudo da cognição no adulto.

A preparação deste livro só foi possível graças ao esforço dos membros do Núcleo de Desenvolvimento Psicológico da Criança e do Adolescente (Faculdade de Psicologia e de Ciências da Educação da Universidade de Coimbra). A todos expressamos a nossa gratidão, deixando uma palavra de especial reconhecimento aos mestres Pedro Urbano e Conceição Caritas. Sem a sua competência e dedicação não teriam decerto sido ultrapassadas as dificuldades surgidas ao longo desta caminhada.

Ao Instituto de Psicologia Cognitiva, Desenvolvimento Vocacional e Social agradecemos o indispensável apoio à publicação do presente volume.

M. C. Taborda Simões
M. T. Sousa Machado

1

O que está vivo e o que está morto em Piaget

J. Ferreira da Silva

"Zoólogo de formação, epistemologista por vocação, lógico por método", assim a sua mais próxima e constante colaboradora, Bärbel Inhelder, caracteriza Piaget (1960, 81). Curiosamente, a psicologia não entra neste quadro, nem mesmo a psicologia do desenvolvimento de que Piaget foi figura dominante — *the giant of developmental psychology,* como em 1969 o denominou Hunt — durante o segundo e terceiro quartéis do século XX. Foi nesta área que exerceu a sua influência mais determinante. Essa influência manteve--se para além da sua morte (1980); repercute-se ainda nos dias de hoje. A sua teoria pode, neste início do século XXI, ser apresentada não apenas como a mais influente mas como a mais pertinente do nosso tempo (*e. g.* Lourenço, 2003, 74) apesar das impiedosas críticas e contestações de que também foi alvo e do aparecimento de teorias alternativas.

Os começos, no entanto, quer pelas primeiras investigações quer pela formação académica, foram de zoólogo. Quase simultaneamente, foi o engodo pela filosofia, seguido da respectiva desconversão. Os textos autobiográficos são esclarecedores a tal respeito.

Após precoces investigações sobre os moluscos e as suas conchas, em plena adolescência, a descoberta de *L'évolution créatrice* decide o jovem Piaget a consagrar-se à "explicação biológica do conhecimento", a construir uma epistemologia fundada sobre a biologia, uma epistemologia biológica. Mas a leitura do livro de Bergson decepcionou-o, dá-lhe, nas suas palavras, "a impressão de uma engenhosa construção desprovida de base experimental: entre a biologia e a análise do conhecimento, era-me necessário alguma coisa mais do que a filosofia. Creio que foi neste momento que descobri uma necessidade que só podia ser satisfeita pela psicologia" (Piaget, 1966, 132).

Ora, no suposto de que "a natureza e a validade dos conhecimentos dependem estreitamente do seu modo de formação" (Piaget, 1950, I, 8) e "na falta de quaisquer informações sobre a filogénese do conhecimento assim como da sociogénese pré-histórica dos conhecimentos humanos" impunha-se "estudar (...) na criança o nascimento da inteligência e o desenvolvimento das principais operações intelectuais" (Beth & Piaget, 1961, 144).

Para elaborar a epistemologia pretendida era-lhe assim necessário realizar "o equivalente de uma análise embriogenética" (*Id. ibid.*, 144) uma espécie de "embriologia da razão que é o estudo da inteligência infantil" (Piaget, 1950, I, 5).

Uma tal psicologia não existia de facto. Era necessário criá-la. Desse modo se poderia constituir uma epistemologia genética considerada como ciência (*Id. ibid.*, 13 ss.).

Mais de meio século depois da primeira tentativa de concretização de um tal desiderato, temos, no entanto, de convir que a epistemologia genética é uma epistemologia como as outras. Também já Husserl, décadas antes, se propusera criar uma "filosofia como ciência de rigor". Está-se mesmo a ver o rigor e a ciência. De ciência, nada; quanto ao rigor o que seria de esperar de um filósofo.

A epistemologia genética não é também uma nova ciência; é, repetimos, uma epistemologia como outra qualquer. Teve sobre (creio que) todas as outras uma importante vantagem: para ser concretizada exigiu extensas e importantes investigações que dominaram a psicologia do desenvolvimento cognitivo durante décadas. Levou à criação de uma monumental obra psicológica. O sucesso epistemológico não parece ter sido idêntico. Tudo leva a crer que Piaget não conseguiu impor na epistemologia o seu método psicogenético a complementar o método histórico-crítico, como preconizou desde a *Introduction à l'épistémologie génétique* (1950, 3 volumes). O método histórico-crítico faz, de algum modo, da história da ciência o laboratório da epistemologia. Piaget não conseguiu impor o estudo da psicogénese como uma espécie de segundo "laboratório epistemológico". Teve uma fortíssima influência, um enorme impacto e até uma significativa sucessão na psicologia do desenvolvimento cognitivo. Nada de parecido é possível descortinar na epistemologia.

E no entanto, se a epistemologia genética não ganhou o estatuto de ciência, um problema classicamente incluído na teoria do conhecimento (como parte da filosofia) pôde ser tratado por métodos objectivos e, desta forma, adquirir um carácter científico, o problema da origem do conhecimento.

A origem do conhecimento é, em princípio, uma questão de facto. Para escapar ao domínio da pura reflexão filosófica e se transformar em problema científico bastaria encontrar os métodos objectivos susceptíveis de o tratar. É no que vai consistir o essencial da obra de Piaget. Depois das investigações do Mestre de Genebra o problema da origem do conhecimento deixou de ser um problema filosófico. Passou a ser um problema psicológico susceptível de investigação empírica e experimental.

Como aumenta e cresce o conhecimento? (*Comment s'accroissent les connaissances? Id. ibid.*, I, 18). É a questão fundamental a que procura dar resposta. Um estudo que pensava realizar em quatro ou cinco anos e a que acabou por consagrar o melhor do resto da sua vida de laborioso e fecundo investigador, quase sessenta anos.

Inicia então um vasto programa de investigação, com uma ideia orientadora ou princípio heurístico: a diferença entre o pensamento da criança e o pensamento do adulto é qualitativa e não apenas quantitativa, é uma diferença de natureza e não somente de grau ¹. Escassos anos volvidos e publicados sucessivamente (entre 1923 e 1932) os seus cinco primeiros livros, aquela ideia surge-lhe como insuficiente e insatisfatória ², já no último da série.

Mas o programa não foi abandonado. Foi apenas diversificado, complexificado, renovado. Renovado na problemática, na teoria, nos conceitos ³, no método. Para trás ficam as obras "un peu adolescents" (Piaget, 1959, 106) publicadas "sem tomar precauções suficientes quanto à apresentação das minhas conclusões (...) (Piaget, 1966, 139).

Como dirá um pouco mais tarde, "o meu problema (...) era encontrar as diferenças entre a criança e o adulto ou as diferenças entre um estádio de desenvolvimento e outro" (1973, 84). De facto, começou por ser a primeira coisa e só depois a segunda. As "diferenças de natureza" (com outro nome, diferenças de estrutura) foram transpostas para as diferenças entre os estádios.

O renovado programa de investigação vai ser prosseguido de forma sistemática. Deu origem a uma obra monumental. Quase um quarto de século após a morte do seu autor, não será chegado o momento de fazer um balanço desta "herança piagetiana"? Balanço necessariamente subjectivo, à mercê das preferências e opções de quem o faz, mas balanço talvez necessário perante a multiplicidade dos desenvolvimentos pós-piagetianos.

---

¹ "Cremos que chegará um dia em que se porá o pensamento da criança em relação ao pensamento do adulto, normal e civilizado no mesmo plano da 'mentalidade primitiva', definida por Lévy-Bruhl, do pensamento autístico e simbólico descrito por Freud (...) e da 'consciência mórbida', a supor que este conceito, devido a Ch. Blondel, não se funda um dia com o precedente" (Piaget, 1924, 201-202)).

² "Após tudo ter feito para apresentar o pensamento da criança como diferente do do adulto em natureza e não somente em grau, confessamos não saber mais ao certo o que estas palavras significam" (Piaget, 1932, 60).

³ Embora alguma coisa se conserve, mesmo se sob diferente designação. O abandonado autismo passa a adualismo, o pensamento pré-lógico metamorfoseia-se em representações pré-operatórias, *e. g.*

A situação actual é de molde a deixar perplexo um espírito despreconcebido. Ao lado dos que tudo rejeitam (*e.g.* D. Cohen, 1981-1992) há os fidelíssimos discípulos que tudo aceitam, como há aqueles que apenas aceitam o que mais lhes agrada ou está conforme com as suas próprias concepções. Neste último campo a situação assemelha-se ao que acontece quando uma grande árvore tomba. Das raízes brotam os mais numerosos e diversos rebentos, em difusa proliferação. Ingrata tarefa seria a de os considerar um a um.

Sem pôr em causa a grandeza e a actualidade, o prestígio e a influência da obra de Piaget — continua a ser a grande teoria em psicologia do desenvolvimento cognitivo — não é possível, todavia, ignorar as numerosas críticas e contestações a que tem dado lugar (ou rejeitá-las liminarmente) nem os desenvolvimentos pós-piagetianos. Não é possível sobretudo ignorar a própria declaração de Piaget (a propósito de críticas por ele julgadas mesquinhas a Lamarck): "uma grande obra comporta sempre algumas partes fracas ou mesmo muito fracas" (1967, 125). Não estaria porventura a pensar em si próprio? Não será chegado o momento de começar a identificar estas partes, procurando não cair em críticas mesquinhas?

Numa epistemologia de inspiração racionalista e crítica, uma teoria é uma tentativa de ordenar e explicar racionalmente um conjunto de factos, avançada a título hipotético, sempre susceptível de reavaliação e revisão ou mesmo eventual abandono e substituição. O excessivo respeito pelas teses, concepções ou teorias de um autor, tomando-as como dados indubitáveis ou intocáveis, releva de uma atitude mais religiosa que científica, transforma-as em matéria de fé. É a contaminação do espírito científico pelo espírito religioso. Não faltam exemplos contemporâneos dessa atitude. A psicanálise e o marxismo são os mais notórios. A fidelidade incondicional e sem reservas a uma teoria é, nesta perspectiva, um pecado contra a inteligência ou, a pretender não utilizar uma linguagem com conotações religiosas, uma perversão da inteligência. A psicologia operatória da inteligência piagetiana não poderia ser excepção.

*

* *

Já antes da morte de Piaget o "campo piagetiano" procurava renovar-se. Mas quer a psicologia social do desenvolvimento cognitivo (sob o impulso de W. Doise e G. Mugny) quer os prolongamentos funcionalistas do estruturalismo que pretenderam contrapor um *sujeito psicológico* ao *sujeito epistémico* piagetiano [4] esgotaram-se rapidamente. Não apontarão, todavia, as primeiras investigações mencionadas para a necessidade de completar o interaccionismo piagetiano, centrado nas relações entre o sujeito e o objecto, por um inter-relacionismo que tenha em maior conta (do que a concedida por Piaget) as relações entre os sujeitos? Não deve perder-se de vista que as situações em que Piaget estuda o comportamento e o desenvolvimento da criança (e isto desde o período sensório-motor) são situações sociais, um diálogo com o adulto. Já na simples passagem de um teste "certas crianças interessam-se muito mais pela pessoa que se ocupa delas do

---

[4] Esta substituição de um sujeito psicológico ao sujeito epistémico é, implicitamente, a crítica mais devastadora que pode ser feita a Piaget. Pressupõe que, quando ele estudava, na criança ou no adolescente, a representação do mundo ou a representação do espaço, o nascimento da inteligência ou a construção do real, a génese do número ou das estruturas lógicas elementares, etc. etc. não estava a fazer psicologia.

A designação "sujeito epistémico" não fora, decerto, particularmente feliz. Mas os discípulos funcionalistas de Piaget parecem ter esquecido o remoque do mestre sobre "os psicólogos que frequentemente ignoram ainda o uso das ciências exactas de só discutir um termo em função das definições propostas por oposição aos significados e associações correntes" (Piaget & Inhelder, 1966, 49). Dir-se-ia que tais discípulos se deixam embair pelos "significados e associações correntes". Ora, se atendermos às "definições propostas" verificamos que por sujeito epistémico Piaget entendia "os mecanismos comuns a todos os sujeitos individuais do mesmo nível", "o núcleo cognitivo comum a todos os sujeitos do mesmo nível" (1968, 58 e 120). O sujeito epistémico não é afinal, contrariamente ao que os seus discípulos funcionalistas parecem sugerir, menos psicológico que o sujeito psicológico destes discípulos, neste particular, pouco inspirados; nem, atrever-nos-íamos a acrescentar, o seu "sujeito psicológico" menos epistémico que o do Mestre. Pois não estudam eles também e somente as actividades cognitivas, isto é, o sujeito do conhecimento?

que pelos objectos apresentados, promovendo muito o seu contacto ou tentando utilizá-la como intermediário em relação aos objectos" (Lézine, 1982, 110). Não se pode excluir que o mesmo não suceda nas provas piagetianas. O interaccionismo que nos é proposto é duplamente desequilibrado. Nas interacções entre o sujeito e o objecto pende demasiado para o lado do sujeito; quando se compara a acção dos objectos com a dos outros sujeitos, pende excessivamente para o lado dos objectos.

Outros aspectos da teoria piagetiana podem hoje aparecer como contestáveis ou menos aceitáveis.

Uma primeira observação sobre o método, aliança de um insuperável engenho à, em numerosos casos, mais desarmante simplicidade. Trata-se do que se poderia designar como uma forma de observação provocada que permite uma riquíssima colheita de factos, base sobre que se construiu a teoria. Não está em causa a sua fecundidade, documentada na monumental, como já a classificámos, obra de Piaget. Trata-se, no entanto, de um método fundamentalmente heurístico, como o próprio reconhece (para Evans):

"É porque procuro coisas novas que não tenho planos experimentais. Para mim uma experiência é bem sucedida quando leva ao inesperado" (Piaget, 1973, 84).

O método é heurístico mas é também um método que procura sobretudo comprovações ou corroborações em vez de refutações. Aqui residirá porventura a sua maior fraqueza. Com engenho e imaginação (engenho e imaginação não faltam a Piaget e seus colaboradores na elaboração das suas provas) é possível encontrar situações que comprovem as teses que se pretendem demonstrar, que, e. g., revelem as diferenças entre estádios que pretendemos provar. O método para se manter fecundo terá de evitar o risco (que claramente comporta) de se transformar em autoconfirmativo. Em vez de confirmações ou corroborações deverá também procurar situações susceptíveis de levar a refutações [5].

---

[5] Lembremos que, quer como psicólogo, quer como lógico, quer como epistemologista — "eu não sou um psicólogo. Sou um epistemólogo", notava

É o que os adversários da teoria se não têm coibido de fazer. Rejeitar liminarmente os resultados das suas experiências, como alguns piagetianos mais irredutíveis podem ser tentados a fazer, ou procurar "interpretá-los", de molde a pô-los de acordo com a teoria, é um sintoma inquietante. É de desconfiar, por princípio, de uma teoria que encontra resposta para todas as objecções quer teóricas quer empíricas, que encontra sistematicamente maneira de reinterpretar os "dados" que lhe opõem.

Um exemplo apenas.

Conhece-se o papel atribuído por Piaget à acção (à acção, às coordenações gerais ou não da acção, à abstracção a partir da acção...) no desenvolvimento cognitivo. É da acção que retira a lógica, diga-se de passagem que depois de lá a colocar, pois que a acção é logicamente estruturada [6].

Ora a N. Jordan que o confronta com o caso de uma mulher de quarenta anos com uma cabeça normal mas o resto do corpo subdesenvolvido, incapaz desde o nascimento de movimentos intencionais e, apesar disso, muito inteligente, Piaget responde que a actividade sensório-motora "deve ser tomada num sentido geral e não implica necessariamente usar as mãos, correr, etc." (cit. in R. Vuyk, 1981, 133).

Coisa semelhante acontece com Th. Gouin Décarie e as suas investigações com crianças talidomidianas. Perante o facto de, apesar

---

ele ironicamente a Bringuier (1977, 93) — o problema da prova não ocupou um lugar relevante na obra de Piaget, como, aliás, já foi notado por outros.

[6] A origem da lógica na acção é constantemente afirmada, embora nunca demonstrada. Não é possível averiguar aqui as razões profundas da insistência nesta tese, necessária talvez para não colocar a origem da lógica na linguagem ou atribuí-la ao acaso das mutações. "Pela minha parte recuso-me absolutamente a pensar que as estruturas lógico-matemáticas possam ter origem aleatória", afirma peremptoriamente (1979, 97-98). Colocar tal origem na linguagem, por outro lado, seria uma importante concessão ao positivismo lógico, arvorado por Piaget em inimigo principal (in Bringuier, 1977, 197). Mas a tese piagetiana carece de prova. Piaget tira facilmente a lógica da acção depois de a lá ter posto. Tudo está em tudo na condição de lá o pormos antes. É fácil, depois, retirá-lo de lá.

das severas restrições na manipulação dos objectos, estas crianças alcançarem normalmente a noção do objecto permanente, esclarece: "Mas a construção do real pela criança não é função de um só órgão ou de uma só modalidade. O que uma criança não pode conseguir graças a um dado 'circuito', atinge-o por outra via" (Décarie & Richard, 1996, 119).

Inútil acrescentar que estas respostas são insatisfatórias e, em rigor, inaceitáveis. O que estava não apenas implícito mas explícito nos trabalhos e na teorização de Piaget era que se tratava da acção, no sentido próprio, da actividade sensório-motora, isto é, da actividade motora guiada pelos órgãos sensoriais. Diluí-la num qualquer indefinido "sentido geral" ou em "circuitos" não identificados é retirar-lhe qualquer especificidade e precisão, tornar a teoria de impugnação impossível. De facto, observações do teor das citadas se não ferem de morte a explicação piagetiana da "construção do real" e da origem da lógica, impõem-lhe reservas de vulto.

Talvez das limitações do método derive também o facto de algumas das contestações mais significativas da teoria piagetiana de algum modo serem correlativas a alterações do método.

A "construção do objecto permanente" foi um dos aspectos estudados. Substituindo a manipulação de objectos pela reacção de surpresa em situações de atenção visual, uma série de investigações (sem retirar o mérito das observações e experiências piagetianas) mostram, cremos que sem sombra de dúvida, que a construção do objecto permanente e a compreensão do mundo físico pela criança são mais ricas e precoces do que a descrição de *La construction du réel chez l'enfant* (Piaget, 1937) poderia levar a supor. Não se pode mesmo excluir quer o recurso a estruturas mentais inatas, não consideradas por Piaget, quer a aprendizagem dos bebés por meio apenas da observação, sem necessidade do recurso à acção manual para a aquisição de conhecimentos físicos (cf. Baillargeon, 2000, 80).

K. Wynn vai mais longe nesta via procurando demonstrar que crianças de cinco meses podem "calcular" o resultado de operações aritméticas simples sobre um pequeno número de objectos, o que apontaria para a existência de capacidades numéricas inatas (Wynn, 1992, 749a).

Não é possível fazer aqui o resumo ou a crítica destas e outras investigações que apontam no mesmo sentido [7]. Impõem, sem dúvida, uma reformulação do construtivismo — Ducret (1984), um piagetiano, fala mesmo, com sentido crítico, em hiperconstrutivismo — com um contributo mais relevante do factor hereditariedade e do inato do que Piaget estava disposto a atribuir-lhes. Conexamente será também necessário pôr algumas surdinas no papel essencial — um outro piagetiano, P. Greco, diz *exorbitante* (cit. in Bideaud, 2000, 10) atribuído à acção.

*

* *

Se o problema consiste, de facto, em "encontrar as diferenças entre a criança e o adulto ou as diferenças entre um estádio de desenvolvimento e outro", corre-se um sério risco de exagerar tais diferenças. Piaget implicitamente reconhece que começou por exagerar as diferenças entre a criança e o adulto, seus primeiros termos de comparação (vide *supra,* n. 2). Não podemos dizer que o mesmo aconteceu depois com os estádios de desenvolvimento?

O sistema de estádios é porventura uma das partes mais conhecidas e citadas da obra de J. Piaget. É também certamente, como muitas das noções que a ele se encontram ligadas, uma das mais problemáticas. Excluídos problemas de delimitação e critérios de definição apenas o período da inteligência sensório-motora não dará lugar a dificuldades maiores.

As mais notórias destas dificuldades começam com a noção de representações pré-operatórias, claro e óbvio sucedâneo e remanescente da anterior concepção da inteligência pré-lógica da criança [8].

---

[7] Para esse efeito, *vide* T. G. R. Bower, 1987 e R. Baillargeon, 2000.

[8] "De natureza pré-operatória, o que quer dizer pré-lógica, esta forma de pensamento (…)" (Inhelder & Piaget, 1955, 215).

Seria a forma de pensamento dominante entre os 2 e os 7 anos, isto é, o grande período de aquisição da linguagem [9]. Seguir-se-iam, como é bem sabido, as operações concretas e as operações formais ou proposicionais.

A ideia de representações pré-operatórias é tanto mais estranha quanto a criança tem uma notável, adaptativa e socializada actividade verbal. Mas Piaget, que empresta lógica à actividade sensório-motora, vendo já o célebre grupo de quaternalidade INRC na actividade da criança antes da linguagem, parece ignorar, em todo o caso não faz qualquer referência à mera possibilidade da existência de uma lógica nessoutra actividade complexa e subtil que é a actividade verbal da criança. E ao falar em representações pré-operatórias — isto é, insistimos, pré-lógicas — está a negar a existência de lógica nessa actividade. É como se Piaget emprestasse lógica à actividade motora da criança e a recusasse à sua actividade verbal. Não é por acaso que geralmente se considera o tratamento da linguagem um dos pontos mais fracos da investigação e da teorização piagetianas.

Piaget não parece ter tirado todas as consequências da ideia de que a percepção e a linguagem são actividades, actividade perceptiva e actividade verbal. Actividades não são apenas alterações produzidas no meio físico pela mão (ou outro órgão corporal) guiada pelo olhar. Olhar, ver, ouvir, palpar, falar são também actividades. E se a actividade sensório-motora comporta uma lógica, por que a não hão-de

---

[9] Piaget recusa a ver na linguagem a origem da lógica e das operações. Terá provavelmente razão, mas isso não basta para fundamentar a sua tese da origem da lógica e das operações na acção ou nas coordenações gerais da acção. Estranhamente para um psicólogo que substitui o "núcleo fixo inato" de Chomsky por "um mecanismo auto-regulador procedente do desenvolvimento sensório-motor ao nível da passagem à representação" (Piaget, 1970, 128, n. 1) na explicação da linguagem (seja lá isso o que for, pois Piaget não define nem descreve tal mecanismo auto-regulador), não lhe ocorre apelar do mesmo modo para semelhante mecanismo auto-regulador procedente do desenvolvimento verbal ao nível da passagem às operações. Não pretendemos, obviamente, que tal mecanismo exista ou seja susceptível de explicar o aparecimento da lógica, mas apenas mostrar como a citada explicação de Piaget é verbal, ou melhor, verbalista.

comportar a actividade perceptiva e, sobretudo, a actividade verbal? Aliás tudo indica que é naquele tipo de actividade que Piaget estaria a pensar quando responde do modo que vimos às objecções de N. Jordan e T. Gouin Décarie (*supra,* p. 8).

Sem curar de saber se a actividade, em geral, e a actividade verbal, em particular, se organizam ou não logicamente (a primeira tese nunca logrou aceitação para além dos estritos círculos piagetianos) não é necessário um trato muito prolongado com crianças de idades e níveis pré-operatórios, segundo os critérios de Piaget, para detectar variadas formas de inferência, manifestação inequívoca de lógica [10]. Aliás o apelo tardio para as funções, correspondências, morfismos (atribuídos a este período), a que assistimos na fase final da obra de Piaget, será mais do que uma tentativa de última hora para superar o tratamento fundamentalmente negativo dado à criança de idade pré-escolar, caracterizada geralmente pelo que não tem ou não faz [11]? Mas estas funções, correspondências, morfismos são ou implicam operações, implicam a lógica, e a designação *pré-operatória* perde sentido, ou são o quê? Tal como as inferências atrás mencionadas, não implicam uma lógica? Se implicam, repetimos, a designação *pré-operatório* perde sentido, já que, como se disse, pré-operatório significa pré-lógico.

A distinção entre pré-operatório e operatório (concreto) não pode pois considerar-se rígida mas também a distinção entre operações concretas e formais é, no mínimo, problemática. A lógica proposicional aparece mais cedo do que Piaget supõe, provavelmente desde o nível dito pré-operatório, como sugere o já antigo estudo de Brained (1976-1977). Bastará simplificar ou complicar um

---

[10] A mero título ilustrativo, uma observação pessoal. Nos transportes colectivos uma criança de 3 (três) anos pretende ocupar um lugar que vagou, quando há numerosos adultos de ambos os sexos de pé. A mãe, que a acompanha, admoesta-a: "Então e as outras pessoas?" "As outras pessoas vão de pé", responde o pimpolho com lógica imbatível. Não seria difícil na literatura e na vida corrente multiplicar observações do género.

[11] As representações *e. g.* são caracterizadas pelo que ainda não são: ainda não são operatórias.

pouco os problemas colocados para ver respostas correctas em crianças mais jovens, se simplificarmos, ou adolescentes e adultos com sérias dificuldades em problemas que implicam a lógica proposicional, se se complicar (cf. *e. g.* M. Lobrot, 1973, 92-94 e D. Cohen, 1992, 94-96).

Dêmos apenas dois exemplos.

Piaget aponta como critério para distinguir entre operações concretas e formais o teste de Burt: "Edite é mais loura que Susana; Edite é mais morena que Lili. Qual é mais morena das três?" (1974, 178). Tratar-se-ia de uma simples seriação que no plano concreto a criança realiza com pleno sucesso pelos 7 (sete) anos. O mesmo sucesso, neste plano verbal, só é alcançado, segundo Piaget (neste particular excessivamente optimista, como veremos) pelos 12 (doze) anos.

Já desde 1973 M. Lobrot notara que "a dificuldade do problema resulta de se ter invertido a segunda proposição e que em vez de se dizer 'Lili é mais loura que Edite', o que torna o problema muito simples, se diz 'Edite é mais morena que Lili'. Pode, então, proceder-se de duas maneiras: ou converter simplesmente a segunda proposição se se está suficientemente habituado à mecânica lógica (que não exige qualquer inteligência particular) ou tentar representar-se mentalmente os termos, solução a que mal se pode escapar se não se está habituado a esta mecânica. Mas, neste caso, tem-se uma grande dificuldade (mesmo se se é adulto) em fazer esta representação e corre-se o risco de falhar por falta de paciência ou de atenção" (Lobrot, 1973, 92-93).

O problema, na forma como Piaget o pôs, levanta graves dificuldades mesmo para a maior parte dos adultos, como a experiência própria me ensinou e foi possível verificar em sucessivas gerações de estudantes universitários a quem punha verbalmente o problema, nas aulas. O fracasso era generalizado. Os 12 (doze) anos referidos por Piaget são excepcionalmente optimistas.

O segundo exemplo é um estudo de Wason (cit. in D. Cohen, 1992, 94-96 e R. Vuyk, 1981, II, 453-454).

4 (quatro) cartões com um número de um lado e uma letra do outro são mostrados a estudantes do ensino superior. Mostrados os

cartões A, D, 4, 7 perguntou-se que cartões é necessário virar para verificar a verdade da proposição: "se há uma vogal de um lado, (então) há um número par do outro". Questão aparentemente simples. A verdade é que apenas 8% dos estudantes deram resposta adequada.

Paradoxalmente, Evely Golding, com o mesmo problema, obteve êxito em 37% de doentes mentais com lesões cerebrais que, no entanto, segundo outros critérios, poderiam ser considerados egocêntricos (cf. D. Cohen, 1992, 95) [12].

Substituam-se, porém, os cartões com letras e números por 4 envelopes, um aberto, outro fechado, um com um selo de 30, outro de 20 cêntimos (quantias e moedas adaptadas à situação portuguesa).

A pergunta é que envelopes virar para verificar a verdade de "se um envelope está fechado, (então) tem um selo de 30 cêntimos" [13]. A percentagem de respostas correctas, com estudantes, sobe agora para 92%. O problema e a lógica implicada não é menos formal ou proposicional que o precedente ou mais "concreto". É apenas menos artificial, mais próximo da experiência corrente, o que o torna incomparavelmente mais simples. Note-se que tanto num caso como no outro, tanto os cartões como os envelopes estão bem concretamente presentes em face dos sujeitos e ao seu dispor.

---

[12] O erro consiste geralmente em supor que basta virar A (para verificar se há um número par do outro lado). Ora é também necessário virar 7 para verificar se, na face oposta, não está uma vogal. É desnecessário virar D e 4.

[13] É necessário virar o envelope fechado para verificar se tem um selo de 30 cêntimos e o envelope com selo de 20 cêntimos para ver se não está fechado (cf. D. Cohen, 1992, 96). Se estivesse fechado infirmaria a condição, obviamente.

Em conclusão, tudo parece indicar que o sistema de estádios, como é proposto por Piaget, não pode ser visto como mais do que um esquema provisório para enquadrar um desenvolvimento que nele claramente não cabe e dele transborda por todas as juntas. E não será o próprio primado das operações na caracterização dos estádios que fica em causa?

*
*   *

Limitações de espaço não permitem fazer mais do que alusão quase telegráfica a alguns conceitos ou aspectos da teoria piagetiana que parecem mais afectados pela passagem do tempo.

Comecemos por uma referência a uma ideia que não faz parte da panóplia conceptual mais conhecida e citada de Piaget, mas a que dá acolhimento no pequeno livro *La psychologie de l'enfant*, o *adualismo inicial*. Ideia muito partilhada na primeira metade do século XX e posta em causa nas últimas décadas do mesmo século, é caracterizada pela "ausência de fronteiras entre o mundo interior ou vivido e o conjunto das realidades exteriores" (Piaget & Inhelder, 1966, 21). O universo inicial da criança seria "um mundo sem objectos, consistindo apenas em 'quadros' móveis e inconsistentes" (*ibid.*, 15).

Se mencionamos esta noção é por nos parecer documentar uma já antiga censura de individualismo feita por Wallon (1947, 16-23), por aparentemente vir substituir um repudiado autismo, preconizado nos primeiros escritos psicológicos de Piaget (velhas ideias a reemergir com o tempo) como ainda por se poder ver nela um resíduo que o criticado e combatido empirismo acabou por deixar no seu irredutível adversário. Seja como for, a verdade é que tudo o que possamos dizer do "universo inicial da criança" é incerto e hipotético, especulativo. De resto, neste contexto, Piaget não parece ter tido em conta os estudos da actividade perceptiva da criança... nem as suas próprias concepções estruturalistas.

Sem insistir na excelente organização do sistema perceptivo do bebé ou na eficácia da sua organização inata, como T. Bower tem feito (1977-1983, 27 e 87; 1977, 25) limitamo-nos a citar a conhecida e já antiga (1961) experiência de Michael Wertheimer, confirmada por outros investigadores: uma criança recém-nascida move os olhos em direcção de uma fonte sonora.

Como comenta Bower, isto mostra "não apenas [a existência de] localização auditiva mas ainda uma expectativa de que há alguma coisa para onde olhar (...)" (1977, 26). Que é feito dos quadros perceptivos móveis e inconsistentes? Ou da ausência de fronteira entre o mundo interior e a realidade exterior?

A ideia, aliás, nem sequer é fiel à tese do estruturalismo piagetiano segundo o qual "toda a génese parte de uma estrutura e chega a outra estrutura" (Piaget, 1965, 40). Tudo leva a crer que o mundo perceptivo da criança é organizado e estruturado desde o início. A tese piagetiana que estamos a comentar tem tudo a ver com o empirismo — as primeiras sensações seriam puramente qualitativas e inlocalizáveis — muito pouco ou mesmo nada com o estruturalismo. Ora o primeiro foi desde sempre combatido por Piaget (pode considerar-se mesmo a sua obra como a mais clamorosa refutação do empirismo) e o segundo uma das marcas distintivas da sua concepção.

Também o uso que Piaget faz da lógica na descrição das operações do pensamento real é certamente controverso. Foi sem dúvida uma das primeiras facetas da sua obra a empalidecer. Nunca chegou verdadeiramente a impor-se e lograr aceitação alargada fora da estreita esfera dos seus discípulos. Podemos legitimamente perguntar-nos se a utilização do formalismo lógico para descrever a actividade concreta da inteligência humana confrontada com um problema não será prematura, tão prematura como o foi a matematização das leis da aprendizagem empreendida por Hull nos pretéritos anos 40 (quarenta) do século XX. Aliada como está em Piaget ao estruturalismo, é sintoma de inaceitável logicismo.

A lógica é um poderoso instrumento de análise dos pensamentos, produto da actividade do pensar. Transpô-la desse plano para a descrição da própria actividade do pensar é o que geralmente se designa por logicismo.

Que a actividade do pensar seja organizada, dificilmente poderá ser contestado. Não constituirá todavia um drástico empobrecimento dessa organização interpretá-la em termos de estruturas redutíveis aos agrupamentos de classes e relações (nas operações concretas) e ao grupo INRC (nas operações formais)?

É verdade que Piaget corrige e completa o estruturalismo dominante num certo período do pensamento europeu, conferindo-lhe uma dimensão genética. Não há estrutura sem génese nem génese sem estrutura, mas a estrutura "nunca é mais do que um sistema de transformações" (Piaget, 1968, 121) passíveis de ser descritas pela lógica. É assim um estruturalismo, genético certamente, mas também logicista que após ter reduzido a organização à estrutura como sistema de transformações, opera uma segunda redução do sistema de transformações às transformações lógicas.

Igualmente controversa é a noção de equilíbrio e seus avatares (equilibração e equilibração majorante) que noutro escrito considerámos já uma boa ideia transviada (Ferreira da Silva, 1982, 61). Se é um outro modo de expressar a ideia de organização, a ideia de que a actividade do pensar é organizada, tem uma génese e um desenvolvimento, alcançando sucessivamente formas cada vez mais complexas, não haverá muito a objectar. Transformar a organização, sob o nome de equilíbrio ou equilibração, em conceito explicativo é transformar uma descrição, aceitável enquanto tal, em explicação.

*
* *

Hiperconstrutivismo; hipertrofia do papel atribuído à acção; hipertrofia do equilíbrio ou equilibração em desfavor de outros factores relevantes minimizados na teorização piagetiana; interaccionismo desequilibrado a necessitar complementos e explicitações; estruturalismo logicista impossível de aceitar sem reservas, correcções ou importantes especificações; prematura logificação da actividade mental; um esquema do desenvolvimento cognitivo refém da noção de estádio e de uma inaceitável "estrutura de conjunto" lógica, artificialmente imposta, com a realidade do desenvolvimento a escapar-lhe por todas as juntas (a lista não é exaustiva)... poderíamos dizer que a teoria piagetiana peca pelos seus exageros ou excessos. Muitas das suas asserções precisam de ser atenuadas ou matizadas, algumas talvez simplesmente abandonadas. São rugas que o tempo foi vincando no rosto de uma grande teoria do desenvolvimento humano que durante boa parte do século XX constituiu um programa de investigação progressivo e fecundo. Quase um quarto de século após a morte do seu genial promotor estará a psicologia operatória da inteligência a correr o risco de estagnação?

Só o futuro o poderá dizer.

No entanto, se libertarmos Piaget do peso de certas heranças culturais de uma época (a lei da recapitulação abreviada, *e. g.* de que parece nunca ter-se libertado [14] e de idiossincrasias pessoais (o gosto do formalismo lógico, para citar uma apenas) e de um outro excesso, permanece uma obra sem par, uma enorme colheita de factos. As alternativas que lhe têm sido opostas não se têm revelado susceptíveis de dar conta e englobar os factos conhecidos e abrir melhores perspectivas.

Acumulam-se factos e experiências que constituem um desafio para a teoria piagetiana e apelam para revisões mais ou menos importantes. Rever Piaget não é como rever Marx ou mesmo Freud. Não implica anátemas nem exclusões. A teoria piagetiana do desenvolvimento cognitivo é uma teoria científica, não é um dogma. Cremos que a própria ideia directriz e princípio heurístico fundamental — a existência de diferenças de natureza ou de diferenças estruturais entre a criança e o adulto ou entre os diferentes estádios — além de pressupor a existência de estádios de desenvolvimento, é inadequada e precisa

---

[14] É a "lei" da recapitulação abreviada, segundo a qual a ontogénese reproduz a filogénese, que o leva a procurar processos e mecanismos comuns na filogénese, ontogénese e sociogénese quando certamente os processos que levaram à formação de um órgão como o fígado ou o cérebro não são os mesmos na filogénese e na ontogénese. Porque haveria de ser diferente na formação da linguagem ou da inteligência? Na ontogénese a hereditariedade (isto é, o inato) aparece com um relevo que não tem na filogénese.

de ser "revista" [15]. Não têm, aliás, faltado revisões à teoria piagetiana, embora feitas, por assim dizer, em ordem dispersa, sem que se vislumbre uma vista de conjunto global que lhe possa servir de alternativa. Ora, como Lakatos tem acentuado, não são só os factos e as anomalias que refutam uma teoria. "Não há refutação sem uma teoria melhor" (Lakatos, 1998, 19; cf. também p. 33). Multiplicam-se, é certo, as dificuldades; não se vê despontar no horizonte uma teoria melhor. Com efeito, no estudo do desenvolvimento psicológico em geral e do desenvolvimento cognitivo em particular cremos que a metáfora do computador e da teoria da informação em geral (que certo cognitivismo pretende contrapor-lhe) é mais pobre e redutora que a metáfora biológica de Piaget — as funções cognitivas são também funções biológicas — independentemente de todas as sugestões que se possam retirar da teoria da informação e dos processos do tratamento da informação.

Parafraseando Sartre e Merleau-Ponty (marxistas à falta de melhor, diziam-se ambos) poder-se-ia igualmente dizer: piagetianos à falta de melhor... mas sem receio de revisionismo nem deixar cair no olvido o que se revelar caduco; sobretudo sem esquecer que a discussão crítica é certamente, como sublinhou K. Popper, um dos motores do progresso do conhecimento e da ciência e que "preservar a pureza dos ensinamentos do fundador" é sobretudo função das escolas religiosas ou semi-religiosas (K. Popper, 1999, 66). Pretender preservar a pureza dos seus ensinamentos seria certamente o pior serviço que se poderia prestar a Piaget e, pelo mesmo motivo, à psicologia do desenvolvimento cognitivo.

---

[15] Geralmente só se encontra o que se procura. Piaget procurava as diferenças. Foi o que encontrou, com o risco de as exagerar.

Referências bibliográficas

Baillargeon, R. (2000). La connaissance du monde physique par le bébé. Héritages piagétiens. In O. Houdé & C. Meljac (Eds.), *L'esprit piagétien* (pp. 55-87). Paris: P.U.F.

Beth, E. W. & Piaget, J. (1961). Épistémologie mathématique et psychologie. *Études d'Épistémologie Génétique*, t. XIV. Paris: P.U.F.

Bideaud, J. (2000). Jean Piaget hier, aujourd'hui et demain. In O. Houdé & C. Meljac (Eds.), *L'esprit piagétien* (pp. 9-19). Paris: P.U.F.

Bower, T. G. R. (1977). *The perceptual world of the child*. London: Fontana Press.

Bower, T. G. R. (1977-1983). *Uma introdução ao desenvolvimento da primeira infância* (trad. port.). Lisboa: Moraes.

Bower, T. G. R. (1987). Les fonctions d'organisation des conduites et des données. In J. Piaget, P. Mounoud & J.-P. Bronckart, *Psychologie* (pp. 370-416). Paris: Gallimard "Encyclopédie de la Pléiade".

Brainerd, C. J. (1976-1977). On the validity of propositional logic as a model for adolescent intelligence. *Interchange*, 7 (n.º 1) 40-45.

Bringuier, J.- C. (1977). *Conversas com Jean Piaget* (trad. port.). Lisboa: Bertrand.

Cohen, D. (1992). *Piaget: une remise en question*. Paris: Retz. (Reedição de *Faut-il brûler Piaget?* 1981).

Décarie, Th. Gouin & Richard, M. (1996). Revisiting Piaget revisited or the vulnerability of Piaget's infancy theory in the 1990s. In G. G. Noam & K. W. Fischer (Eds.), *Development and vulnerability in close relationships* (pp. 113-132). Mahwah, NJ: Erlbaum. Trad. e reeditado in O. Houdé & C. Meljac (Eds.), *L'esprit piagétien* (pp. 99-123). Paris: P.U.F.

Ducret, J.-J. (1984). *Jean Piaget: savant et philosophe. Les années de formation, 1907-1924*. Genève: Droz.

Ferreira da Silva, J. (1982). *Estudos de Psicologia*. Coimbra: Almedina.

Hunt, J. McV. (1969). The impact and limitations of the giant of developmental psychology. In D. Elkind & J. Flavell (Eds.), *Studies in cognitive development. Essays in honor of Jean Piaget* (pp. 3-66). New York: Oxford University Press.

Inhelder, B. (1960). Critères des stades du développement mental. In J. M. Tanner/B. Inhelder, *Entretiens sur le développement psycho-biologique de l'enfant* (pp. 81-92). Neuchâtel: Delachaux et Niestlé.

Inhelder, B. & Piaget, J. (1955). *De la logique de l'enfant à la logique de l'adolescent*. Paris: P.U.F.

Lakatos, I. (1998). *História da ciência e suas reconstruções racionais* (trad. port.). Lisboa: Edições 70 (original de 1971).

Lobrot, M. (1973). *L'intelligence et ses formes*. Paris: Dunod.

Lézine, I. (1982). *Psicopedagogia da primeira infância* (trad. port.). Lisboa: D. Quixote (original de 1964).

Lourenço, O. M. (2002). *Psicologia do desenvolvimento cognitivo*. Coimbra: Almedina.

Piaget, J. (1924). *Le jugement et le raisonnement chez l'enfant*. Neuchâtel: Delachaux et Niestlé (cit. da 4.ª ed. 1956).

Piaget, J. (1932). *Le jugement moral chez l'enfant*. Paris: P.U.F. (cit. da ed. de 1957).

Piaget, J. (1937). *La construction du réel chez l'enfant*. Neuchâtel: Delachaux et Niestlé.

Piaget, J. (1950). *Introduction à l'épistémologie génétique*. T. I: *La pensée mathématique*. Paris: P.U.F. (citações da 2.ª edição, 1973).

Piaget, J. (1959). Les modèles abstraits sont-ils opposés aux interprétations psycho-physiologiques dans l'explication en psychologie? Esquisse d'autobiographie intellectuelle. *Bulletin de Psychologie, 13* (n.º 169), 7-13.

Piaget, J. (1965). *Genèse et structure en psychologie*. In M. de Gandillac, L. Goldmann & J. Piaget (Dir.), *Entretiens sur les notions de genèse et de structure* (pp. 37-48). Paris: Mouton.

Piaget, J. (1966). Autobiographie. *Cahiers Vilfredo Pareto, 10,* 129-159.

Piaget, J. (1967). *Biologie et connaissance*. Paris: Gallimard.

Piaget, J. (1968). *Le structuralisme*. Paris: P.U.F. col. Que sais-je?

Piaget, J. (1970). *Épistémologie des sciences de l'homme*. Paris: Gallimard, col. Idées.

Piaget, J. (1973). *Mes idées. Propos recueillis par R. I. Evans*. Paris: Denoël/Gonthier, col. Médiations 1977 (1973 é a data do original americano).

Piaget, J. (1979). Remarques introductives. In *Théories du langage, Théories de l'apprentissage. Le débat entre J. Piaget et N. Chomsky*. Paris: Seuil.

Piaget, J. & Inhelder, B. (1966). *La psychologie de l'enfant*. Paris: P.U.F. col. Que sais-je?

Popper, K. R. (1999). *O mito do contexto* (trad. port.). Lisboa: Edições 70.

Vuyk, R. (1981). *Critique of Piaget's genetic epistemology: 1965-1980*. New York: Academic Press.

Wallon, H. (1947). L'étude psychologique et sociologique de l'enfant. *Cahiers Internationaux de Sociologie,* 3, 3-23.

Wynn, K. (1992). Addition and substraction by human infants. *Nature,* 358 (n.º 6389, August), 749-750.

2

Onde procurar primeiro para compreender a disputa de Turiel com Kohlberg: O caso da competência moral da criança*

Orlando Lourenço

Introdução

A competência moral da criança tem sido objecto de muita discussão teórica e pesquisa empírica. Embora os dados de evidência empírica pareçam apoiar aspectos da teoria de estádios morais de Kohlberg (1981, 1984), bem como da abordagem da distinção de domínios de Turiel (1983, 1998), as duas teorias têm teses muito diferentes no que à competência moral da criança diz respeito. Enquanto para Kohlberg as crianças são apenas sujeitos pré-convencionais (Colby & Kohlberg, 1987a), no sentido em que o seu raciocínio moral

---

* A investigação relatada neste capítulo foi efectuada com financiamento do *Centro de Psicologia Clínica e Experimental* (FCT, Fundação para a Ciência e Tecnologia) e apresentada como conferência plenária no Seminário, *Psicologia do Desenvolvimento: Temas de Investigação/Áreas de Intervenção* (Coimbra, Fevereiro de 2003). Uma versão mais extensa desta investigação foi já publicada como artigo na Revista, *New Ideas in Psychology* (2003), *21*, 43-68.

é orientado por considerações de heteronomia, como o medo de sanções externas ou a obediência a figuras de autoridade, para Turiel e os seus colaboradores (*e. g.*, Killen, 1991; Smetana, 1995; Smetana, Killen & Turiel, 2000; Tisak, 1995) "as crianças expressam já juízos morais que vão muito além da obediência heterónoma a figuras de autoridade" (Turiel, 1983, 148), devendo o seu pensamento ser caracterizado como "moral, não pré-moral" (Killen, 1991, 115). De outro modo, é convicção destes investigadores que crianças de cinco anos ou mesmo mais novas revelam ser já filósofos morais intuitivos e capazes de apreenderem a marca distintiva da moralidade quando, na sua bem documentada distinção entre domínios (*i. e.*, moral, convencional, pessoal; ver, por exemplo, Davidson, Turiel & Black, 1983; Nucci, 1981; Smetana, 1983; Turiel, 1983, 1998; Turiel & Davidson, 1986; Turiel, Killen & Helwig, 1987; Turiel & Smetana, 1984) expressam juízos morais universalizáveis, generalizáveis e prescritivos.

Com base em muitas pesquisas projectadas para se testar a competência da criança para distinguir moralidade e convenção, Turiel e os seus seguidores têm argumentado que, desde muito cedo, as crianças julgam as questões morais, mas não as relativas à convenção, como sendo "obrigatórias, independentes de regras sociais ou de imposições da autoridade, inalteráveis com base em decisões arbitrárias, impessoais e aplicáveis em situações diversas" (Turiel & Davidson, 1986, 123; ver também Helwig, 1995; Kahn, 1992; Laupa, 1991; Nucci, 1981; Smetana, 1983; Tisak & Tisak, 1990; Turiel, 1983; Turiel, Hildebrandt & Wainryb, 1991). No entender de Turiel e dos seus colaboradores (1987), tais pesquisas (a) constituem um teste crítico em favor da elevada competência moral da criança porque mostram que o seu pensamento moral é realmente mais sofisticado e "maduro do que [muitos] pensavam" (Tisak, 1995, 95); (b) lançam sérias dúvidas sobre as ideias e descobertas de Kohlberg em termos de tal competência; e (c) revelam que a abordagem de desenvolvimento moral de Kohlberg deve ser substituída por uma teoria mais válida, nomeadamente pela abordagem da distinção entre domínios (Helwig, Tisak & Turiel, 1990; Nucci, 1996; Turiel, 1983,

1998; Shweder, Mahapatra & Miller, 1987; Shweder, Turiel & Much, 1981; Smetana, 1983).

Tendo em vista teses tão vigorosas, é relativamente surpreendente que a abordagem de domínios tenha dado origem a tantos estudos de reprodução (ver Helwig *et al.*, 1990; Tisak, 1995; Turiel & Davidson, 1986; Turiel *et al.*, 1987) e a tão poucos estudos críticos (*e. g.*, Fowler, 1998; Nisan, 1987).

Quem está familiarizado com a literatura sobre o desenvolvimento moral não deixará certamente de fazer a seguinte pergunta: Como é possível que aquilo que se julga ser a marca distintiva da moralidade — dar origem a juízos universalizáveis, generalizáveis e prescritivos — apareça apenas em poucos adultos segundo um conjunto de descobertas (Colby & Kohlberg, 1987a), e em crianças com apenas cinco anos, ou mesmo mais novas, segundo um outro conjunto de dados (Turiel, 1983; Turiel *et al.*, 1987)?

Na experiência ou estudo que se segue, procuro fazer sentido desta disparidade entre Kohlberg e Turiel. De modo mais preciso, argumento que é possível fazer sentido desta disparidade quando tomamos consciência (1) da importância atribuída por Wittgenstein (1958) ao que ele chamou de *investigações gramaticais* ou clarificação do significado de conceitos-chave que usamos nas nossas considerações teóricas e pesquisas empíricas; (2) da distinção de Piaget (1986, 1987) entre conhecimento *falso*, *verdadeiro* e *necessário* (ver também Smith, 1993, 1997); e (3) da distinção de Kohlberg (1981, 1984) entre raciocínio moral *pré-convencional*, *convencional* e *pós-convencional* como níveis de raciocínio que, de modo cauteloso, poderiam ser chamados, respectivamente, de conhecimento moral "falso" ou pseudo obrigação moral (o que não vai além de interesses pessoais e preocupações individualistas), "verdadeiro" (o que toma em conta as normas morais adoptadas por uma certa comunidade) e "necessário" ou verdadeira obrigação moral (o que emana de uma tomada de perspectiva reversível e orientada por princípios que têm em conta todos os pontos de vista que estão real ou potencialmente envolvidos num certo conflito de interesses).

Como mostrarei a seguir, é provável que, na sua aliás importante contribuição para a compreensão do desenvolvimento social da criança, Turiel (1983; ver também Nucci, 1996; Smetana, 1995) tenha subestimado cada um destes aspectos.

A importância das clarificações conceptuais

Ao perderem de vista a ênfase de Wittgenstein (1958) na clarificação dos conceitos, os psicólogos do desenvolvimento, para não falar dos psicólogos em geral, caem com frequência no que Drury (1976, 19) chamou de *falácia dos sentidos Pickwickianos*: assumir que o significado de uma certa palavra ou conceito permanece o mesmo, mesmo quando é claro que as mesmas palavras são usadas de modo diverso por diferentes teóricos, ou, como então é dito, em puro sentido Pickwickiano. (O nome desta falácia provém de um episódio relatado em *The Pickwick Papers* de Dickens; ver Lourenço, 2001, para uma análise dos efeitos negativos desta e de outras falácias no campo da Psicologia.)

Como se tornará claro nas páginas seguintes, na sua disputa com Kohlberg, os teóricos da abordagem de domínios têm utilizado o termo de competência moral num sentido puramente Pickwickiano, não no sentido que Kohlberg lhe atribuiu. Ao invés do que é o caso na abordagem de Turiel e dos seus colaboradores (1987), a marca distintiva da moralidade na teoria de Kohlberg (1984) não equivale ao conhecimento das normas morais em termos meramente informativos (*e. g.*, saber que não devemos roubar, quaisquer que sejam as normas e o contexto: conhecimento moral "verdadeiro" ou apenas "falso"), mas sim em tratar como pessoalmente obrigatórios princípios morais em nome dos quais pode ser obrigatório violar determinadas normas morais (*e. g.*, roubar para salvar uma vida humana: conhecimento moral "necessário"). De referir que é este último tipo de conhecimento que está por detrás da moralidade pós-convencional de Kohlberg; da sua tese de que "quem conhece o bem escolhe o bem" (Kohlberg, 1971, 220); e da sua metodologia exigente apelando para dilemas "duros" (*i. e.*, que envolvem delicados conflitos de interesse). Numa palavra, por muito que Turiel e os seus colaboradores (1987) falem de pensamento moral sofisticado na criança, pensamento que, segundo tais autores, está evidenciado nos seus juízos morais supostamente universalizáveis, generalizáveis e prescritivos quando ela distingue a moralidade da convenção, tais juízos têm pouco, se alguma coisa, a ver com a ideia de Kohlberg de pensamento moral avançado e dos seus critérios de reversibilidade e universalidade (Colby & Kohlberg, 1987a; ver também Blasi, 1997; Nunner-Winkler & Sodian, 1988; Rest, Narvaez, Bebeau & Turiel, 1999).

Uma distinção Piagetiana importante

Embora seja muitas vezes ignorado, é um facto que o desempenho de um sujeito nas provas operatórias de Piaget expressa um tipo epistémico de conhecimento que pode ser classificado em uma das seguintes categorias: conhecimento falso (o que *não pode* ser o caso); conhecimento verdadeiro (o que *é* o caso); e conhecimento necessário (o que *deve ser* o caso) e não pode ser de outro modo (Piaget, 1986, 1987; Smith, 1993). Por exemplo, numa prova de conservação, a criança pode responder que uma certa quantidade de água aumenta quando é transferida para um segundo copo e manter esta opinião mesmo perante uma contra-sugestão (pseudo necessidade ou conhecimento falso). Pode responder que a quantidade de água permanece a mesma, mas mudar de opinião quando lhe é apresentada uma contra-sugestão (conhecimento verdadeiro). E pode ainda concluir que a quantidade de água tem de ser a mesma, mesmo se confrontada com uma contra-sugestão (conhecimento necessário).

De igual modo, na prova do pêndulo (uma prova de pensamento formal), o sujeito pode concluir que a velocidade da oscilação do pêndulo depende (a) do seu peso, já que as coisas pesadas andam mais devagar — conhecimento falso; (b) do seu comprimento, porque descobre que, quando compara comprimentos diferentes, o pêndulo de menor comprimento anda mais depressa, embora não tenha controlado o seu peso — conhecimento verdadeiro; ou (c) apenas do seu comprimento porque, depois de manipular todas as combinações possíveis, descobre que é somente o comprimento do pêndulo que determina a sua velocidade — conhecimento necessário. Além de mais, esta distinção permitiu a Piaget descrever mudanças qualitativas na compreensão de um dado conceito por parte do sujeito, e não tomar por conhecimento logicamente necessário o que não passa de conhecimento simplesmente contingente ou verdadeiro (Smith, 1993).

Dado que Turiel (1983) reclama partilhar os pressupostos construtivistas e universalistas de Piaget, surpreende que, na sua abordagem de domínios, não exista qualquer lugar para estes tipos epistémicos de cariz Piagetiano, nomeadamente quando Turiel atribui à criança um pensamento moral relativamente sofisticado e discorda de Kohlberg (e de Piaget) a esse respeito. Em consequência de tudo isto, falta à abordagem de domínios um foco desenvolvimentista. Na verdade e não obstante a existência de teses em contrário (ver Turiel, 1983, 103; e também Turiel & Davidson, 1986), a distinção precoce (e clara) entre domínios pela criança proclamada por tal abordagem implica que, em última instância, (quase) nada resta para ser desenvolvido (ver também Glassman & Zan, 1995). Por exemplo, embora a abordagem de domínios tenha identificado sete níveis de mudanças substantivas na compreensão de conceitos sócio-convencionais, o seu sétimo nível (*i. e.*, "convenções [entendidas] como uniformidades que são funcionais em termos de coordenarem as interacções sociais [ou] conhecimento partilhado em forma de convenção e que facilita a interacção entre os membros de grupos sociais", Turiel, 1983, 103) parece ser exactamente o que está por detrás da distinção precoce feita pela criança entre transgressões morais e transgressões da convenção. Isto parece ser assim porque, no dizer de Turiel (1983), "as crianças experienciam acontecimentos sociais que são morais no sentido em que implicam consequências intrínsecas, e acontecimentos sociais que são convencionais no sentido em que envolvem apenas normas de tipo institucional e que vão de encontro a expectativas sociais" (p. 44). Mais importante ainda, na abordagem da distinção entre domínios, o conhecimento que as crianças têm da validade de certas normas (não princípios) morais em situações e contextos diversos é tido, por assim dizer, como se ele fosse um conhecimento moral autónomo, orientado por princípios ou "necessário". Contudo, pelo exposto até aqui, tudo leva a crer que este conhecimento pode ser apenas conhecimento normativo ou "verdadeiro", quando não "falso" ou pseudo obrigação moral.

Poder-se-á argumentar que esta minha ideia distorce a abordagem de domínios de Turiel e dos seus colaboradores (1987, 1991) porque, segundo esta abordagem, as crianças expressam em relação ao domínio moral juízos-critério que são generalizáveis, inalteráveis e independentes da existência de certas normas e contextos. Contudo, esta linha de argumentação é enganadora. Ao invés da metodologia de Kohlberg (1984), metodologia onde dois valores (morais) são colocados em conflito (*e. g.*, lei *versus* vida), as situações experimentais de Turiel são demasiado fracas e "moles", no sentido em que um valor moral é confrontado com um valor não moral (*e. g.*, roubo de uma vítima inocente). De outro modo, os juízos morais aparentemente generalizáveis e não contingentes que as crianças parecem expressar nos estudos efectuados dentro da abordagem de domínios não radicam na coordenação reversível e ideal dos pontos de vista em conflito, sendo apenas a expressão do conhecimento de regularidades sociais e empíricas que as crianças apreendem na vida do dia-a-dia. Além de terem consequências mais visíveis do que as envolvidas nas transgressões da convenção (o que faz pensar na noção elementar de responsabilidade objectiva, não subjectiva, de Piaget, 1932; ver também Fowler, 1998), as transgressões morais são também, como notado pelos próprios autores da abordagem de domínios (ver Smetana, 1995), menos aceites e toleradas na vida quotidiana. (Para a distinção entre conhecimento contingente e conhecimento necessário, ver, por exemplo, Becker, 2000; Campbell, 2000; Piaget, 1986; Smith, 1993).

Pode ainda argumentar-se que a ideia da "criança como um filósofo moral" aparece já num artigo de Kohlberg (1968) e, portanto, que não há diferença entre as duas abordagens (*i. e.*, a de Kohlberg e a de Turiel) no que a essa ideia diz respeito. Sejamos claros, contudo. Enquanto para Kohlberg tal ideia significa apenas que a criança é capaz de raciocinar, embora em termos elementares, a respeito de questões morais, para Turiel (1983) essa ideia significa muito mais do que isso, que as próprias crianças, mesmo de 4-5 anos, são já capazes de produzir razões morais que são consonantes com o que é distintivo na moralidade: andar à volta de "juízos prescritivos que têm a ver com questões de justiça, direitos e bem-estar envolvidas no modo como as pessoas se devem relacionar entre si " (p. 3). É esta disparidade em termos da competência moral da criança que, em última análise, está por detrás da enorme diferença entre as posições de Kohlberg e de Turiel, uma diferença que provém da tese de Kohlberg (1984) de que o desenvolvimento envolve uma progressiva diferenciação entre a moralidade e os elementos não morais de certos valores sociais, como a prudência e a convenção, por exemplo. Por esta razão, segundo Kohlberg, mas não segundo a abordagem de domínios, as preocupações morais genuínas só estruturam os juízos morais no nível de raciocínio moral pós-convencional.

Uma possível correspondência entre Piaget e Kohlberg

As considerações precedentes também sugerem uma possível correspondência entre os níveis de raciocínio moral pré-convencional, convencional e pós-convencional de Kohlberg e os tipos epistémicos de conhecimento falso, verdadeiro e necessário de Piaget. O raciocínio pré-convencional pode ser entendido como conhecimento moral "falso" ou pseudo obrigação moral porque assume que algo tem de ser feito apenas de um único modo porque não se é capaz de se pensar em outras possibilidades. Reclama-se, portanto, por algo que *não é* o caso de um ponto de vista dos princípios, ou mesmo de um ponto de vista legal (*e. g.*, *Não devemos roubar para salvar uma vida humana porque então seremos castigados e devemos obedecer às autoridades*). O raciocínio convencional pode ser entendido como conhecimento moral "verdadeiro" ou institucional porque reclama por aquilo que *é* o caso de um ponto de vista legal, mas não do ponto de vista dos princípios (*e. g.*, *Nunca devemos roubar para salvar uma vida humana porque, segundo a lei, é suposto que devemos respeitar a propriedade dos outros*). O raciocínio pós-convencional pode ser entendido como conhecimento moral "necessário" ou necessidade e obrigação moral porque reclama por aquilo que *tem de ser* o caso e não pode ser de outro modo segundo o ponto de vista de uma moralidade orientada por princípios; por uma moralidade que advoga a igual inclusão de todos os possíveis interessados, no sentido de se chegar a um acordo alcançado com base numa ética discursiva (Habermas, 1990; *e. g.*, *Casos como o da desobediência civil, por exemplo, sendo embora legalmente incorrectos, são moralmente obrigatórios se a justiça tiver prioridade sobre preocupações egocêntricas ou a aceitação generalizada de certas normas*).

Para evitar mal-entendidos são devidas agora duas notas de cautela. Primeiro, não há nada de errado no facto de Turiel usar o termo de conhecimento moral com um sentido diferente daquele que Kohlberg tinha em mente. Porque os conceitos psicológicos são polissémicos e têm significado diferente em diferentes jogos de linguagem (Wittgenstein, 1958), nada é mais natural do que o uso desses conceitos com diferentes sentidos. Problemas ocorrem, contudo, quando este aspecto não é reconhecido de modo explícito ou, pior ainda, quando ele é ignorado, embora se proclame que a nossa teoria corrige ou é melhor do que aquela que criticamos. Também deve ser afirmado que não se questiona aqui a mais que documentada descoberta de Turiel e dos seus colaboradores da distinção na criança entre moralidade e convenção. O que aqui se questiona são as inferências de Turiel e dos seus colaboradores a partir desta distinção, em termos das suas implicações para a supostamente avançada competência moral da criança.

Dados de um estudo empírico

No que segue, aparece relatada uma experiência cujos resultados desafiam alguns aspectos da abordagem da distinção entre domínios de Turiel.

Neste estudo, analisei os juízos-critério de crianças de dois níveis de idade (*i. e.*, 24 crianças de 5-6 anos e frequentando o 1.º ano de escolaridade; e 24 de 8-9 anos e frequentando o 3.º ano de escolaridade) em um contexto onde determinados actos, actos considerados transgressões morais prototípicas segundo a abordagem de domínios (*e. g.*, roubar e mentir), podem ser tidos como correctos e mesmo obrigatórios se adoptarmos uma perspectiva de justiça e de tomada de perspectiva reversível (Habermas, 1990; Kohlberg, 1984; Rawls, 1971). Dada a sofisticação da competência moral da criança segundo a abordagem de domínios, um teste crítico desta abordagem parece requerer mesmo um procedimento deste tipo, embora quanto julgo saber este tipo de procedimento nunca tenha sido usado até aqui.

A minha previsão foi que, confrontadas com situações deste tipo, as crianças em questão julgariam tais actos, não como filósofos morais intuitivos ou alguém orientado por considerações de autonomia em virtude das quais tais actos seriam tidos como correctos e mesmo obrigatórios (como seria previsível a partir da teoria de Turiel), mas segundo um padrão de heteronomia moral em virtude da qual esses actos não poderiam ser senão incorrectos. Se fosse este o caso, as crianças estariam a demonstrar que elas não são os filósofos morais intuitivos que Turiel e os seus colaboradores pensam que elas são (Shweder *et al.*, 1981). A demonstrar, portanto, que na sua disputa com Kohlberg, os teóricos da abordagem de domínios têm tomado vestígios difusos de moralidade por preocupações morais genuínas (Blasi, 1997; Glassman & Zan, 1995); juízos morais de tipo intuitivo por juízos morais reversíveis e universalizáveis (Nisan, 1987); ou o que pode ser chamado de conhecimento moral "verdadeiro" ou mesmo "falso" por conhecimento moral "necessário".

Como foi referido, na experiência participaram crianças de seis e de oito anos. Seguindo Turiel (1983), as crianças de cinco anos são já capazes de apreender que o domínio moral é um domínio que se refere a juízos prescritivos que têm a ver com questões de justiça, direitos e bem-estar envolvidas nas relações entre pessoas. Sendo assim, confrontadas com conflitos (familiares) de interesse, as crianças envolvidas nesta experiência seriam certamente capazes de expressar juízos morais representando um ponto de vista reversível e universalizável. Por outras palavras, em vez de serem tidos como errados e imorais, esses actos (*i. e.*, roubar e mentir em contextos que os justificam se a justiça for para ser seguida) seriam (a) tidos como morais, obrigatórios e generalizáveis; e (b) justificados com razões apelando para preocupações morais genuínas e não apenas para simples preocupações normativas ou pragmáticas.

Como já foi referido, roubar e mentir foram as duas "transgressões" morais utilizadas neste estudo. A história para ilustrar a primeira foi a seguinte:

> *Esta é a menina Rita. É da tua idade e está a ir para a escola. Ela hoje foi para a escola sem comer nada ao pequeno almoço. Os seus pais são muito pobres, estão desempregados e não têm dinheiro para comprar comida. No caminho para a escola, a Rita passou pela loja da Sr.ª Ana. A Rita, cheia de fome, pediu então duas laranjas à Sr.ª Ana. Explicou-lhe que estava com muita fome, que os seus pais eram pobres e estavam desempregados e que ela não tinha dinheiro para comprar laranjas ou outra comida. A Sr.ª Ana respondeu que estava ali para vender comida a quem tinha dinheiro para poder comprá-la, não para dá-la aos meninos pobres, mesmo que tivessem muita fome. Entretanto, a Sr.ª Ana foi para dentro da loja e deixou a Rita sozinha à entrada da loja. Porque tinha muita fome, a Rita roubou duas laranjas para comer na altura e foi rapidamente para a escola.*

Esta história, assim como a relativa ao mentir, história em que um filho mente ao pai para este não bater injustamente no irmão, foi ilustrada por uma sequência de três cartões, cartões que eram apresentados à medida que a história era contada à criança. Os cartões foram utilizados para tornar a história (transgressão) mais concreta e saliente.

As crianças foram entrevistadas individualmente. Antes de colocar à criança uma série de perguntas referidas a seguir, o entrevistador certificava-se de que a criança a ser entrevistada compreendia a ocorrência dos actos em questão no seu respectivo contexto (*i. e.*, roubar e mentir em situações onde havia razões que os justificavam). Se necessário, a história era repetida até que a criança fosse capaz de recordar os elementos críticos da respectiva história. Relativamente a cada história, as perguntas eram as seguintes (aqui refere-se apenas o caso do roubo):

> 1. Pensas que é correcto roubar nesta situação? Porquê?
> 2. Pensas que este(a) menino(a) [i. e., nome do transgressor] devia ter roubado as laranjas nesta situação? Porquê?
> 3. Pensas que o que este menino fez estaria correcto se o seu professor lhe dissesse que não havia mal nenhum em roubar em situações como aquela? Porquê?
> 4. Pensas que o que este menino fez estaria correcto se houvesse na sua escola um regulamento a dizer que não havia mal nenhum em roubar em situações como aquela? Porquê?
> 5. Pensas que se fosse num país distante já estaria correcto o que este menino fez? Porquê?

A primeira pergunta, *avaliação do acto*, avalia o juízo-critério da criança em termos da correcção/incorrecção do acto em questão. A segunda pergunta, *obrigação do acto*, avalia o juízo-critério da criança em termos da obrigação de se praticar ou não o acto. A terceira pergunta, *jurisdição do acto*, avalia o juízo-critério da criança relativamente à possibilidade de um adulto significativo poder dizer que há casos em que é correcto fazer-se o que se julga ser incorrecto. A questão 4, *contingência do acto*, avalia o juízo-critério da criança relativamente à possibilidade da existência de uma regra que diz que é correcto fazer-se o que se julga ser incorrecto. A pergunta 5, *generalização do acto*, avalia o juízo-critério da criança relativamente à possibilidade de haver um país distante onde possa ser correcto o que se julga ser incorrecto em outros países.

Sempre que necessário, eram colocadas à criança questões adicionais no sentido de ela poder expressar mais claramente o seu ponto de vista. As respostas a cada pergunta foram classificadas como afirmativas, negativas e de compromisso, sendo este um sistema de codificação utilizado também nas investigações feitas dentro da abordagem de domínios (Turiel, 1983).

As respostas eram *afirmativas* se as crianças mencionassem que o acto em questão era correcto (avaliação do acto), devia ser praticado (obrigação do acto), o professor podia dizer que nada de errado tinha sido feito (jurisdição do acto), podia existir uma regra a dizer que a acção praticada não tinha sido imoral (contingência da regra), e num país distante o acto podia ser considerado correcto (generalização do acto). As respostas eram consideradas *negativas* se as crianças mencionassem a alternativa oposta. Respostas de *compromisso* eram aquelas em que as crianças mencionavam ambas as alternativas. Houve apenas três respostas de compromisso nas crianças mais novas e seis nas crianças mais velhas. Dada a baixa frequência destas respostas, e também a baixa frequência das respostas afirmativas, quando comparadas com as negativas, as respostas de compromisso foram consideradas como afirmativas nas análises que se efectuaram. Se tais respostas fossem consideradas negativas, o que seria justificável e mesmo apropriado devido à forte tendência das crianças para darem respostas negativas, os resultados seriam ainda mais consistentes com a minha posição e, portanto, ainda mais desafiadores para a perspectiva de Turiel. Houve um acordo de 98 % entre dois avaliadores independentes na classificação destas respostas.

As justificações das crianças foram codificadas segundo um sistema de avaliação que incorpora ideias de Turiel (1983) como de Kohlberg (1984). Foram codificadas como *normativas* quando as crianças apelavam para a aprovação ou desaprovação de figuras de autoridade (*e. g.*, *É errado roubar porque os pais não deixam fazer isso*), para a existência de regras proibindo a acção (*e. g.*, *É errado roubar porque é mau, feio e contra a regra*), ou para um raciocínio de tipo tautológico (*e. g.*, *É incorrecto mentir porque é mau. Porquê? Porque é errado e não se deve mentir*). Foram codificadas como *utilitárias* quando as crianças apelavam para boas / más consequências de grupo/individuais, como medo do castigo (*e. g.*, *Nenhuma regra pode dizer que há casos onde roubar está correcto, porque assim passaríamos a roubar e seríamos castigados*), perda de recompensas (*e. g.*, *Se mentimos ao pai, ele já não dá mais presentes*), estima dos outros (*e. g.*, *Se houvesse um país onde mentir podia estar certo, então estaríamos sempre a mentir e ninguém acreditaria mais em nós*), ou efeitos sociais negativos (*e. g.*, *O professor não pode dizer que roubar nessa situação está certo porque os meninos começariam a roubar e seria tudo uma confusão*). Foram codificadas como *perfeccionistas* quando as crianças apelavam para um ideal de harmonia social ou para a manutenção do respeito por si próprio (*e. g., Mentir está errado porque não gosto de mentir; os problemas não se resolvem mentindo, mas conversando com os outros*). Foram codificadas como de *justiça* se as crianças se referiam ao bem-estar do outro (*e. g., O menino devia ter roubado porque tinha fome, era pobre e não tinha dinheiro para comprar comida para comer antes de ir para a escola*), ou a um balanceamento de direitos e preocupações entre as pessoas (*e. g., Era correcto roubar naquela situação porque a dona da loja não foi capaz de compreender que o menino era pobre, estava com fome e não tinha dinheiro para comprar comida*). Nos poucos casos em que as crianças davam razões pertencendo a mais de uma categoria, foi usada e codificada a primeira razão então expressa. Houve um acordo de 95 % entre os dois juízes independentes na categorização de todas as justificações. Note que para ambas as teorias (ver Colby & Kohlberg, 1987a, 51; Turiel, 1983, 67), as justificações normativas e utilitárias são tidas como menos avançadas em termos de desenvolvimento moral do que as perfeccionistas e as de justiça. As justificações utilitárias orientadas para o próprio são provavelmente menos avançadas do que as orientadas para o outro. Porque são ambas de tipo pragmático e porque a maioria delas foram orientadas para o próprio, não para o outro, estes dois tipos de justificações utilitárias foram aglutinadas nas análises efectuadas.

Resultados principais

A Tabela 1 apresenta a frequência das respostas afirmativas e negativas das crianças relativamente a cada um dos juízos critérios, em função da idade e da transgressão em causa. A análise desta tabela revela três resultados fundamentais:

Primeiro, fosse qual fosse a transgressão e o juízo-critério em causa, quase todas as crianças mais jovens e a grande maioria das

TABELA 1: Frequência de respostas afirmativas e negativas em função da transgressão, juízo-critério e idade.

	Avaliação do acto		Obrigação do acto		Jurisdição do acto		Contingência do acto		Generalização do acto	
	Correcto	Errado	Deve ser praticado	Não deve ser praticado	Adulto pode declará-lo correcto	Adulto não pode declará-lo correcto	Norma pode declará-lo correcto	Norma não pode declará-lo correcto	Pode ser correcto num país distante	Não pode ser correcto num país distante
ROUBAR										
6 anos	3	21	2	22	1	23	1	23	0	24
8 anos	4	20	2	22	5	19	6	18	5	19
MENTIR										
6 anos	0	24	0	24	1	23	1	23	2	22
8 anos	6	18	5	19	2	22	3	21	4	20

Nota: Cada célula podia variar entre 0 - 24.

TABELA 2: Frequência das justificações das crianças em função da transgressão, juízo-critério e idade.

	Avaliação				Obrigação				Jurisdição				Contingência				Generalização			
	Nor.	Util.	Perf.	Jus.	Nor.	Util.	Perf.	Jus.	Nor.	Util.	Perf.	Jus.	Nor.	Util.	Perf.	Jus.	Nor.	Util.	Perf.	Jus.
ROUBAR																				
6 anos	20	1	0	3	19	2	0	3	23	0	0	1	13	10	0	1	18	6	0	0
8 anos	19	1	0	4	20	2	0	2	16	2	0	6	14	3	0	7	16	3	0	5
MENTIR																				
6 anos	21	3	0	0	14	10	0	0	22	1	0	1	17	7	0	0	16	8	0	0
8 anos	18	1	0	5	15	6	0	3	20	2	0	2	15	7	0	2	16	5	1	2
Total	78	6	0	12	68	20	0	8	81	5	0	10	59	27	0	10	66	22	1	7

Nota: Cada célula podia variar entre 0 - 24 (para total: 0 - 96 = 24 x 2 x 2).

Legenda: Nor. = Normativa; Util. = Utilitária; Perf. = Perfeccionista; Jus. = Justiça.

mais velhas deram, de modo significativo (p< 0.01, testes binomiais), muito mais respostas afirmativas que negativas. Por outras palavras, as crianças de ambas as idades tenderam a julgar os actos em questão como errados e imorais (avaliação do acto), algo que não podia ser praticado (obrigação do acto), ser tido como moral e correcto mesmo que fosse aprovado por um adulto significativo (jurisdição do acto), pela introdução de uma nova regra (contingência do acto), ou efectuado num país distante (generalização do acto). Segundo, embora de modo não significativo, comparadas com as crianças mais novas, as mais velhas tenderam a dar mais respostas afirmativas em qualquer juízo-critério e em qualquer transgressão. Terceiro, o padrão relativo à transgressão do roubar foi idêntico ao padrão dos resultados relativos ao padrão obtido para a transgressão do mentir.

Em resumo, os dados da Tabela 1 mostram que, independentemente do acto em questão e do juízo-critério em análise, as crianças de ambas as idades expressaram um padrão de juízos semelhante ao que expressam quando tais actos são efectivamente imorais, como sempre acontece nas investigações feitas segundo a abordagem de domínios de Turiel. Este padrão é consistente com a ideia de criança como capaz de traços difusos e elementares de raciocínio moral, não de raciocínio moral sofisticado.

A Tabela 2 apresenta as justificações das crianças em função do acto, juízo-critério e idade. A análise destas justificações revela um padrão consistente com as respostas ou juízos-critério das crianças. Primeiro, fosse qual fosse o caso analisado, o número de justificações normativas foi sempre significativamente elevado ($p < 0.001$, testes do significado da ocorrência de uma proporção). Ao invés, a percentagem de justificações perfeccionistas foi nula várias vezes e houve apenas uma justificação de tipo perfeccionista. Este contraste é ainda mais notório se forem aglutinadas as justificações normativas e utilitárias e confrontadas, então, com a aglutinação das perfeccionistas e de justiça. Segundo, embora as crianças mais novas tenham dado mais justificações normativas (cerca de 76%, percentagem global) e utilitárias (cerca de 20%) do que as mais velhas (70%, e 13%, respectivamente), estas últimas deram mais justificações de justiça do que as primeiras (15% *versus* 4%). Em nenhum caso, contudo, esta diferença foi significativa.

Os resultados gerais desta experiência apoiam a minha previsão de que as crianças julgariam os conflitos morais em questão como se fossem simples transgressões morais e mostram que as crianças, mesmo quando são mais velhas do que costuma ser o caso nos estudos da abordagem de domínios, não possuem a sofisticação de raciocínio moral que Turiel e os seus colaboradores (1987, 1991) lhes atribuem. Os resultados desta experiência são antes consistentes com a ideia de Kohlberg da criança como um sujeito pré-convencional, e também com várias críticas que têm sido dirigidas à abordagem de domínios (*e. g.*, Blasi, 1997; Glassman & Zan, 1995; Nisan, 1987). De facto, as crianças de ambas as idades tenderam a ver os conflitos morais em questão como se eles apelassem para actos que, em geral, (a) tinham de ser errados em termos de moralidade (avaliação do acto), (b) não podiam ser praticados em termos de obrigação deôntica (obrigação do acto), (c) não podiam ser declarados morais mesmo por um adulto significativo (jurisdição do acto), (d) não podiam ser tidos como morais pela introdução de uma nova regra (contingência do acto), e (e) não podiam ser correctos mesmo se fossem praticados em um país distante (generalização do acto). O facto deste padrão ter sido idêntico nos dois actos e em todos os juízos-critério apenas reforça a ideia de que o raciocínio moral sofisticado é uma conquista que apenas deve aparecer mais tarde no desenvolvimento da criança. No que se segue, discuto com mais detalhe os resultados desta investigação, nomeadamente as suas implicações em termos da abordagem da distinção entre domínios de Turiel.

Conclusões possíveis a partir destes resultados

Como afirmei na Introdução, neste estudo procurei fazer sentido da disparidade entre a teoria de desenvolvimento moral de Kohlberg (1984) e a abordagem de domínios de Turiel (1983) no que à competência moral da criança diz respeito. A minha ideia fundamental é que, ao interpretarem a distinção pela criança entre moralidade e convenção como uma marca clara da sua sofisticada competência moral, Turiel e os seus colaboradores (1991; ver também Shweder *et al.*, 1981) têm usado o termo de competência moral num mero sentido Pickwickiano (Drury, 1976). De outro modo, esses autores não se estão a referir à ideia Kohlberguiana de moralidade orientada por princípios ou conhecimento moral necessário, mas antes a um conhecimento de tipo informativo no seu melhor, ou pseudo necessidade moral no seu pior (ver também Blasi, 1997; Glassman & Zan, 1995). Se estivesse interessado no raciocínio moral orientado por princípios ou no conhecimento moral "necessário", Turiel não teria apelado para situações onde se indaga o conhecimento da criança relativamente a certas normas de um ponto de vista meramente informativo, mas antes para conflitos de interesse onde dois valores morais surgem em confronto um com o outro.

Os resultados do estudo que relatei mostram de modo claro que o que Turiel considera ser conhecimento moral sofisticado da criança é apenas um sinal mínimo de competência moral, e que o que ele considera ser distintivo da moralidade — "ter a ver com juízos prescritivos sobre a justiça, direitos e bem-estar respeitantes às relações entre pessoas" (Turiel, 1983, 3) — não é uma conquista da criança, devendo aparecer apenas mais tarde no desenvolvimento. De facto, confrontadas com actos que são morais se for adoptada uma perspectiva reversível de pontos de vista (Habermas, 1990; Kohlberg, 1984; Rawls, 1971), as crianças julgaram-nos usando o padrão típico de juízos-critério que emitem quando tais actos são efectivamente incorrectos, como ocorre na abordagem de domínios de Turiel (ver Tabela 1). De outro modo, tenderam a vê-los (a) como incorrectos (avaliação do acto); (b) algo que não pode ser praticado (obrigação do acto); (c) que não pode ser tido como correcto mesmo se olhado como tal por um adulto significativo (jurisdição do acto); (d) que não pode ser visto como moral mesmo se fosse permitido por uma determinada norma (contingência do acto); e (e) que continuaria a ser imoral mesmo que fosse praticado num país distante (generalização do acto). Este resultado sugere que a tese de Turiel (1983) sobre a competência moral da criança está baseada em parte num artefacto e arrisca-se a tomar pseudo obrigação ou pseudo necessidade moral por moralidade orientada por princípios ou obrigação moral.

Uma análise clínica e qualitativa de alguns protocolos das crianças é ilustrativa a este respeito. Por exemplo, em ambas as idades, as crianças disseram repetidamente que não era correcto roubar naquela situação, porque *o rapaz com fome devia ter pedido as laranjas, em vez de roubá-las*. Quando o experimentador referia que esse tinha sido o caso e explicava, de novo, toda a situação do menino pobre, as crianças tendiam a manter o seu juízo inicial e retorquiam rapidamente que o menino apenas tinha pedido uma ou duas vezes as laranjas à dona da loja e que devia continuar a pedi-las, mesmo que ela sempre respondesse que não dava qualquer laranja ao menino pobre.

No seu todo, os resultados deste estudo são inconsistentes com a tese de Turiel (1983; Turiel & Davidson, 1986) de que, muito cedo no desenvolvimento, as crianças são filósofos morais intuitivos e capazes de apreenderem já a marca distintiva da moralidade. No seu todo, eles são antes consistentes com as ideias e descobertas de Kohlberg (1984; Colby & Kohlberg, 1987a) de que tal competência só aparece mais tarde no desenvolvimento. Por outras palavras, por muito que possa distinguir moralidade e convenção, a criança está ainda longe de ser um filósofo moral, mesmo que intuitivo.

Entre os resultados, contudo, há alguns que não são totalmente inconsistentes com a abordagem de domínios de Turiel, nem totalmente consistentes com a teoria de estádios morais globais de Kohlberg. As Tabelas 1 e 2 mostram, por exemplo, que não obstante a existência de um padrão regular tanto nos juízos-critério como nas justificações das crianças, tal padrão patenteia alguma variação. Esta variação, contudo, está mais de acordo com a ideia de heterogeneidade nos juízos sociais proclamada por Turiel e seus colaboradores (1987) do que com a assunção de uma estrutura subjacente ao raciocínio moral, tal como proclamado por Kohlberg (1984). De igual modo, a existência de algumas respostas afirmativas e de justificações de justiça nas crianças parece difícil de explicar segundo um ponto de vista Kohlberguiano, embora pudesse ser explicada segundo a abordagem da distinção entre domínios. Estes detalhes mostram, afinal, que há muitas coisas em jogo no juízo moral da criança (Rest *et al.*, 1999).

Poder-se-ia ainda argumentar que a abordagem da distinção de domínios não atribui à criança a competência moral que eu penso que ela lhe atribui. É que se a abordagem defende que, desde muito cedo, as crianças são capazes de expressar diferentes juízos-critério para a moralidade e para a convenção, ela também defende que "as categorias de justificação (...) sofrem transformações com a idade" (Turiel, 1983, 52-53). Mas se este é o caso, coloca-se, então, uma questão delicada, questão a que já aludi: O que se desenvolve nestas transformações com a idade se os juízos-critério e as justificações da criança relativos à moralidade e à convenção apelam logo (*i. e.*, desde muito cedo) para a marca distintiva da moralidade e da convenção? Para Turiel, na verdade, enquanto "as prescrições morais são tidas [mesmo pela criança jovem] como obrigatórias (...) e aplicáveis em situações diversas" (Turiel & Davidson, 1986, 123) e justificadas com razões que apelam para "o bem-estar dos outros, justiça e obrigação" (Turiel, 1983, 67), "as convenções são tidas como contingentes (...) e alteráveis por consenso" (Turiel & Davidson, 1986, 123-124) e justificadas com razões que apelam para "o costume ou tradição, autoridade, castigo, prudência, escolha pessoal, coordenação social", ou coisas similares (Turiel, 1983, 67). Isto significa que, não obstante a afirmação de Turiel em contrário, falta à sua teoria uma clara dimensão desenvolvimentista (Glassman & Zan, 1995).

Podia ainda ser argumentado que a correspondência entre os tipos epistémicos de conhecimento (cognitivo) falso, verdadeiro e necessário de Piaget e os níveis de raciocínio moral pré-convencional, convencional e pós-convencional de Kohlberg é problemática. Devido ao aspecto factual do conhecimento cognitivo e ao aspecto deôntico do conhecimento moral, eu sou o primeiro a reconhecer que tal correspondência deve ser vista como uma analogia, não como uma homologia. O mesmo pode ser dito quanto à correspondência entre necessidade nos domínios lógico e moral, já que se a necessidade lógica pertence à família modal das modalidades alêuticas (*e. g.*, necessidade *versus* contingência), a obrigação moral pertence à família modal das modalidades deônticas (*e. g.*, obrigação *versus* permissão; ver Smith, 1997).

Pode ainda ser argumentado que a criança operatória concreta de Piaget é já capaz de conhecimento necessário, ao passo que este estudo sugere que, nessa idade, as crianças ainda não estão a desenvolver uma ideia de moralidade orientada por princípios ou de conhecimento moral necessário. Para complicar mais as coisas, os sujeitos mais velhos de Piaget (1932) tinham à volta de 12 anos e são descritos como exibindo uma moralidade autónoma, uma idade em que os sujeitos de Kohlberg (1984) patenteiam em geral um raciocínio moral de estádio 2. O que se segue torna estas possíveis objecções menos problemáticas do que elas parecem ser.

Primeiro, embora a questão da relação entre os estádios de Piaget e de Kohlberg seja complexa (ver, por exemplo, Commons & Grotzer, 1990), assume-se, em geral, que o desenvolvimento moral vai atrás do cognitivo (Enright, Lapsley & Olson, 1985). Segundo, se é verdade que as crianças operatórias concretas de Piaget já construíram uma ideia de conhecimento necessário, é também verdade que apenas os sujeitos formais são capazes de tal forma de conhecimento quando estão envolvidas mais do que duas dimensões, como é o caso das provas formais (Inhelder & Piaget, 1958; ver o exemplo prova do pêndulo referida atrás). É importante notar que uma solução pós-convencional para um conflito moral implica uma coordenação reversível e universalizável de múltiplas perspectivas e dimensões. Terceiro, não obstante teses em contrário, os dois tipos de moralidade de Piaget (1932; *i. e.*, heteronomia e autonomia) não são estádios globais de desenvolvimento moral, porque na fase da heteronomia podem aparecer considerações morais autónomas e na fase da autonomia podem surgir considerações heterónomas (Carpendale, 1997; Dean & Youniss, 1991). Isto significa que se fosse para ser estabelecida uma correspondência entre os tipos de moralidade heterónoma e autónoma de Piaget e alguns aspectos da teoria de Kohlberg, essa correspondência não seria com os estádios pré-convencionais e pós-convencionais de Kohlberg, mas antes com os seus dois tipos de juízo moral (*i. e.*, tipo A e tipo B, respectivamente; ver Colby & Kohlberg, 1987a, 315-380). Aos 12 anos de idade, contudo, alguns sujeitos de Kohlberg podem expressar já juízos morais de tipo B. Por exemplo, no seu conhecido dilema de Heinz, sujeitos dessa idade podem dizer que *Heinz deve roubar o medicamento porque as pessoas devem ajudar-se umas às outras*, sendo este uma forma de raciocínio convencional (de estádio 3), não pós-convencional (Colby & Kohlberg, 1987b, 6).

Os teóricos da abordagem de domínios objectarão certamente que a metodologia usada neste estudo corre o risco de subestimar a competência moral da criança porque apela para situações difíceis e relativamente estranhas. O que normalmente seria moral (não roubar; não mentir), dir-se-á, foi confrontado neste estudo com a necessidade de violar "deveres perfeitos" no sentido Kantiano do termo, no sentido de se chegar a uma perspectiva reversível e exigente de coordenação de pontos de vista. Tais teóricos, contudo, não podem proclamar que o pensamento moral da criança é já sofisticado (Smetana, 1995; Tisak, 1995) e recorrer, depois, a uma metodologia pouco exigente para testar essa tese conceptualmente arrojada. Faria sentido, por exemplo, proclamar que as crianças são já pensadores formais e recusar colocá-las depois perante provas formais com o argumento de que tais provas são difíceis e estranhas para elas?

Também reconheço que proclamar que as crianças não têm a competência moral que a abordagem de domínios lhes atribui não equivale a dizer que, na vida do dia-a-dia, elas manifestam apenas uma moralidade marcada pela obediência e receio do castigo. Estudos diversos, geralmente de tipo naturalista (ver Dunn, 1988; Eisenberg & Fabes, 1998), falam em favor de uma preocupação precoce e espontânea da criança pelo bem-estar dos outros (ver também Damon, 1984; Zahn-Waxler, Radke-Yarrow & King, 1979).

Dada a natureza polimorfa do conceito de "competência ou conhecimento moral", é quase inevitável que tal conceito não tenha o mesmo sentido para todos os investigadores do desenvolvimento moral. Nada há de errado, portanto, no facto da abordagem de domínios utilizar esse conceito com um sentido diferente daquele que Kohlberg lhe atribuiu. Mais ainda, é indisputável que essa abordagem tem contribuído muito para a nossa compreensão do conhecimento social da criança e da sua competência para fazer distinções entre domínios. Problemas e confusões aparecem, contudo, quando os investigadores não clarificam o sentido de conceitos-chave nas suas pesquisas, preferindo antes opor teorias que usam os mesmos conceitos com sentidos muito diferentes.

Embora eu possa estar errado, a minha convicção é que, na sua disputa com Kohlberg, os teóricos da abordagem de domínios têm apelado em demasia para asteriscos tabulares e subestimado o perigo de riscos teóricos em termos de clarificação conceptual (Meehl, 1978; ver também Lourenço, 2001); pensado, portanto, que a sua polémica com Kohlberg quanto à competência moral da criança pode ser decidida através de dados empíricos sobre tal putativa competência (*i. e.*, investigações factuais), antes de se clarificar o que está em jogo quando dela se fala (*i. e.*, investigações conceptuais; ver Machado, Lourenço e Silva, 2000, para uma análise crítica do papel das investigações factuais e conceptuais no campo da psicologia). Uma análise cuidada, contudo, mostra que se a teoria de Kohlberg radica numa ideia de competência moral que envolve organização de conhecimento e obrigação ou necessidade moral — *i. e.*, conhecimento moral "necessário" — a abordagem de domínios de Turiel radica na ideia de competência moral como conhecimento moral de tipo informativo, algo a que se pode chamar pseudo obrigação ou pseudo necessidade moral. Se não quiser reconhecer esta diferença e persistir na sua ideia de criança como alguém capaz de apreender já a marca distintiva da moralidade, a abordagem da distinção entre domínios tem de enfrentar seriamente várias críticas que lhe têm sido dirigidas (*e. g.*, Blasi, 1997; Fowler, 1998; Glassman & Zan, 1995; Nisan, 1987; Rest *et al.*, 1999) e confrontar-se com os dados deste estudo. Com base em tais dados, parece poder argumentar-se que (a) a tese de tal abordagem quanto à competência moral da criança não é tão linear e indisputável como costuma ser proclamado pelos seus defensores; (b) na sua disputa com

Kohlberg, esses autores apelam para um conceito de competência moral que lembra mais uma ideia de pseudo necessidade moral ou sinais mínimos de moralidade do que preocupações morais genuínas, reversíveis e generalizáveis; e (c) se quisermos fazer sentido da disputa em questão, temos de ir além dos dados empíricos e asteriscos tabulares que cada uma dessas teorias tem gerado e clarificar o sentido que cada uma atribui ao (mesmo) conceito de competência moral. Poderemos então concluir que é enganador, talvez mesmo absurdo, olhar para essas teorias como teorias opostas de desenvolvimento moral. Infelizmente, esta maneira de pensar tem sido a regra, não a excepção. Se existe algum mérito neste estudo, o seu mérito pode ser o de contribuir, por pouco que seja, para a modificação deste estado de coisas.

Referências bibliográficas

Becker, J. (2000). Distinguishing necessary and contingent knowledge. In M. Laupa (Ed.), *Rights and wrongs: How children and young adults evaluate the word* (pp. 63-76). San Francisco: Jossey-Bass.

Blasi, A. (1997). *The nature of 'early morality' in children's development: A case study of psychological disagreement.* Paper presented at the 4th Ringberg Conference, München (Max Planck Institute).

Campbell, R. (2000). *Moral obligation, necessity, and reflecting abstraction: Piaget's early moral psychology in light of his late account of developmental process.* Paper presented at the 30th Annual Meeting of the Jean Piaget Society (Montréal, Québec).

Carpendale, J. (1997). An explication of Piaget's constructivism: Implications for social cognitive development. In S. Hala (Eds.), *The development of social cognition* (pp. 35-64). Hove: Psychology Press.

Colby, A. & Kohlberg, L. (1987a). *The measurement of moral judgment.* Vol. I. New York: Cambridge University Press.

Colby, A. & Kohlberg, L. (1987b). *The measurement of moral judgment.* Vol. II. New York: Cambridge University Press.

Commons, M. & Grotzer, T. (1990). The relationship between Piagetian and Kohlbergian stage: An examination of the "necessary but not sufficient relationship". In M. Commons, C. Armon, L. Kohlberg, F. Richards, T. Grotzer & J. Sinnott (Eds.), *Adult development, Vol. 2: Models and methods in the study of adolescent and adult thought* (pp. 205-231). New York: Praeger.

Damon, W. (1984). Self-understanding and moral development from childhood to adolescence. In W. Kurtines & J. Gewirtz (Eds.), *Morality, moral behavior, and moral development* (pp. 109-127). New York: John Wiley.

Davidson, P., Turiel, E. & Black, A. (1983). The effect of stimulus familiarity on the use of criteria and justifications in children's social reasoning. *British Journal of Developmental Psychology, 1,* 49-65.

Dean, A. & Youniss, J. (1991). The transformation of Piagetian theory by American psychology: The early competence issue. In M. Chandler & M. Chapman (Eds.), *Criteria for competence: Controversies in the conceptualization and assessment of children's abilities* (pp. 93-109). Hillsdale, NJ: Erlbaum.

Drury, M. (1976). *The danger of words.* Bristol: Thoemmes Press.

Dunn, J. (1988). *The beginnings of social understanding.* Oxford: Blackwell.

Eisenberg, N. & Fabes, R. (1998). Prosocial development. In W. Damon (series editor), *Handbook of child psychology,* vol. three: *Social, emotional, and personality development* (pp. 701-778). New York: John Wiley.

Enright, R., Lapsley, D. & Olson, L. (1985). Moral judgment and the social cognitive developmental research programme. In S. Modgil & C. Modgil (Eds.), *Lawrence Kohlberg: Consensus and controversy* (pp. 313-324). Philadelphia: The Falmer Press.

Fowler, R. (1998). Limiting the domain account of early moral judgment by challenging its critique of Piaget. *Merrill-Palmer Quarterly, 44,* 263-292.

Glassman, M. & Zan, B. (1995). Moral activity and moral theory: An alternative interpretation of research with young children. *Developmental Review, 15,* 434-457.

Habermas, J. (1990). Justice and solidarity. In T. Wren (Ed.), *The moral domain* (pp. 224-251). Cambridge, MA: MIT Press.

Helwig, C. (1995). Social context in social cognition: Psychological harm and civil liberties. In M. Killen & Daniel Hart (Eds.), *Morality in everyday life: Developmental perspectives* (pp. 166-200). Cambridge: Cambridge University Press.

Helwig, C., Tisak, M. & Turiel, E. (1990). Children's social reasoning in context: Reply to Gabennesch. *Child Development, 61,* 2068-2078.

Inhelder, B. & Piaget, J. (1958). *The growth of logical thinking from childhood to adolescence.* New York: Basic Books. (Original work published 1955).

Kahn, P. (1992). Children's obligatory and discretionary moral judgments. *Child Development, 63,* 416-430.

Killen, M. (1991). Social and moral development in early childhood. In W. Kurtines & J. Gewirtz (Eds.), *Handbook of moral development and behavior: Research* (Vol. 2, pp. 115-138). Hillsdale, NJ: Erlbaum.

Kohlberg, L. (1968). The child as a moral philosopher. *Psychology Today, 7,* 25-30.

Kohlberg, L. (1971). From is to ought: How to commit the naturalistic fallacy and get away with it in the study of moral development. In T. Mischel (Ed.), *Cognitive development and epistemology* (pp. 151-235). New York: Academic Press.

Kohlberg, L. (1981). *Essays on moral development.* Vol. 1: *The philosophy of moral development: Moral stages and the idea of justice.* San Francisco: Harper & Row.

Kohlberg, L. (1984). *Essays on moral development.* Vol. 2: *The psychology of moral development: Moral stages, their nature and validation.* San Francisco: Harper & Row.

Laupa, M. (1991). Children's reasoning about three authority attributes: Adult status, knowledge, and social position. *Developmental Psychology, 27,* 321-329.

Lourenço, O. (2001). The danger of words: A Wittgensteinian lesson for developmentalists. *New Ideas in Psychology, 19,* 89-115.

Machado, A., Lourenço, O. & Silva, F. (2000). Facts, concepts, and theories: The shape of psychology's epistemic triangle. *Behavior and Philosophy, 28,* 1-40.

Meehl, P. (1978). Theoretical risks and tabular asterisks: Sir Karl, Sir Ronald, and the slow progress soft psychology. *Journal of Consulting and Clinical Psychology, 46,* 806-834.

Nisan, M. (1987). Moral norms and social conventions: A cross-cultural comparison. *Developmental Psychology, 23,* 719-725.

Nucci, L. (1981). The development of personal concepts: A domain distinct from moral and social concepts. *Child Development, 52*, 114-121.

Nucci, L. (1996). Morality and the personal sphere of actions. In E. Reid, E. Turiel & T. Brown (Eds.), *Values and knowledge* (pp. 41-60). Mahwah, NJ: Erlbaum.

Nunner-Winkler, G. & Sodian, B. (1988). Children's understanding of moral emotions. *Child Development, 59*, 1323-1338.

Piaget, J. (1932). *Le jugement moral chez l'enfant* [the moral judgment of the child]. Paris: Alcan.

Piaget, J. (1986). Essay on necessity (L. Smith & F. Steele, Trans.). *Human Development, 29*, 301-314. (Original work published 1977).

Piaget, J. (1987). *Possibility and necessity* (2 Vols.; H. Feider, Trans.). Minneapolis: University of Minnesota Press. (Original work published in 1981 and 1983).

Rawls, J. (1971). *A theory of justice*. Cambridge, MA: Harvard University Press.

Rest, J., Narvaez, D., Bebeau, M. & Thoma, S. (1999). *Postconventional moral thinking*. Mahwah, NJ: Lawrence Erlbaum.

Shweder, R., Mahapatra, M. & Miller, J. (1987). Culture and moral development. In J. Kagan & S. Lamb (Eds.), *The emergence of morality in young children* (pp.1-83). Chicago: The University of Chicago Press.

Shweder, R., Turiel, E. & Much, N. (1981). The moral intuitions of the child. In J. Flavell & L. Ross (Eds.), *Social-cognitive development: Frontiers and possible futures* (pp. 288-305). Cambridge: Cambridge University Press.

Smetana, J. (1983). Social-cognitive development: Domain distinctions and coordinations. *Developmental Review, 3*, 131-147.

Smetana, J. (1995). Morality in context: Abstractions, ambiguities, and applications. In R. Vasta (Ed.), *Annals of child development* (Vol. 10, pp. 83-139). London: Jessica Kingsley.

Smetana, J., Killen, M. & Turiel, E. (2000). Children's reasoning about moral conflicts. In W. Craig (Ed.), *Childhood social development: The essential readings* (pp. 275-302). Oxford: Blackwell.

Smith, L. (1993). *Necessary knowlegde: Piagetian perspectives on constructivism*. Hillsdale, NJ: Lawrence Erlbaum.

Smith, L. (1997). Necessary knowledge and its assessment in intellectual development. In L. Smith, J. Dockrell & P. Tomlinson (Eds.), *Piaget, Vygotsky and beyond* (pp. 224-241). London: Routledge.

Tisak, M. (1995). Domains of social reasoning and beyond. In R. Vasta (Ed.), *Annals of child development* (Vol. 11, pp. 95-130). London: Jessica Kingsley.

Tisak, M. & Tisak, J. (1990). Children's conceptions of parental authority, friendship, and sibling relations. *Merril-Palmer Quarterly, 36,* 347-367.

Turiel, E. (1983). *The development of social knowledge: Morality and convention.* Cambridge: Cambridge University Press.

Turiel, E. (1998). The development of morality. In W. Damon (series editor). *Handbook of child psychology.* Vol. 3: *Social, emotional, and personality development* (pp. 863-932). New York: John Wiley.

Turiel, E. & Davidson, P. (1986). Heterogeneity, inconsistency, and asynchrony in the development of cognitive structures. In I. Levin (Ed.), *Stage and structure: Reopening the debate* (pp. 106-143): Norwood, NJ: Ablex.

Turiel, E., Hildebrandt, C. & Wainryb, C. (1991). Judging social issues: Difficulties, inconsistencies and consistencies. *Monographs of the Society for Research in Child Development, 56* (2, Serial No.224). Chicago: University of Chicago Press.

Turiel, E., Killen, M. & Helwig, C. (1987). Morality: Its structure, functions, and vagaries. In J. Kagan & S. Lamb (Eds.), *The emergence of morality in young children (*pp. 155-243): Chicago: The University of Chicago Press.

Turiel, E. & Smetana, J. (1984). Social knowledge and action: The coordination of domains. In W. Kurtines & J. Gewirtz (Eds.), *Morality, moral behavior, and moral development* (pp. 261-282). New York: Wiley.

Wittgenstein, L. (1958). *Philosophical investigations* (3rd ed.; G.E.M. Ascombe, Trans.). Englewood Cliffs, NJ: Prentice Hall.

Zahn-Waxler, C., Radke-Yarrow, M. & King, R. (1979). Children rearing and children's prosocial initiations toward victims of distress. *Child Development, 50,* 319-330.

3

Análise do erro na resolução de problemas verbais de estrutura aditiva. Uma perspectiva construtivista

D. Botelho, J. Castro, L. Morgado, S. Parrat-Dayan & A. Spinillo

Introdução

I. A problemática do erro tem sido tema central para muitos investigadores sobretudo para aqueles que se têm interessado pela formação dos conhecimentos e pela sua relação com os processos de aprendizagem. De entre estes sobressaem, pelo carácter inovador das suas posições, os autores oriundos de uma perspectiva construtivista onde a análise desta temática resulta do estudo dos mecanismos estruturais e funcionais de construção do conhecimento na criança no quadro do modelo da equilibração proposto por Piaget em 1975 (Inhelder, Sinclair & Bovet, 1974; Piaget, 1973, 1974, 1975; Kamii & De Clark, 1985; Sala, 1989; Vergnaud, 1981; Vinh-Bang, 1990).

A resposta errada é considerada por estes investigadores como a manifestação de um desequilíbrio cognitivo, mais ou menos prolongado, durante o desenrolar de uma actividade da resolução de um problema. Aquela corresponde ao nível de desenvolvimento actual do sujeito e é encarada por este como suficientemente adequada para ser apresentada, embora, objectivamente, seja incorrecta quer face a uma norma quer face a um conhecimento tido por necessário (Leplat & Pailhours, 1974). Os erros são assim, na perspectiva construtivista, positivamente valorizados não só por darem a conhecer o nível de desenvolvimento cognitivo do sujeito mas também por, no momento em que este deles toma consciência, provocarem normalmente uma contradição cognitiva interna contribuindo para uma nova reorganização estrutural do pensamento e conduzindo, posteriormente, à reorientação dos procedimentos executados para resolver o problema em causa. Logo, a resposta incorrecta, quando reconhecida pelo sujeito como tal, é considerada o desencadeador de novas descobertas conceptuais que conduzirão à sua ultrapassagem e à correcção da posterior afirmação fornecida pelo sujeito, permitindo, além disso, que dela se infira a natureza das estruturas operatórias entretanto construídas e que deram origem à solução do problema [1].

Na abordagem que temos vindo a efectuar, o erro, por nós aqui denominado de *erro estrutural*, observado na incompreensão da própria organização subjacente ao problema colocado, resultaria da ausência ou do insuficiente desenvolvimento de estruturas cognitivas importantes para a formulação de uma resposta correcta e seria ultrapassado na medida em que a criança as construísse. Neste caso, pode assumir particular relevo uma forma de ensino-aprendizagem baseada numa metodologia de conflito cognitivo e sócio-cognitivo que tenha precisamente em vista a construção de níveis psicogenéticos estruturalmente mais avançados (Inhelder, Sinclair & Bovet, 1974; Perret--Clermont, 1979).

A construção de uma estrutura operatória relevante, como já salientámos, para a resolução de um determinado problema não é

---

[1] Como afirma Piaget: "Do ponto de vista da invenção, um erro corrigido pode ser mais fecundo que uma resolução imediata, porque a comparação da hipótese falsa e das suas consequências fornece novos conhecimentos e a comparação entre os erros dá novas ideias" (citado por Inhelder & Cellérier, 1992, 43).

contudo por si só garantia contra o aparecimento do erro. Com efeito, as estruturas cognitivas são utilizadas e exploradas em múltiplas ocasiões e durante esse processo o erro pode sempre surgir devido precisamente a um funcionamento inadequado daquelas no momento da organização dos procedimentos de solução. A enorme variedade de situações problemáticas, com as quais o sujeito se confronta, conduz à necessidade de escolher um procedimento já construído e disponível a ser de novo utilizado (o que implica reconhecer o problema proposto como análogo a outro já anteriormente resolvido) ou então aperfeiçoar, ou mesmo criar de novo, uma estratégia de solução. Ambas as condutas podem conduzir a erros, por nós designados de *erros funcionais*. Estas podem dar lugar a uma enorme variabilidade de respostas incorrectas dependentes de inúmeros factores como a familiarização com os dados do problema, o tipo de material utilizado, a extensão da informação fornecida, a organização da estratégia de resolução, etc. (Fuson, 1988; Fuson & Briars, 1990; Geary, 1990; Meissner, 1986). Contudo, estes erros, por não implicarem na sua superação a construção de novas estruturas, serão mais facilmente ultrapassados pelo sujeito embora, em alguns casos, a reorganização do procedimento possa não ser levada de imediato a bom termo devido à própria instabilidade da organização cognitiva daquele.

II. Partindo deste quadro teórico muito geral debrucemo-nos agora sobre as suas implicações pedagógicas no que diz respeito à Educação Matemática, mais precisamente no que se refere à resolução de problemas verbais de estrutura aditiva e às dificuldades que eles levantam aos alunos do Pré-Escolar (último ano) e do 1.º ciclo do Ensino Básico.

É hoje mais ou menos tido por consensual entre os investigadores que as respostas incorrectas fornecidas pelas crianças se observam em dois momentos distintos ao longo da resolução daquele tipo de problemas: na interpretação do enunciado e na elaboração do procedimento de solução. No 1.º caso, o erro provém de uma incorrecta representação mental. Tal facto poderá conduzir o aluno, por exemplo, a considerar um problema verbal de "comparação", bastante complexo, como se de um problema de "combinação" se tratasse, conduzindo-o assim a uma resposta errada mesmo que a estratégia de solução, posteriormente utilizada, seja adequada (Carpenter, Hiebert & Moser, 1981; De Corte & Verschaffel, 1987, 1989; Wolters, 1983). Este tipo de erro normalmente mantém-se, independentemente da forma como o problema seja apresentado e a resposta pedida (verbalmente, através de material manipulativo, etc.).

Duas explicações diferentes têm sido propostas para interpretar estas condutas. A primeira, dita lógico-matemática, mais em consonância com o modelo construtivista, vai considerar que tais comportamentos incorrectos derivam do facto de as crianças não terem ainda desenvolvido o seu raciocínio a ponto de, no caso em apreço, terem construído a noção da inclusão de classes, necessária para efectuar uma correcta representação mental do 1.º tipo de problemas, mas dispensável para o 2.º (Riley, Greeno & Heller, 1983; Vergnaud, 1981). Segundo a nossa terminologia encontrar-nos-íamos aqui confrontados com um erro estrutural.

A segunda explicação, dita linguística, considera que os erros dos alunos na construção da representação mental do enunciado, resultariam de incompreensões específicas fruto de uma formulação daquele em termos pouco canónicos. Neste caso, não seria o baixo nível do desenvolvimento cognitivo das crianças a causa do insucesso observado uma vez que, na opinião dos defensores desta proposta, elas possuiriam, pelos menos já em fase de construção, as estruturas operatórias para a sua resolução (Coquin-Viennot, 2000; Cummins, 1991; Lean, 1990; Markman, 1973; Markman & Siebert, 1976), mas antes uma dificuldade externa, imposta ao sujeito pela estrutura linguística do problema. Na nossa terminologia, este erro seria designado de funcional e resultaria de dificuldades na própria funcionalidade das estruturas cognitivas que, de acordo com maior ou menor número de solicitações do meio, poderiam funcionar de forma mais ou menos adequada.

III. É dentro deste quadro conceptual que se enquadra a nossa investigação que vai procurar estudar através da análise das dificuldades observadas na resolução de três problemas verbais de adição (combinação, separação e comparação), por um conjunto de alunos do último ano da Educação Pré-Escolar e do 1.º e 2.º ano do Ensino Básico, a pertinência teórica e metodológica da nossa terminologia conceptual em relação à noção de erro (estrutural e funcional) assim como o valor explicativo dos dois modelos apresentados sobre as incorrecções produzidas pelas crianças no que se refere à representação mental do enunciado dos problemas propostos.

Outra das questões à qual gostaríamos de responder diz respeito à relação, eventualmente observada, entre os dois tipos de erros por nós considerados e o nível psicogenético, etário e académico dos sujeitos, procurando, neste último caso, analisar o papel, facilitador ou não, desempenhado pela introdução do algoritmo na resolução deste tipo de problemas no 1.º ano de Escolaridade obrigatória (Kamii & De Clark, 1985).

Metodologia da investigação

Tendo em vista responder às questões atrás formuladas interrogámos 45 crianças provenientes de um estabelecimento escolar de Lisboa, com um nível sócio-económico considerado médio. 15 crianças, com idades entre os 5A; 5M e os 6A; 5M, frequentavam o último ano do Pré-Escolar (média de idades 5A; 9M). 15, com idades entre os 6A; 1M e os 7A; 3M, frequentavam o 1.º ano do Ensino Básico (média de idades 6A; 9M) e as restantes do 2.º ano, idades entre os 7A; 5M e os 8A; 4M, (média de idades 7A; 11M). A recolha de dados decorreu ao longo do ano lectivo de 2001-2002.

A investigação desenrolou-se em duas partes :

1.ª Parte: Todos os sujeitos foram individualmente submetidos a três provas operatórias tendo em vista determinar o seu nível de desenvolvimento psicogenético. As provas escolhidas foram a conservação dos elementos discretos e a seriação dos comprimentos para avaliar a presença (ou não) da reversibilidade, por inversão e por reciprocidade, bem como das relações transitivas. Foi ainda utilizada a prova de quantificação da inclusão de classes para determinar o nível de construção desta estrutura operatória considerada, por muitos autores, importante para a compreensão das relações de parte/todo. Na verdade, reversibilidade, transitividade e inclusão são habitualmente consideradas as estruturas operatórias determinantes para a construção da representação mental dos enunciados nos problemas de tipo aditivo.

2.ª Parte: Realizaram-se posteriormente três sessões em que foi apresentado a cada criança, individualmente, um problema de aritmética de estrutura aditiva [2].

> Problema 1: (Combinação) — Num autocarro de dois andares estão 4(16) passageiros no andar de baixo e 5(7) passageiros no andar de cima. Quantos passageiros estão, ao todo no autocarro?
> Problema 2: (Separação) — Num autocarro de dois andares estão 9(16) passageiros. No andar de baixo estão 3(8). Quantos estão no andar de cima?
> Problema 3: (Comparação) — Num autocarro de dois andares estão 6(16) passageiros no andar de cima e 4(11) no andar de baixo. Quantos passageiros estão a mais no andar de cima?
> (Classificação de Carpenter, Hiebert & Moser, 1981) [3]

Cada sessão desenrolou-se em três momentos sucessivos:

Inicialmente houve um diálogo com a criança apoiado em material concreto (autocarro, bonecos e croquis) a fim de criar um contexto próximo da realidade do conteúdo dos problemas.

---

[2] O 1.º problema é normalmente designado por problema de combinação uma vez que se trata de, conhecidas duas quantidades, determinar o valor da sua reunião. No 2.º problema, trata-se de encontrar a quantidade complementar conhecido o todo e uma parte. Por fim, o 3.º problema consiste em comparar 2 quantidades para determinar a diferença entre elas.

Segundo diversos estudos, os problemas de combinação são os mais fáceis de resolver pelas crianças a que se seguem os de separação e por fim os de comparação (cf. J. Giroux & A. Ste-Marie, 2001).

[3] Os valores que se encontram entre parêntesis nos enunciados dos problemas foram os fornecidos aos alunos do 2.º ano.

1. Num primeiro momento o experimentador, depois de escolhido aleatoriamente o problema pela criança, lia-o em voz alta (às crianças do 2.º ano era-lhes pedido que também o lessem), sendo-lhe então fornecido outro material concreto (cubos que simbolizariam os passageiros) e sugerido que o resolvesse, utilizando-o. Dada a resposta pela criança, pedia-se-lhe que justificasse a sua afirmação. Nalguns casos eram apresentadas contra-sugestões.

2. Num segundo momento era fornecido ao aluno papel e lápis e solicitava-se-lhe que representasse a tarefa que tinha estado a desempenhar: "que fizesse no papel como tinha resolvido" (se necessário referia-se o desenho) [4].

3. Por fim, entregava-se-lhe uma nova folha de papel e indicava-se-lhe que resolvesse o problema como se estivesse na sala de aula, isto é, que "fizesse como o professor ensina".

A metodologia utilizada pareceu-nos a mais adequada para responder às questões por nós formuladas. Assim a passagem das provas operatórias torna-se indispensável para responder à nossa última questão e, em parte, também para nos podermos posicionar face à polémica sobre as duas possíveis explicações para os erros observados. Quanto à realização da resolução de problemas em três momentos diferentes (material manipulativo; representação figurativa; representação numérica) ela permitir-nos-á, mais facilmente, analisar a distinção entre erros estruturais e funcionais. A utilização do mesmo conteúdo linguístico no enunciado foi uma escolha deliberada uma vez que não desejávamos introduzir variáveis parasitas, como por exemplo a menor ou maior familiarização com os objectos citados naquele, que pudessem influenciar a resposta do aluno. A uniformização evita assim esse tipo de desvios metodológicos. Quanto ao texto escolhido ele faz parte do acervo de problemas normalmente disponível nos livros de aritmética e foi mesmo largamente utilizado nas investiga-

---

[4] Algumas crianças, logo neste momento da realização, utilizaram o algoritmo e, só após a intervenção do experimentador, se serviram do desenho.

ções de diversos autores que se têm interessado por esta área do conhecimento das quais salientamos, pela sua relevância, as de H. Gardner (1993) sobre as inteligências múltiplas.

Análise de resultados

I – Análise do Nível Psicogenético

Iniciaremos esta análise dos resultados procurando centrar-nos nos níveis psicogenéticos apresentados pelos sujeitos e distribuídos pelos três quadros seguintes de acordo com os grupos estudados.

QUADRO n.º 1: Pré-Escolar. N.º de sujeitos - 15

Quantidades Discretas N.º sujeitos	Seriação N.º sujeitos	Q. Inclusão de classes N.º sujeitos
NC — 5 (33,3%)	N. I — 9 (60%)	N. I — 14 (93,3%)
INT — 8 (53,4%)	N. II — 4 (26,7%)	N. II — 0
C — 2 (13,3%)	N. III — 2 (13,3%)	N. III — 1 (6,7%)

QUADRO n.º 2: 1.º Ano. N.º de sujeitos - 15

Quantidades Discretas N.º sujeitos	Seriação N.º sujeitos	Q. Inclusão de classes N.º sujeitos
NC — 0	N. I — 5 (33,3%)	N. I — 14 (93,3%)
INT — 6 (40%)	N. II — 7 (46,7%)	N. II — 1 (6,7%)
C — 9 (60%)	N. III — 3 (20%)	N. III — 0

QUADRO n.º 3: 2.º Ano. N.º de sujeitos - 15

Quantidades Discretas N.º sujeitos	Seriação N.º sujeitos	Q. Inclusão de classes N.º sujeitos
NC — 1 (6,7%)	N. I — 2 (13,3%)	N. I — 11 (73,4%)
INT — 2 (13,3%)	N. II — 8 (53,4%)	N. II — 2 (13,3%)
C — 12 (80%)	N. III — 5 (33,3%)	N. III — 2 (13,3%)

Legenda: NC – Não conservador; INT – Intermediário; C – Conservador; N – Nível

É desde logo evidente, ao observar os três quadros acima apresentados, que o progresso cognitivo dos alunos nas três provas operatórias a que foram submetidos se desenrola de acordo com o nível escolar e a idade ao qual este corresponde. No entanto, deve salientar-se que tal facto é mais claro na prova de conservação dos elementos discretos e na prova da seriação dos comprimentos do que na prova de quantificação de inclusão de classes. Com efeito, nesta última o progresso cognitivo só se observa no 2.º ano e mesmo aí numa percentagem bastante reduzida de sujeitos o que confirma a maior dificuldade desta prova em relação às precedentes e o facto, bem conhecido, de ela só ser adquirida por crianças de idade mais avançada (Piaget & Inhelder, 1966).

Centremo-nos agora sobre os perfis psicogenéticos dos alunos e analisemos o quadro n.º 4 onde estes se encontram descritos.

QUADRO n.º 4

Perfis de Desenvolvimento Psicogenético			Níveis de Escolarização						Total
QD	S	INC	Pré-escolar		1.º ano		2.º ano		
			Freq	% pré-prim	Freq	% 1.º ano	Freq	% 2.º ano	
NC	I	I	4	26,7			1	6,7	5
NC	II	II	1	6,7					1
INT	I	I	5	33,3	3	20			8
INT	II	I	1	6,7	2	13,3	1	6,7	4
INT	II	II	1	6,7			1	6,7	2
INT	III	I	1	6,7	1	6,7			2
C	I	I			2	13,3	1	6,7	3
C	II	I	1	6,7	5	33,3	5	33,3	11
C	II	II					1	6,7	1
C	III	I	1	6,7	1	6,7	3	20	5
C	III	II			1	6,7			1
C	III	III					2	13,3	2

Legenda: QD-Conservação das Quantidades Discretas; S-Seriação; INCQ. da Inclusão de classes; NC-Não-conservador; INT-Intermediário; C-Conservdor.

Verificamos imediatamente que os perfis psicogenéticos mais baixos se encontram nas crianças do pré-escolar. Assim temos 26,7% com o perfil NC-I-I e 33,3% com o perfil INT-I-I o que demonstra que 60% destes sujeitos se encontram ainda no nível pré-operatório. Ao analisarmos os perfis dos alunos do 1.º ano deparamo-nos com perfis mais evoluídos (33, 3% – C, II, I.; 13,3% – C, I, I; 6,7% – C, III, I e 6,7% – C, III, II). Torna-se claro que agora há já um número elevado de crianças que responde operatoriamente, pelo menos à prova de conservação das quantidades numéricas (60%), o que demonstra encontrarem-se já no início de construção de período das operações concretas e com acesso à noção de reversibilidade. Ao debruçarmo-nos finalmente sobre os perfis psicogenéticos dos alunos do 2.º ano o progresso cognitivo dos mesmos é nítido em relação aos grupos anteriores, sobretudo no que se refere à prova de conservação onde 80% das crianças responde agora correctamente.

É notório nestes resultados a evolução do desenvolvimento operatório dos alunos ao longo dos três anos de escolaridade conduzindo a que os perfis com níveis mais baixos deixem praticamente de se encontrar presentes no 2.º ano em proveito dos mais avançados. Pode igualmente observar-se uma maior aproximação, em termos de construção das operações concretas, entre os alunos do 1.º e 2.º ano do que entre qualquer destes grupos e o do Pré-Escolar corroborando-se assim nesta investigação resultados de outras que consideram que a transição entre o estádio pré-operatório e o acima mencionado coincide com a entrada na escolaridade obrigatória.

II – Análise dos Erros: Material Concreto e Representação Figurativa

Problema 1

Iremos iniciar esta nossa análise observando o quadro n.º 5 onde se encontram assinalados os erros e os acertos dos alunos no que se refere ao problema 1 nos dois primeiros momentos da sua resolução.

Enunciado: Num autocarro de dois andares estão 4(16) passageiros no andar de baixo e 5(7) passageiros no andar de cima. Quantos passageiros estão, ao todo, no autocarro?

QUADRO n.º 5: Resultados

	Material concreto			Papel e lápis		
	Erro Est.	Erro Func.	Correcto	Erro Est.	Erro Func.	Correcto
Pré-Escolar 15 suj.	2	5	8	2	–	11
1.º Ano 15 suj.	–	2	13	–	–	15
2.º Ano 15 suj.	–	1	14	–	–	15

Nota: Dois sujeitos que na 1.ª parte da resolução do problema tinham apresentado "erros funcionais" não realizaram a tarefa com papel e lápis.

Neste problema, como os resultados demonstram só cometem erros estruturais 2 alunos da Pré-Primária, aliás ambos com o perfil psicogenético menos avançado (NC, I, I). Estas crianças limitaram-se, nas suas respostas, a repetir os valores numéricos indicados no enunciado tendo-se mostrado incapazes de efectuar a sua reunião.

Quanto aos erros funcionais estes surgem nos três níveis escolares embora em maior número no Pré-Escolar. No que se refere a estes sujeitos bem como aos do 1.º ano (7 no total) a dificuldade proveio da incompreensão linguística do problema que se traduziu em perguntas das crianças e em explicações por parte do experimentador sobre o significado da expressão "ao todo"[5]. Após a explicitação a resposta passa a ser correcta e compreendido o problema o aluno não apresentou, em seguida, qualquer dificuldade na representação figurativa do mesmo. Há a assinalar um outro erro do mesmo tipo

---

[5] Extracto do protocolo de F. (5A; 10M - Pré-Primária) "F: 5 passageiros aqui (coloca em cima) e 4 aqui (coloca 4 em baixo). Exp: Então, o que se quer saber? F: aqui há 5 e aqui há 4. Nova leitura do problema. Exp: O que quer dizer ao todo? F: Não sei... Exp: Quer dizer *todos*. F. Ah, então já sei... 4 mais 5 são 9. São 9!"

apresentado por um aluno do 2.º ano que consistiu numa incorrecção na contagem que, como os precedentes, já se não verificou na segunda parte da sessão experimental.

Sublinhemos que um número tão elevado de acertos nesta questão não é de estranhar pois, como já salientámos neste capítulo, ela é muito acessível sobretudo quando na sua resolução o sujeito pode utilizar material concreto.

Problema 2

Observemos agora o quadro n.º 6 onde se encontram sintetizados os tipos de erros e os acertos produzidos pelos nossos alunos no problema 2 nos dois primeiros momentos da sessão.

Enunciado: Num autocarro de dois andares estão 9(26) passageiros. No andar de baixo estão 3(8). Quantos passageiros estão no andar de cima?

QUADRO n.º 6: Resultados

	Material concreto			Papel e lápis		
	Erro Est.	Erro Func.	Correcto	Erro Est.	Erro Func.	Correcto
Pré-Escolar 15 suj.	6	3	6	6	2	7
1.º Ano 15 suj.	14	–	1	14	–	1
2.º Ano 15 suj.	10	3	2	8	–	5

Nota: 2 alunos do 2.º Ano não realizaram o problema com papel e lápis.

Os resultados encontrados são muito interessantes e levantam algumas questões, que serão discutidas nas conclusões deste capítulo, as quais se prendem com o elevado número de erros estruturais que os sujeitos do 1.º ano de escolaridade apresentaram. Na verdade, este problema, embora considerado por alguns investigadores como de resolução mais difícil do que o precedente, não tem demonstrado noutras pesquisas tantas dificuldades. Analisadas em detalhe as respostas fornecidas pela nossa amostra verificou-se que aquele foi interpretado como tratando-se de um problema de reunião (caso do problema 1) e não como um problema de separação onde, conhecido o conjunto total e um dos dois sub-conjuntos, é pedido que se indique o valor do seu complemento. Daí que a operação escolhida pelos alunos não tenha sido a subtracção dos valores indicados no enunciado mas sim a sua adição [6].

Quanto aos erros funcionais detectados eles resultam de dificuldades na contagem e na realização da operação da subtracção. Deve assinalar-se que duas crianças do Pré-Escolar não conseguiram, mesmo no momento posterior da representação figurativa, ultrapassar as suas dificuldades, mantendo uma resposta incorrecta (erro de contagem).

Problema 3

Observemos agora o quadro n.º 7 onde se encontram os resultados do problema 3 nos dois primeiros momentos da sessão.

Enunciado: Num autocarro de dois andares estão 6(16) passageiros no andar de cima e 4(11) no andar de baixo. Quantos passageiros estão a mais no andar de cima?

QUADRO n.º 7: Resultados

	Material concreto			Papel e lápis		
	Erro Est.	Erro Func.	Correcto	Erro Est.	Erro Func.	Correcto
Pré-Escolar 15 suj.	8		7	8		7
1.º Ano 15 suj.	10	1	4	9		6
2.º Ano 15 suj.	7	1	7	5		8

Nota: Na 2.ª classe 2 alunos não efectuaram o problema com papel e lápis.

---

[6] Extracto de Protocolo de IN. (6A; 7M - 1º ano) "IN: No andar de cima estão 9 passageiros. Exp: Como sabes? IN: Porque leu e eu decorei logo. O Exp. lê de novo o enunciado. IN. Começa a deslocar as peças e coloca 9 peças em baixo e 3 por cima. IN: São 12 passageiros. Exp: C/S. IN: Sou eu que tenho razão; há 9 passageiros em cima e 3 em baixo e todos são 12".

Os resultados mostram que este problema não se revelou mais complexo para os nossos alunos do que o problema precedente. Com efeito, o número de erros estruturais é mesmo, para dois dos grupos considerados (1.º e 2.º ano), ligeiramente inferior. Contudo a literatura considera-o de um grau de dificuldade superior por se tratar de um problema que implica uma comparação entre números relativos e não somente, como nos casos precedentes, uma operação de reunião ou de separação (Vergnaud, 1981).

Os erros estruturais observados são de dois tipos. Em alguns casos os sujeitos converteram o problema num outro, de reunião, interpretando a expressão "a mais" como "mais"; outros mostraram-se surpreendidos com a pergunta e consideraram que a resposta já se encontrava no enunciado uma vez que havia "mais passageiros no andar de cima" [7]. Quer num caso quer noutro verifica-se uma total incompreensão do enunciado e a sua reconversão noutro correspondente ao nível de raciocínio do aluno [8].

Quanto aos erros funcionais, só observados no 1.º e 2.º ano, resultam de dificuldades na contagem, e deixam de verificar-se quando é pedida a representação com papel e lápis.

---

[7] Extracto de protocolo de Fi. (7A; 5M - 2.º Ano) "Fi: Estão 16. Exp: Como sabe? Fi: No andar de cima estão 16... Quantos estão a mais, no andar de cima ....16 porque são mais que 11. Exp: C/S. Fi: Está mal. Se fizesse a conta de 16-11 dava 5. Ele disse à balda!".

Extracto de protocolo de F. (6A; 9M - 1.º ano) "F: São 10. Exp: Como fizeste? F: Contei pelos dedos. Exp: Vamos fazer com o material. F. Desloca 4 cubos e em seguida mais 6. Junta-os todos. "São 10". Exp: C/S. F. Não... sou eu que tenho razão... 4 em baixo e 6 em cima; há mais passageiros em cima".

[8] Contrariamente ao que se verificou em relação aos erros estruturais nos problemas precedentes, agora encontramos um aluno no 1.º ano que o vem a resolver correctamente no momento em que lhe é solicitada a representação figurativa. Podemos pois considerar que o contacto com a questão o terá levado a reelaborar os seus esquemas e a descobrir a solução correcta. Tal explicação vai aliás no sentido daquela que é fornecida por Inhelder, Sinclair e Bovet (1974) para justificarem os progressos cognitivos observados entre a passagem do 1.º e 2.º post-testes em situações de aprendizagem por conflito cognitivo.

III – Análise dos erros na utilização do algoritmo

Como já atrás referimos num 3.º momento desta nossa investigação foi solicitado aos alunos que resolvessem os problemas "como o professor ensina" sendo nosso objectivo conduzi-los a utilizar o algoritmo. Era nossa intenção analisar as dificuldades encontradas por eles (no 1.º e 2.º ano) ao fazerem-no através de um procedimento ensinado na Escola o qual obviamente se poderia encontrar em fase mais ou menos avançada de construção [9].

Observemos então o quadro seguinte onde se encontram os resultados dos alunos do 1.º ano.

QUADRO n.º 8: 1.º Ano – 15 Sujeitos

	Erro Func.	Não Faz	Correcto
Problema 1	2	–	13
Problema 2	2	3	10
Problema 3	4	2	9

Deve desde logo notar-se que há um grande número de crianças que consegue resolver correctamente esta questão. Tal facto não é de estranhar uma vez que o resultado já era conhecido desde o momento em que a resposta tinha sido dada com o apoio de material manipulativo podendo resultar agora da conjugação de uma recordação mnésica e de uma boa aprendizagem convencional da técnica de indicação da conta. Com efeito, dos 13 alunos que no problema 1 não têm dificuldades em descobrir a solução há 5 que só apresentam a conta deitada e 8 que o fazem desta forma mas também através de conta em pé. No 2.º problema há 4 sujeitos que só indicam a conta e 6 que o fazem pelas duas modalidades. Finalmente no problema 3 os números invertem-se (6 apresentam a conta deitada

---

[9] Consideramos para efeitos desta nossa análise como erros somente aqueles que se prendem com a resolução numérica independentemente da compreensão correcta ou incorrecta do problema.

e 3 ambas as formas de representação). Em geral, poderemos considerar que o procedimento utilizado passa pela indicação das duas formas canónicas da operação e que a larga maioria dos alunos já as domina pelo menos quando trabalha com números cuja soma não implica a compreensão da noção de dezena.

Quanto aos erros observados nestes problemas, eles resultam, na sua larga maioria (6 erros), da incapacidade de indicar a conta, (limitando-se a criança a escrever os números) ou então da sua incorrecta anotação (2 casos no problema 3).

QUADRO n.º 9: 2.º Ano – 15 Sujeitos

	Erro Func.	Não Faz	Correcto
Problema 1	3	–	12
Problema 2	5	2	8
Problema 3	1	2	12

Desde logo deve assinalar-se que o número de erros cometidos pelos alunos do 2.º ano (quadro n.º 9) é similar ao que foi produzido pelos do 1.º ano. Não se pode contudo esquecer que a complexidade do problema, no 2.º ano, é agora maior uma vez que os números empregues são mais elevados implicando a elaboração de adições e subtracções através da técnica de transporte. Assim, no que se refere ao problema 1, os erros dizem precisamente respeito à realização desta técnica [10]. Verifica-se aliás o mesmo erro e com os mesmos alunos no problema 2 mas somente com um deles

---

[10] Exemplo de uma incorrecção devida à incompreensão da noção da dezena e da técnica de transporte.

N. (8A; 0M - 2.º Ano) no problema 1 indica assim a conta

$$\begin{array}{r} 16 \\ +7 \\ \hline 83 \end{array}$$

A criança explica que somou 7+1=8

no problema 3. As outras dificuldades observadas provêm da indicação incorrecta da conta montada [11].

Ao analisarmos as respostas correctas verificamos que a grande maioria dos alunos opta agora por utilizar a conta em pé. É o caso de todos eles nos problemas 1 e 2, embora neste último haja ainda 4 crianças que usam simultaneamente a conta deitada. Quanto ao problema 3, 8 efectuam a conta montada e 4 a conta deitada. Nota-se assim que do 1.º para o 2.º ano há um progressivo abandono deste último tipo de representação canónica.

Discussão Geral

Terminada a análise de resultados centremo-nos agora sobre as questões que levantámos no início deste capítulo e procuremos, baseando-nos naqueles, discuti-las de forma a obter a sua confirmação ou infirmação.

I. A distinção que no início deste trabalho tínhamos fornecido ao leitor no que diz respeito às diferenças entre erros estruturais e funcionais era, em grande parte, fundamentada no pressuposto de que os primeiros corresponderiam a uma incapacidade de compreensão da estrutura do problema proposto independentemente das circunstâncias experimentais em que este fosse apresentado. Tal hipótese encontra-se largamente comprovada nesta investigação uma vez que os erros, que consideramos como estruturais, se mantêm nas duas condições experimentais, na situação de resolução com material concreto e na situação em que o sujeito utiliza papel e lápis, sendo, para além disso, resistentes a qualquer forma de contra-sugestão.

---

[11] Exemplo de uma incorrecção da conta montada
(7A; 9M - 2.º Ano) no problema 1 indica assim a conta

C	D	U
	7	
	+	8
	1	5

II. A existência de uma relação directa entre o nível psicogenético dos alunos e o aparecimento de erros estruturais nos problemas por nós apresentados às crianças só parcialmente se comprovou. Na verdade, no que diz respeito ao problema 1 os dois alunos que apresentam erros estruturais são os únicos, do total da nossa amostra, que se encontram no nível pré-operatório confirmando-se assim aquela relação. Contudo, no que se refere aos dois outros problemas erros estruturais e acertos surgem independentemente do perfil psicogenético dos alunos. Com efeito, embora se note, como seria de esperar, uma progressão no desenvolvimento cognitivo manifestado pelos sujeitos nas três provas operatórias (embora menos evidenciado na quantificação da inclusão), de acordo com a sua faixa etária e o seu nível escolar, não foi possível encontrar uma filiação directa entre aquelas e o aparecimento, ou não, de erros estruturais. Deve, no entanto, salientar-se que os alunos se encontram todos no início de construção do período das operações concretas e que só dois deles estão já nesse nível nas três provas piagetianas utilizadas nesta investigação. Poderá assim levantar-se a hipótese de que se interrogássemos crianças mais velhas e com níveis psicogenéticos mais avançados, ainda que dentro do mesmo estádio, obteríamos melhores resultados na resolução destes problemas e a relação de filiação, acima invocada, poderia eventualmente vir a confirmar-se.

Quanto aos erros por nós designados de erros funcionais, e tal como tínhamos considerado na Introdução, nota-se que são facilmente ultrapassados pelos alunos e resultam normalmente da utilização incorrecta de um procedimento de solução, quer se trate da contagem ou de uma operação aritmética, nunca comprometendo a representação correcta da estrutura do enunciado.

III. Para tentarmos posicionar-nos face às questões levantadas na literatura sobre as duas formas de explicação — linguística e lógico-matemática — das dificuldades dos alunos nestes problemas resolvemos, como já atrás assinalámos, explicitar melhor o enunciado do Problema 1. Neste sentido, foi explicado pelo experimentador aos sujeitos que o desconheciam, o significado de expressão "ao todo" substituindo-a por "todos". Esta alteração é, neste caso, possível de efectuar sem modificar a estrutura lógica do problema. Verificou-se que tal facto conduziu os alunos a alterar a sua resposta e a encontrar a solução correcta, o que nos levou a considerar a primeira como um erro, de tipo funcional, que dependeria não da incompreensão da estrutura do problema mas sim de uma dificuldade de interpretação linguística. Logo, no que a este problema diz respeito, os nossos resultados parecem confirmar a explicação fornecida por Cummins (1991). Quanto aos dois problemas, de separação e comparação, que foram posteriormente propostos às crianças na nossa investigação, esse mesmo tipo de alteração metodológica não se pode efectuar uma vez que isso alteraria a estrutura lógica dos mesmos. Assim não foi possível, nesses casos, tomar posição face às duas explicações acima mencionadas.

IV. Os dados do problema 2, sobretudo o número tão elevado de erros estruturais no 1.º ano de escolaridade, mereceram, da nossa parte, alguma reflexão pois a literatura (Carpenter, Hiebert & Moser, 1981) refere que este problema embora apresente uma estrutura lógica mais complexa do que o procedente, uma vez que a criança vai ter que encontrar a classe complementar, nem por isso tem um tão alto grau de dificuldade. Analisados os perfis psicogenéticos desses alunos rapidamente se constatou que a explicação não se poderia encontrar aí devido à variabilidade nos seus níveis de desenvolvimento operatório. A razão que aqui avançamos, e que nos parece a mais consentânea com os nossos resultados, faz depender os erros do próprio ensino--aprendizagem fomentado pela Escola que ao centrar-se, sobretudo no início da escolaridade obrigatória, sobre a adição poderia conduzir os alunos a interpretar todos os problemas propostos como resolúveis por meio daquela operação.

A natureza nefasta de um ensino, por vezes demasiado precoce, centrado na aprendizagem de um algoritmo já tinha sido considerada por Kamii e De Clark, nos anos 80, como causadora de dificuldades e bloqueios na compreensão da estrutura dos problemas de aritmética. Estes nossos dados parecem assim dar razão a estas autoras pois é de facto impressionante a forma como todos estes alunos resolvem aquele problema centrando-se unicamente na adição e sendo as suas respostas dadas de forma imediata e sem qualquer tipo de reflexão. Esta nossa interpretação poderá ser corroborada pelo facto de, como vimos, o número de erros estruturais ser bem menor entre os alunos da pré-primária onde precisamente o ensino sistemático do algoritmo da adição ainda se não iniciou.

V. Debrucemo-nos agora sobre os resultados do Problema 3. Nele o número de erros estruturais é grande, embora se encontre de acordo com o apresentado por outros autores, uma vez que se trata de um problema com uma estrutura lógica mais complexa que os precedentes. Contudo a quantidade de respostas correctas fornecida pelos alunos do Pré-Escolar, bastante elevada comparativamente ao encontrado no 1.º e 2.º ano, levou-nos a observar mais de perto o procedimento adoptado por aquelas crianças. Verificamos assim que a resposta surgiu sempre depois da manipulação do material e através de uma estratégia de correspondência termo-a-termo, facilitada pelos pequenos conjuntos a comparar. A questão é respondida correctamente mas, no entanto, nas justificações não é evidente se os alunos compreenderam a estrutura do problema. Pelo contrário, quer no 1.º quer no 2.º ano, a resposta correcta é fornecida, em muitos casos, antes de qualquer manipulação do material e nas explicações dadas fica claro que a criança compreendeu a estrutura daquele. Assim sendo, devemos considerar com prudência o valor dos resultados fornecidos pelas crianças do Pré-escolar que necessitam de ser confirmados por outros estudos nos quais o número de elementos indicados seja superior.

VI. Na terceira parte deste nosso estudo procuramos analisar as dificuldades apresentadas pelos alunos ao resolverem os nossos problemas através da indicação de uma conta. Desde já devemos salientar que o facto de não termos utilizado os mesmos algarismos nos problemas apresentados à 1.ª e à 2.ª classes nos limita nas análises comparativas a efectuar.

Há contudo alguns aspectos que merecem a nossa atenção e que poderiam agora ser estudados. Em primeiro lugar, há a evidenciar o abandono progressivo da conta deitada em favor da conta em pé embora, em muitos casos, elas surjam ainda simultaneamente. Esta alteração de conduta encontra-se seguramente relacionada com o ensino-aprendizagem na sala de aula que, devido à necessidade da introdução da adição com transporte, começa a exigir, pouco a pouco, a utilização da última.

Quanto aos erros, que continuamos a denominar de funcionais embora eles apresentem agora um cariz pedagógico e até muito técnico, dividem-se em dois grandes grupos. Os primeiros resultam da incapacidade de representar correctamente o algoritmo o que conduz ao simples registo dos números ou a formas não canónicas de o indicar; os segundos surgem devido a dificuldades de compreensão da operação com transporte. É igualmente interessante salientar que os erros não aparecem por igual em todos os problemas; um mesmo aluno pode assim indicar correctamente a conta num deles e não o fazer noutro. A explicação para tal facto encontrar-se-á no tipo de algarismos utilizados no enunciado e que variam de um problema para o outro, implicando, em alguns casos, a realização de operações com transporte e noutros não.

Para terminar gostaríamos agora de destacar as conclusões mais interessantes a que nos conduziu esta investigação bem como indicar as questões que ela deixa em aberto e que merecem novos estudos.

Em 1.º lugar devemos considerar que a nossa distinção entre erros estruturais e erros funcionais nos trouxe, em termos heurísticos, algumas vantagens claramente manifestadas na distinção entre dois tipos de dificuldades presentes nos alunos as quais deverão ser ultrapassadas com métodos de ensino-aprendizagem diferenciados. Ela permitiu-nos igualmente posicionar-nos, pelo menos no que concerne ao problema de combinação, face à polémica do contexto explicativo dos erros manifestados pelas crianças em problemas verbais de aritmética.

Em 2.º lugar verificou-se também que os perfis psicogenéticos dos alunos não são, pelo menos para dois dos problemas por nós estudados, a causa dos erros ou dos acertos aí encontrados e que outros aspectos devem ser considerados nas suas abordagens explicativas, como sejam, por exemplo, os factores pedagógicos.

Finalmente, no que se refere à terceira parte desta investigação, mais uma vez se comprova a dificuldade sentida por muitos alunos na indicação e resolução de algoritmo nos dois primeiros anos da escolaridade obrigatória.

Estudos mais aprofundados, que impliquem maior variabilidade de problemas e amostras mais alargadas de sujeitos, serão agora necessários para confirmar o valor interpretativo da nossa proposta sobre erros estruturais e funcionais, bem como da sua importância para a resolução da polémica em torno das explicações linguística e lógico-matemática a que atrás nos referimos. Aqueles serão também decisivos para a confirmação da nossa hipótese explicativa sobre os resultados encontrados no problema de separação pelos alunos do 1.º ano. Importante será também analisar, a partir dos dados que possuímos, os procedimentos utilizados na resolução dos problemas durante as três sessões experimentais tendo em vista discutir o seu interesse, em termos de ensino-aprendizagem da aritmética, no início da escolaridade obrigatória.

Referências bibliográficas

Carpenter, T., Hiebert, J. & Moser, J. (1981). Problem structure and first-grade children's initial solution processes for simple addition and subtraction problems. *Journal for Research in Mathematics Education, 12*, 27-39.

Coquin-Viennot, D. (2000). Lecture d'énoncés de problèmes arithmétiques: effet d'une introduction thématique sur la construction de la représentation. *Archives de Psychologie, 68*, 41-58.

Cummins, D. (1991). Children's interpretations of arithmetic word problems. *Cognition and Instruction, 8*, 261-289.

De Corte, E. & Verschaffel, F. (1987). The effect of semantic structure on first graders' strategies for solving addition and subtraction word problems. *Journal for Research in Mathematics Education, 18,* 563-581.

De Corte, E. & Verschaffel, L. (1989). Teaching word problems in the primary school: what research has to say to the teacher. In B. Greer & G. Mullern (Eds.), *New directions in mathematics education.* London: Routledge.

Fuson, K. (1988). *Children's counting and concepts of number.* New York: Springer-Verlag.

Fuson, K. & Briars, D. (1990). Base-ten blocks as a first and second grade learning teaching setting for multidigit addition and subtraction and place-value concepts. *Journal for Research in Mathematics Education, 21,* 180-206.

Gardner, H. (1993). *Multiple intelligences. The theory in practice.* New York: Basic Books.

Geary, D. (1990). A componential analysis of an early learning deficit in mathematics. *Journal of Experimental Child Psychology, 49,* 363-383.

Giroux, J. & Ste-Marie, A. (2001). The solution of compare problems among firts-grade students. *European Journal of Psychology of Education, 16,* 141-161.

Inhelder, B. & Cellérier, G. (1992). *Le cheminement des découvertes de l'enfant.* Neuchâtel: Delachaux et Niestlé.

Inhelder, B., Sinclair, H. & Bovet, M. (1974). *Apprentissage et structures de la connaissance.* Paris: P.U.F.

Kamii, C. & De Clark, G. (1985). *Young children reinvent arithmetic.* New York: Columbia University Press.

Lean, G. (1990). Linguist and pedagogical factors affecting children's understanding of arithmetic word problems: a comparative study. *Educational Studies in Mathematics, 21,* 165-191.

Leplat, J. & Pailhours, J. (1974). Quelques remarques sur l'origine des erreurs. *Bulletin de Psychologie, 312,* 729-735.

Markman, E. (1973). The facilitation of part-whole comparisons by use of the collective noun "family". *Child Development, 44,* 837-840.

Markman, E. & Siebert, J. (1976). Classes and collections: internal organisation and resulting holistic properties. *Cognitive Psychology, 8,* 561-577.

Meissner, H. (1986). Cognitive conflicts in mathematics learning. *European Journal of Psychology of Education, 1,* 7-15.

Perret-Clermont, A. N. (1979). *La construction de l'intelligence dans l'intéraction sociale.* Berne: Peter Lang.

Piaget, J. (1973). Remarques sur l'éducation mathématique. *Math École, 58,* 1-7.

Piaget, J. (1974). *Réussir et comprendre.* Paris: P.U.F.

Piaget, J. (1975). *L'équilibration des structures cognitives. Problème central du développement.* Paris: P.U.F.

Piaget, J. (1976). Le possible, l'impossible et le nécessaire. Les recherches en cours ou projetées au Centre International d'Épistémologie Génétique. *Archives de Psychologie, 44,* 281-299.

Piaget, J. & Inhelder, B. (1966). *La psychologie de l'enfant.* Paris: P.U.F.

Riley, M., Greeno, J. & Heller, J. (1983). Development of children's problem solving ability in arithmetic. In H. Ginsburg (Ed.), *The development of mathematical thinking.* New York: Academic Press.

Sala, E. (1989). *Cuestiones y retos de la psicologia.* Barcelona: Editorial Laia.

Vergnaud, G. (1981). *L'enfant, la mathématique et la réalité.* Berne: Peter Lang.

Vinh-Bang (1990). L'intervention psychopédagogique. *Archives de Psychologie, 58,* 123-135.

Wolters, M. (1983). The part-whole schema and arithmetical problems. *Educational Studies in Mathematics, 14,* 127-138.

4

Estratégias de resolução de conflitos interpessoais: Alguns dados empíricos [*]

M. C. Taborda Simões, M. L. Vale Dias
& M. D. Formosinho Sanches

Introdução

O aumento do número de agressões entre crianças e entre adolescentes, enfatizado por uma mediatização crescente, tem de algum modo servido de pretexto para o aparecimento de diversos estudos sobre os conflitos entre pares (*v. g.*, Coie & Dodge, 1998; Coie, Dodge & Kupersmidt, 1990; Deptula & Cohen, 2004; Eisenberg, Fabes, Murphy, Shepard, Guthrie, Mazsk, Poulin & Jones, 1999; Keltikangas-Järvinen, 2002; Laursen, Finkelstein & Betts, 2001; Montangero, Pons & Cattin, 2000; Rose & Asher, 1999; Youngstrom, Wolpaw, Kogos, Schoff, Ackerman & Izard, 2000). Além das características específicas e das estratégias de resolução de tais conflitos,

---

[*] Trabalho realizado no âmbito do Projecto POCTI/36532/PSI/2000 da FCT e do Instituto de Psicologia Cognitiva, Desenvolvimento Vocacional e Social (FEDER/POCTI-SFA-160-192).

particular atenção tem sido prestada às suas implicações no seio das relações grupais, bem como aos aspectos relacionados com a aplicação de princípios susceptíveis de prevenir a ocorrência de fenómenos de agressão e violência entre pares. Por exemplo, o ensino e treino de aptidões para a resolução de conflitos constitui parte integrante de vários programas de intervenção junto de certos grupos de crianças com problemas, nomeadamente comportamentos agressivos e anti--sociais (*v. g.*, Asher, 1985; Battistich, Solomon, Watson, Solomon & Shaps, 1989; Shure, 1999). A relevância deste género de programas não é de minimizar, uma vez que a capacidade para lidar adequadamente com os conflitos interpessoais, sem dúvida uma das componentes essenciais da aptidão social do indivíduo (Miller, Dahaner & Forbes, 1986; Rubin & Krasnor, 1986; Taylor, 1990; Walker, Irving & Berthelsen, 2002), se revela fundamental para o desenvolvimento da personalidade.

A investigação sobre os conflitos entre pares tem mostrado que tanto estes conflitos como as formas de os resolver adquirem características diferentes consoante os seus protagonistas são crianças do mesmo sexo ou não e da mesma idade ou de idades diferentes. Além do género e da idade, outros factores há que parecem também influenciar as situações conflituais. Entre eles, estão a presença ou a ausência do adulto no momento em que o conflito se desenrola, bem como todos aqueles que remetem para condições mais gerais, ou seja, condições de natureza social, económica e cultural. De considerar são ainda os factores ligados à personalidade dos próprios sujeitos e o seu estatuto sociométrico.

A propósito da influência exercida nas estratégias de resolução de conflitos pelo estatuto sociométrico e pelo género, vale a pena citar o estudo realizado por Brenda Bryant (1992) com sujeitos entre os 10 e os 13 anos de idade. Nele foram identificadas três estratégias precisamente influenciadas por estas duas variáveis: a estratégia de represália pela raiva, a estratégia de fuga/evitamento e a estratégia de diálogo até o problema estar resolvido. No que ao estatuto sociométrico se refere, destaca-se o facto de as crianças rejeitadas e controversas terem sido percepcionadas pelos pares como as utilizadoras mais frequentes da primeira estratégia. Por sua vez, as crianças populares foram consideradas como utilizadoras preferenciais da estratégia de diálogo. Quanto às diferenças de género, deve salientar-se que tanto os pares como os professores entenderam que as raparigas recorriam com maior frequência às estratégias de diálogo e de evitamento.

No mesmo sentido vão outros estudos cujos resultados revelam que as crianças bem aceites apresentam, em geral, níveis mais elevados de comportamentos pró-sociais e níveis mais baixos de agressividade e de afastamento. Já as crianças mal aceites apresentam habitualmente níveis elevados de comportamentos agressivos e de afastamento, bem como níveis mais baixos de comportamentos pró-sociais (Coie, Dodge & Kupersmidt, 1990; Ladd *in* Hopmeyer & Asher, 1997). Por outro lado, verificou-se que os rapazes, ao contrário das raparigas, tendem a envolver-se mais em conflitos interpessoais, usam mais a força física e parecem mais preocupados em atingir os seus objectivos do que a harmonia interpessoal (Miller, Dahaner & Forbes, 1986). Verificou-se igualmente que, mesmo em idade pré-escolar, o sexo feminino se revela mais competente em termos de estratégias de resolução de problemas sociais, recorrendo significativamente menos vezes quer à retaliação quer à agressão verbal ou física (Walker, Irving & Berthelsen, 2002). De acordo com os dados de um estudo preditivo da agressão, realizado com base nas atitudes e crenças de jovens e adultos sobre este comportamento (Archer, 2004), a influência do género mantém-se com a idade. Entre as explicações que podem justificar as diferenças que separam os dois sexos, salienta-se a que apela para as experiências associadas ao género. Deste ponto de vista, haveria estratégias e comportamentos que poderiam ser incentivados diferencialmente em função dos sexos, daí resultando diferentes formas de lidar com os conflitos.

Há, todavia, autores que preferem associar, pelo menos em parte, os comportamentos agressivos a factores genéticos (DiLalla, 2002) ou ao funcionamento hormonal (Ramirez, 2003). Outros relacionam estes comportamentos com as crenças sobre a legitimidade da agressão, isto é, com o facto de os sujeitos pensarem que esse comportamento se justifica numa determinada situação (Erdley & Asher, 1998; Guerra & Slaby, 1989; Parke & Slaby, 1983; Slaby & Guerra, 1988). E outros ainda aceitam que os problemas de relacionamento entre pares são mediados sobretudo por défices existentes ao nível das competências cognitivas de resolução de problemas. A este propósito, destacam-se, então, os défices relativos à capacidade para perceber os motivos e os comportamentos dos outros, à aptidão para planear os passos específicos implicados na resolução de um problema e para antecipar as consequências das acções próprias (Battistich, Solomon, Watson, Solomon & Shaps, 1989), assim como os défices que afectam a capacidade para pensar em soluções alternativas (Shure, 1999; Youngstrom, Wolpaw, Kogos, Schoff, Ackerman, & Izard, 2000). Por último, há autores que preferem sublinhar a importância dos factores que mais de perto se relacionam com o desenvolvimento moral e interpessoal dos sujeitos (*v. g.*, Hawley, 2003).

Se existem dados que conferem ao género um papel relevante nos padrões de resolução de conflitos, o mesmo acontece em relação à idade (*v. g.*, Laursen, Finkelstein & Betts, 2001). Com base em tais dados, afirma-se que a coerção seria comum entre crianças e que a negociação tenderia a prevalecer entre adolescentes e também entre jovens adultos. Esta não é, no entanto, uma ideia pacificamente aceite, uma vez que a tendência para o aumento de comportamentos agressivos continua a registar-se com a aproximação da adolescência (Cairns, Cairns, Neckerman, Ferguson & Gariepy, 1989; Gimenez & Blatier, 2004; Keltikangas-Järvinen, 2002; Loeber & Hay, 1997; Ramirez, 2003).

Feitas as anteriores considerações, convém agora precisar os objectivos que orientam o presente estudo. Em primeiro lugar, procura identificar-se as estratégias avançadas por crianças e adolescentes na resolução de um conflito hipotético com outro sujeito mais novo. Em segundo lugar, pretende averiguar-se em que medida a idade e o género influenciam tais estratégias. Dito de outro modo, mostrarão as respostas dos sujeitos uma complexidade crescente com a idade? Mais, a evolução será idêntica nos rapazes e nas raparigas?

A par do interesse que o esclarecimento destas questões pode ter para uma melhor organização de programas de intervenção centrados na promoção de estratégias de resolução de conflitos interpessoais, é de realçar a vantagem de tal esclarecimento não assentar neste estudo, como muitas vezes acontece, em dados recolhidos junto de amostras especiais (*v. g.*, Garcia, Shaw, Daniel, Winslow, & Yaggi, 2000), ou seja, amostras constituídas por sujeitos assinalados devido aos mais variados problemas de comportamento, nomeadamente agressividade e isolamento.

Metodologia

Sujeitos

Participaram neste estudo 445 sujeitos, sendo 246 do sexo masculino e 199 do sexo feminino. Todos eles se encontravam a frequentar jardins de infância ou escolas do concelho de Coimbra e as suas idades variavam entre os 3 e os 14 anos. Tendo em conta a existência de um amplo leque de idades, optou-se por agrupar os sujeitos em níveis mais ou menos correspondentes a ciclos e fases escolares. Foram assim estabelecidos quatro níveis: nível 1 (3-5 anos), com crianças do Ensino pré-escolar; nível 2 (6-7 anos), com alunos dos dois anos iniciais do 1.º ciclo do Ensino básico; nível 3 (8-9 anos), com alunos dos dois últimos anos do 1.º ciclo do Ensino básico; nível 4 (10-14 anos), com alunos do 2.º e 3.º ciclos do Ensino básico.

O Quadro 1 sintetiza a informação relativa ao sexo e à idade dos sujeitos.

QUADRO 1: Distribuição dos sujeitos por nível de idade e por género.

Níveis de idade	N	Sexo masculino	Sexo feminino
1 (3-5 anos)	76	41	35
2 (6-7 anos)	162	88	74
3 (8-9 anos)	112	59	53
4 (10-14 anos)	95	58	37
Total	445	246	199

Material e procedimento

A recolha de dados efectuou-se nos estabelecimentos escolares frequentados pelos sujeitos. Estes foram colocados perante uma situação hipotética de conflito interpessoal, na qual a criança mais nova tomava a iniciativa da luta. Em concreto, era-lhes apresentada individualmente a seguinte questão: *"O que farias se um/a colega teu/tua, mais novo/pequeno do que tu, começasse a lutar contigo?"* Trata-se de uma questão inspirada na quarta pergunta do teste Compreensão incluído na parte verbal da WISC – Escala de Inteligência de Wechsler para Crianças (Wechsler, 1949).

A análise das respostas dos sujeitos passou pela avaliação do seu conteúdo em termos do tipo de solução apresentada para a referida situação hipotética de conflito. Para verificar se tais respostas são ou não influenciadas pela idade e pelo género, procedeu-se à análise da variância (ANOVA).

Resultados

A análise qualitativa das respostas dos sujeitos revelou a existência de diferentes estratégias de resolução do conflito que lhes foi apresentado. Revelou ainda que, tal como mostram outros estudos (*v. g.*, Fonseca, Damião, Rebelo, Taborda, Pinto & Oliveira, 2003; Hawley, 2003), as estratégias identificadas são susceptíveis de ordenação tendo em conta a sua complexidade em termos de desenvolvimento interpessoal. Assim, a análise de tais respostas conduziu à categorização das estratégias avançadas pelos sujeitos em quatro tipos, correspondendo o primeiro às respostas menos elaboradas e o último às mais complexas.

O *primeiro tipo* (tipo 1) inclui respostas de agressão física ou verbal como, por exemplo, "batia-lhe", "empurrava-o", "puxava-lhe os cabelos", "chamava-lhe nomes". O *segundo tipo* (tipo 2) integra respostas de apelo à autoridade, ou seja, respostas em que os sujeitos invocam a autoridade de uma pessoa geralmente adulta e capaz de resolver a situação: "ia dizer à professora" ou "ia dizer à mãe". Integra também respostas de aviso ou advertência, tais como "dizia para parar senão também lutava", "dizia para parar senão ia chamar o... que é mais velho e tem mais força", "dizia para parar senão ia dizer à professora" ou "dizia para estar quieto e não voltar a fazer". O *terceiro tipo* (tipo 3) compreende respostas de evitamento ou fuga. Neste caso, o sujeito evita o confronto com o outro, não reagindo ou fugindo à situação. Afirma então que "ficava quieto" ou "virava as costas e ia embora". Por último, o *quarto tipo* (tipo 4) comporta respostas claramente de natureza pró-social. Estas podem apresentar uma formulação em que o sujeito justifica a sua conduta recorrendo a uma norma exterior a si ("dizia que não lutava porque ele era muito pequeno e podia-se magoar"; "não se luta com os mais novos", etc.) ou uma formulação em que o sujeito recorre a normas interiorizadas com referência a intenções, circunstâncias atenuantes ou justificações ("desculpava-o... é mais novo"; "não lhe batia e explicava-lhe que não devia fazer isso porque...", etc.).

Refira-se que para um pequeno número de sujeitos (14) não existiu acordo entre os avaliadores relativamente à categorização das respostas. Por isso, a análise que a seguir se apresenta incidirá apenas em 431 sujeitos.

No Quadro 2, apresenta-se a distribuição dos quatro tipos de estratégias por nível etário.

QUADRO 2: Frequência e percentagem dos tipos de estratégias por nível de idade.

Níveis de idade	Tipo 1		Tipo 2		Tipo 3		Tipo 4		Total	
	N	%	N	%	N	%	N	%	N	%
1 (3-5 anos)	38	**52.8**	14	19.4	10	13.9	10	13.9	72	100
2 (6-7 anos)	30	18.9	54	**34.2**	21	13.3	53	33.6	158	100
3 (8-9 anos)	3	2.8	16	14.8	15	13.9	74	**68.5**	108	100
4 (10-14 anos)	12	12.9	7	7.5	20	21.5	54	**58.0**	93	100
Total	83	19.3	91	21.1	66	15.3	191	**44.3**	431	100

Conforme se pode observar, as estratégias agressivas (tipo 1) foram escolhidas por 52.8% dos sujeitos do nível etário 1, por 18.9% do nível 2, por apenas 2.8% do nível 3 e por 12.9% do nível 4. Verifica-se, assim, que são as crianças mais novas aquelas que mais optam por este tipo de estratégia e que esta tende a ser menos referida à medida que a idade aumenta. Registe-se, porém, o acréscimo das estratégias agressivas quando se passa do nível etário 3 para o nível 4.

As estratégias de apelo à autoridade e de aviso ou advertência (tipo 2) foram mais escolhidas pelas crianças do nível etário 2 (34.2%). Seguidamente, foram referidas pelas crianças do nível 1 (19.4%), pelas do nível 3 (14.8%) e, por fim, pelas do nível 4 (7.5%). Note-se que a partir dos 8-9 anos, e sobretudo entre os 10 e os 14 anos, o recurso a este tipo de estratégia regista uma diminuição acentuada.

As estratégias de evitamento ou fuga (tipo 3) foram mais referidas pelos sujeitos do nível etário 4 (21.5%). Os restantes níveis etários apresentam percentagens muito próximas entre si, ou seja, entre os 13.3% e os 13.9%. Acrescente-se que, na totalidade da amostra, esta acabou por ser a estratégia menos frequente, tendo sido apresentada por apenas 66 (15.3%) dos 431 sujeitos.

Finalmente, no que se refere às estratégias de natureza pró-social (tipo 4), verificou-se que foi maior a sua frequência entre os sujeitos mais velhos, com percentagens bastante expressivas, na ordem dos 68.5% para o nível de idade 3 e dos 58.0% para o nível 4. Considerando as crianças mais novas, concluiu-se por um aumento das respostas pró-sociais do primeiro nível etário (13.9%) para o segundo (33.6%). Além disso, no conjunto da amostra, este tipo de estratégia foi notoriamente o mais frequente, tendo merecido a preferência de 44.3% dos sujeitos.

O Quadro 3 mostra, por género, a distribuição dos quatro tipos de estratégias face à situação hipotética de conflito.

QUADRO 3: Frequência e percentagem dos tipos de estratégias por género.

Sexo	Tipo 1		Tipo 2		Tipo 3		Tipo 4		Total	
	N	%	N	%	N	%	N	%	N	%
Rapazes	45	18.9	39	16.4	43	18.0	111	**46.6**	238	100
Raparigas	38	19.7	52	26.9	23	11.9	80	**41.5**	193	100
Total	83	19.3	91	21.1	66	15.3	191	**44.3**	431	100

Conforme aí se pode observar as estratégias pró-sociais (tipo 4) foram as que apresentaram valores percentuais mais elevados tanto entre os rapazes (46.6%) como entre as raparigas (41.5%). Trata-se, com efeito, de valores que ficaram muito próximos para ambos os sexos. Por sua vez, as percentagens respeitantes às estratégias agressivas (tipo 1) mostraram uma proximidade ainda maior entre rapazes (18.9%) e raparigas (19.7%).

Quanto às estratégias de apelo à autoridade e de aviso ou advertência (tipo 2), elas foram mais escolhidas pelas raparigas (26.9%) do que pelos rapazes (16.4%). O mesmo não se verificou, todavia, em relação às estratégias de evitamento ou fuga (tipo 3). Neste caso, a percentagem de rapazes (18.0%) foi superior à das raparigas (11.9%).

Em síntese, os dados obtidos sugerem que as diferenças no tipo de estratégia avançada pelos sujeitos se devem sobretudo à idade e não ao género. Esta é a hipótese que a seguir se analisa com base nos dados inscritos nos Quadros 4 e 5. Aí se apresentam as médias e desvios-padrão relativos ao tipo de estratégia por nível de idade e por sexo, respectivamente.

QUADRO 4: Médias e desvios-padrão relativos aos tipos de estratégia por nível de idade.

Níveis de idade	N	m	dp
1 (3-5 anos)	72	1,88	1,10
2 (6-7 anos)	158	2,61	1,13
3 (8-9 anos)	108	3,48	0,84
4 (10-14 anos)	93	3,24	1,05
Total	431	2,84	1,18

QUADRO 5: Médias e desvios-padrão relativos aos tipos de estratégia por género.

Sexo	N	m	dp
Rapazes	238	2,86	1,21
Raparigas	193	2,74	1,10
Total	431	2,84	1,18

A comparação dos sujeitos em função do nível de idade e do sexo foi efectuada através da análise da variância segundo o plano 2 (sexo) X 4 (níveis etários), tomando como variável dependente o tipo de estratégia apresentado. Os resultados mostram um efeito significativo da idade [$F(3,427)=19,788$, $p<.001$], tendo sido os sujeitos mais velhos aqueles que apresentaram, em média, tipos mais elaborados de respostas. Em relação ao género, não se registou qualquer efeito significativo [$F(1,429)=2,422$, $p=.12$].

Em suma, conforme ilustrado no Gráfico I, verificou-se que a tendência para dar respostas mais complexas em função da progressão da idade é comum a rapazes e a raparigas. Do mesmo modo, a evolução das estratégias de resolução do conflito hipotético é muito semelhante nos dois sexos.

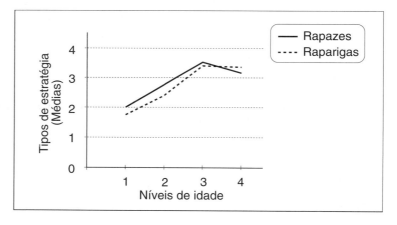

GRÁFICO I: Médias relativas aos tipos de estratégias dos rapazes e das raparigas por nível de idade

Discussão

Os dados recolhidos no âmbito deste estudo revelam a existência de quatro tipos de estratégias diferentes na resolução de um conflito hipotético com uma criança mais nova: agressão, apelo à autoridade, evitamento ou fuga e respostas de natureza pró-social.

Mostram ainda que a idade tem um efeito significativo em tais estratégias. Na verdade, a tendência que se observou permite concluir a favor de uma evolução com a idade, sendo esta evolução marcada pela passagem da agressão ao apelo à autoridade e, em seguida, a respostas pró-sociais. Trata-se de um progresso que, de algum modo, se aproxima dos resultados apresentados em estudos anteriores (*v. g.*, Hawley, 2003; Laursen, Finkelstein & Betts, 2001; Montangero, Pons & Cattin, 2000; Tremblay, 2000), nos quais não era, contudo, explicitamente considerada a diferença de idades entre os protagonistas do conflito. Sendo assim, o facto de no conflito intervir um sujeito mais novo parece não alterar, neste aspecto, o sentido dos dados recolhidos no âmbito de outras situações ou contextos de conflitos.

Deve notar-se que o facto de as estratégias dos sujeitos evoluírem com a idade não impede que a estratégia agressiva registe um aumento no nível etário 4 (10-14 anos), aumento este que se verifica após um notório decréscimo entre o nível 1 (3-5 anos) e o nível 3 (8-9 anos). É possível que estes resultados se relacionem com algumas especificidades próprias do comportamento adolescente. Todavia, mantém-se a necessidade de mais investigação para clarificar a relação entre as diversas estratégias de resolução de conflitos e o período de desenvolvimento que os sujeitos atravessam. Aliás, apesar de muito estudado, o efeito da idade nos comportamentos e estratégias avançadas face às situações de conflito interpessoal continua a exigir importantes esclarecimentos. Com efeito, uma análise cuidadosa dos estudos sobre o tema regista discrepâncias assinaláveis. Por exemplo, enquanto uns enfatizam o aumento da pró-sociabilidade com a idade (Eisenberg, 1982; Krebs, 1970; Laursen, Finkelstein & Betts, 2001), outros assinalam um aumento da agressividade e do comportamento anti-social (Cairns, Cairns, Neckerman, Ferguson & Gariepy, 1989; Keltikangas--Järvinen, 2002; Lindeman, Harakka, & Keltikangas-Järvinen, 1997; Loeber & Hay, 1997; Ramirez, 2003). A diversidade dos estudos, da definição e da operacionalização dos conceitos poderá explicar esta falta de concordância. Mais, o efeito da idade na estratégia de fuga ou evitamento também necessita de ser esclarecido. É que, ao contrário do que acontece com a agressão e as respostas pró-sociais (Eisenberg & Fabes, 1998; Janssens & Dekovíc, 1997), torna-se difícil invocar os progressos no domínio do raciocínio moral a respeito desta estratégia. Como explicar, então, o facto de as respostas de fuga ou evitamento terem atingido percentagens muito próximas em todos os níveis etários à excepção do último (10-14 anos)? Poderá isso significar apenas que os sujeitos mais velhos interpretam a fuga e o evitamento como uma atitude de superioridade ou de condescendência perante alguém mais novo?

Uma outra questão refere-se ao efeito do género no tipo de estratégia de resolução de conflitos interpessoais. Não se encontrou, neste estudo, um efeito significativo da variável sexo. Ora, este é um resultado que contrasta com aqueles que a maioria dos estudos sobre o tema apresenta (*v. g.*, Bryant, 1992; Geary, Byrd-Craven, Hoard, Vigil & Numtee, 2003; Lever, 1976 ; Lindeman, Harakka & Keltikangas--Järvinen, 1997; Miller, Dahaner & Forbes, 1986; Piaget, 1932; Walker, Irving & Berthelsen, 2002; Xie, Farmer & Cairns, 2003). Além disso, existe grande unanimidade entre os investigadores quanto aos tipos de estratégias utilizadas por rapazes e por raparigas na resolução dos conflitos interpessoais. Em geral, os primeiros são vistos como mais coercivos e agressivos e as segundas como mais tolerantes, dialogantes e pró-sociais. Mesmo os raros estudos que, a este propósito, sublinham semelhanças entre os dois sexos também referem diferenças parciais. É o caso do estudo realizado com crianças e pré--adolescentes por Delveaux e Daniels (2000). Embora estes autores não tenham encontrado diferenças de género nas estratégias agressivas verbais, o certo é que o efeito do género se revelou a nível da agressividade física, optando os rapazes mais do que as raparigas por esta última estratégia.

Convém acrescentar que rapazes e raparigas parecem fazer uma evolução semelhante relativamente aos tipos de estratégia de resolução de conflitos. Ou seja, em termos de respostas apresentadas face à situação de conflito, ambos os sexos registaram valores médios muito próximos em cada um dos níveis de idade. Seria, todavia, interessante averiguar se a inexistência de diferenças significativas entre os sexos se manteria ao passar do domínio das estratégias hipotéticas para o plano da acção, isto é, para o campo das condutas em situações reais. Verificar-se-ia, nesse caso, em ambos os sexos a mesma relação entre o que se diz e o que efectivamente se faz perante uma situação de conflito interpessoal? Esta é uma questão pertinente uma vez que há alguns dados portugueses (Fonseca *et al.*, 2003) a sugerir que a congruência entre aqueles dois aspectos é mais evidente nos rapazes.

A divergência encontrada relativamente a outros estudos no que se refere ao efeito do género parece, em si mesma, solicitar a investigação da relação entre as variáveis examinadas e novos factores susceptíveis de contribuir para uma análise mais fina e elaborada. Em futuras pesquisas, sugere-se, por exemplo, a análise da relação entre as diferentes estratégias e o desenvolvimento sócio-moral e cognitivo, bem como o desenvolvimento da perspectiva diacrónica, isto é, da capacidade para pensar e compreender os factos no tempo (Montangero, Pons & Cattin, 2000). Serão ainda de integrar em novos estudos variáveis como o ano de escolaridade, o aproveitamento escolar, a integração social, o nível sócio-económico e o estilo de educação familiar. A informação sobre as experiências precoces face aos conflitos familiares, já considerada por Herrera e Dunn (1997), poderá ser também esclarecedora.

Enfim, não obstante o número considerável de trabalhos publicados sobre o assunto, um longo percurso está ainda por fazer. Tal percurso, que se adivinha complexo, justifica-se pela relevância do tema para diversas áreas da psicologia, entre as quais se destaca a psicologia do desenvolvimento. De facto, os problemas interpessoais constituem desafios inerentes ao próprio processo de desenvolvimento do indivíduo. A forma como se pensa sobre estes problemas e o modo como se actua face aos conflitos são, sem dúvida, determinantes para a adaptação do indivíduo e, consequentemente, terão impacto no seu desenvolvimento.

Referências bibliográficas

Asher, S. R. (1985). An evolving paradigm in social skill training research with children. In B. H. Schneider, K. H. Rubin & J.E. Ledingham (Eds.), *Children's peer relations: Issues in assessment and intervention* (pp. 57-106). New York: Springer-Verlag.

Archer, J. (2004). Which attitudinal measures predict trait aggression? *Personality and Individual Differences, 36*, 47-60.

Battistich, V., Solomon, D., Watson, M., Solomon, J. & Shaps, E. (1989). Effects of an elementary school program to enhance prosocial behavior on children's cognitive social problem-solving skills and strategies. *Journal of Applied Developmental Psychology, 10*, 147-169.

Bryant, B. (1992). Conflict resolution strategies in relation to children's peer relations. *Journal of Applied Psychology, 13*, 35-50.

Cairns, R. B., Cairns, B. D., Neckerman, H. J., Ferguson, L. L. & Gariepy, J.-L. (1989). Growth and aggression: 1. From childhood to early adolescence. *Developmental Psychology, 25*, 320-330.

Coie, J. & Dodge, K. A. (1998). Aggression and anti-social behavior. In W. Damon (Series Ed.) & N. Eisenberg (Ed.), *Handbook of child psychology*. Vol. 3: *Social, emotional, and personality development* (pp. 779-862). New York: John Wiley.

Coie, J., Dodge, K. A. & Kupersmidt, J. (1990). Peer group behavior and social status. In S. R. Asher & J. D. Coie (Eds.), *Peer rejection in childhood* (pp. 85-118). New York: Cambridge University Press.

Delveaux, K. D. & Daniels, T. (2000). Children's social cognitions: Physically and relationally aggressive strategies and children's goals in peer conflict situations. *Merrill-Palmer Quarterly, 46*, 672-686.

Deptula, D. P. &. Cohen, R. (2004). Aggressive, rejected, and delinquent children and adolescents: a comparisation of their friendships. *Aggression and Violent Behavior, 9*, 75-104.

DiLalla, L. F. (2002). Behavior genetics of aggression in children: Review and future directions. *Developmental Review, 22*(4), 593-622.

Eisenberg, N. (1982) (Ed.). *The development of prosocial behavior*. New York: Academic Press.

Eisenberg, N. & Fabes, R. (1998). Pro-social development. In W. Damon (Series Ed.) & N. Eisenberg (Ed.), *Handbook of child psychology*. Vol. 3: *Social, emotional, and personality development* (pp. 701-778). New York: John Wiley.

Eisenberg, N., Fabes, R., Murphy, B., Shepard, S., Guthrie, I., Mazsk, P., Poulin, R. & Jones, S. (1999). Prediction of elementary school children's socially appropriate and problem behaviour from anger reactions at age 4-6 years. *Journal of Applied Developmental Psychology, 20* (I), 119-142.

Erdley, C., & Asher, S. (1998). Linkages between children's beliefs about the legitimacy of aggression and their behavior. *Social Development, 7*(3), 321-339.

Fonseca, A., Damião, M. H., Rebelo, J. A., Taborda, M. C., Pinto, S. J. & Oliveira, M. F. (2003). What they say and what they do: The relation between problem-solving strategies and antisocial behaviour. Poster apresentado no *16ème Cours Avancé des Archives Jean Piaget*, Genève, 25, 26 e 27 de Setembro.

Garcia, M., Shaw, D., Daniel, S., Winslow, E. & Yaggi, K. (2000). Destructive sibling conflict and the development of conduct problems in young boys. *Developmental Psychology, 36*(1), 44-53.

Geary, D. C., Byrd-Craven, J., Hoard, M. K., Vigil, J. & Numtee, C. (2003). Evolution and development of boys' social behavior. *Developmental Review, 23*(4), 444-470.

Gimenez, C. & Blatier, C. (2004). Étude de l'agréssivité physique chez le jeune enfant: comparaison d'une population française et d'une population canadienne. *Neuropsychiatrie de l'Enfance et de l'Adolescence, 52*(2), 104-111.

Guerra, N. G. & Slaby, R. G. (1989). Evaluative factors in social problem solving by aggressive boys. *Journal of Abnormal Child Psychology, 17*(3), 277-289.

Hawley, P. H. (2003). Strategies of control, aggression, and morality in preschoolers: An evolutionary perspective. *Journal of Experimental Child Psychology, 85* (3), 213-235.

Herrera, C. & Dunn, J. (1997). Early experiences with family conflict: Implications for arguments with a close friend. *Developmental Psychology, 33*(5), 869-881.

Hopmeyer, A. & Asher, S. R. (1997). Children's responses to peer conflicts involving a rights infraction. *Merrill-Palmer Quarterly, 43*(2), 235-254.

Janssens, J. & Dekovíc, M. (1997). Children rearing, prosocial moral reasoning and prosocial behavior. *International Journal of Behavioral Development, 20*(3), 509-527.

Keltikangas-Järvinen, L. (2002). Aggressive problem-solving strategies, aggressive behavior, and social acceptance in early and late adolescence. *Journal of Youth and Adolescence, 31*(4), 279-287.

Krebs, D. (1970). Altruism: An examination of the concept and a review of the literature. *Psychological Bulletin, 73*, 258-302.

Laursen, B., Finkelstein, B. & Betts, N. (2001). A Developmental Meta--Analysis of Peer Conflict Resolution. *Developmental Review, 21*, 423-449.

Lever, J. (1976). Sex differences in the games children play. *Social Problems, 23*, 478-487.

Lindeman, M., Harakka, T. & Keltikangas-Järvinen, L. (1997). Age and gender differences in adolescent's reactions to conflict situations: aggression, prosociality and withdrawal. *Journal of Youth and Adolescence, 26*(3), 339-351.

Loeber, R. & Hay, D. (1997). Key issues in the development of aggression and violence from childhood to early adulthood. *Annu. Rev. Psychol., 48*, 371-410.

Miller, P., Dahaner, D. & Forbes, D. (1986). Sex-related strategies for coping with interpersonal conflict in children aged five and seven. *Developmental Psychology, 22*(4), 543-548.

Montangero, J., Pons, F. & Cattin, J.-P. (2000). The diachronic approach and solutions to interpersonal conflicts. *British Journal of Developmental Psychology, 18*(3), 415-429.

Parke, R. & Slaby, R. G. (1983). The development of aggression. In P. Mussen (Series Ed.), & E. M. Hetherington (Ed.), *Handbook of child psychology:* Vol. 4. *Socialization, personality, and social development* (pp. 547-641). New York: Wiley.

Piaget, J. (1932). *Le jugement moral chez l'enfant*. Paris: Alcan.

Ramirez, J. M. (2003). Hormones and aggression in childhood and adolescence. *Aggression and Violent Behavior, 8*, 621-644.

Rose, A. & Asher, S. (1999). Children's goals and strategies in response to conflicts within a friendship. *Developmental Psychology, 35*(1), 69-79.

Rubin, K. H. & Krasnor, L. R. (1986). Social-cognitive and social behavioral perspectives on problem solving. In M. Perlmutter (Ed.), *Cognitive perspectives on children's social and behavioral development.* Vol. 18: *The Minnesota Symposium on Child Psychology* (pp. 1-68). Hillsdale, NJ: Erlbaum.

Slaby, R. G. & Guerra, N. G. (1988). Cognitive mediators of agression in adolescent offenders: 1. Assessment. *Developmental Psychology, 24*, 580-588.

Shure, M. B. (1999). Preventing violence: The problem-solving way. *Juvenile Justice Bulletin* (April), 1-11.

Taylor, A. (1990). Behavioral subtypes of low-achieving children: differences in school social adjustment. *Journal of Applied Psychology, 11*, 487-498.

Tremblay, R. (2000). The development of aggressive behaviour during childhood: What we have learned in the past century? *International Journal of Behavioral Development, 24*(2), 129-141.

Walker, S., Irving, K. & Berthelsen, D. (2002). Gender influences on preschool children's social problem-solving strategies. *The Journal of Genetic Psychology, 163*(2), 197-209.

Wechsler, D. (1949). *Wechsler Intelligence Scale for Children.* New York: The Psychological Corporation. [Adaptação portuguesa: J. H. F. Marques (1970). *Manual da Escala de Inteligência de Wechsler para Crianças* (WISC). Lisboa: Instituto de Alta Cultura.]

Xie, H., Farmer, T. W. & Cairns, B. D. (2003). Different forms of aggression among inner-city African-American children: Gender, configurations, and school social networks. *Journal of School Psychology, 41*(5), 355-375.

Youngstrom, E., Wolpaw, J., Kogos, J., Schoff, K., Ackerman, B. & Izard, C. (2000). Interpersonal problem solving in preschool and first grade: Developmental change and ecological validity. *Journal of Clinical Child Psychology, 29*(4), 589-602.

5

Significações sobre parentalidade e *bons-cuidados*: Como pensam os pais?

Luísa Barros
& Margarida C. dos Santos

1. Introdução

Nas últimas décadas a comunidade científica e profissional descobriu a terrível realidade dos maus tratos no seio da família, e das consequências desta vivência para o desenvolvimento e saúde das crianças. Conhecemos como a negligência e o abuso ocorrem sob várias formas, precisamente na família, o meio que acreditávamos melhor preparado para proporcionar as condições ideais para o desenvolvimento da criança. Podemos afirmar que existe hoje um conjunto de conhecimentos organizados e empiricamente confirmados sobre as principais formas de maus tratos familiares, sobre a sua identificação e consequências, e até sobre a sua prevenção.

Mais recentemente, tem havido um interesse crescente pela definição do conceito de *bons cuidados* familiares e institucionais (Dumas, 2003; Jésu, Gabel & Manciaux, 2000; Pourtois, Desmet & Nimal, 2000), partindo da asserção simples que cuidar bem tem de ser mais do que simplesmente não maltratar ou negligenciar. Esta preocupação surge como actual e relevante numa época em que se reconheceu que o papel parental é demasiado exigente e complexo para poder ser desempenhado sem suporte ou orientação profissional, sobretudo nas situações em que os pais enfrentam dificuldades acrescidas decorrentes de problemas de saúde, desenvolvimento, ou comportamento dos filhos.

Actualmente reconhece-se a um conjunto alargado de profissionais a competência para ajudar os pais a serem *bons pais*. No entanto, nunca como hoje se assumiu tão claramente que não existe uma maneira única e correcta de desempenhar esse papel tão complexo. Os modelos actuais de educação ou aconselhamento parental preconizam o respeito pela autonomia parental e pela diversidade de formas adaptativas de educar os filhos (*e. g.*, Powell, 1988) e valorizam o *poder epistemológico* dos pais enquanto criadores de significados educacionais (Barros, 1993; Barros & Santos, 1999). Paralelamente, os pais são cada vez mais capazes de assumir essa autonomia, de se organizarem em formas de participação activa na sociedade e nas instituições de educação e de saúde, mas não deixam de atribuir aos especialistas uma enorme responsabilidade na procura de explicações e de soluções para os problemas que confrontam diariamente.

2. A importância das ideias parentais sobre os *bons cuidados*

Podemos facilmente reconhecer que a maior parte dos pais estão motivados pelo desejo de *cuidar bem* dos filhos, e estão mesmo convictos de que fazem o possível para serem *bons pais*. Esta motivação e esta convicção acompanham uma actividade cognitiva de interpretação da experiência parental directa e vicariante, e a procura de formas adequadas de educar os filhos, de responder às situações mais exigentes e difíceis, de antecipar problemas, de definir regras, de criar condições para o bem estar e a felicidade dos filhos. Isto é, os pais constroem teorias implícitas, ou leigas, sobre o que é cuidar bem, ser bons pais, bons educadores. Estes modelos não existem num vazio ideológico. São elaborados, modificados, transformados, numa relação estreita com outras significações parentais sobre o que é ser criança e adolescente, ser mãe e ser pai, sobre o que é crescer e desenvolver-se, aprender e ensinar, ser saudável, feliz, bem educado.

Os profissionais que trabalham com pais em contextos de educação e de saúde podem constatar facilmente que a grande maioria destes está motivada para ser um bom educador e ajudar os filhos a crescer bem. No entanto, também é relativamente fácil constatar que aquilo que consideram ser bons pais, aquilo que valorizam no seu papel de educadores, ou o que consideram ser as necessidades básicas das crianças e adolescentes, apresenta grande diversidade.

Actualmente, os modelos de educação parental rejeitam a ideia de definir de forma unilateral ou autoritária o que é ser bons pais ou bons educadores e, ao contrário, recomendam o reconhecimento e valorização da multiplicidade de boas práticas parentais (Powell, 1988), o que é por vezes mais fácil de dizer do que de praticar no quotidiano (Barros, 2001). Os estudos sobre o desenvolvimento da criança e da família apoiam esta ideia duma diversidade de caminhos adaptativos. Sabemos que os bons cuidados parentais são múltiplos, que existe uma pluralidade de percursos educativos que têm consequências positivas na educação dos filhos, no seu desenvolvimento e na sua adaptação. Abandonou-se definitivamente a orientação anterior segundo a qual cabia ao profissional definir e ensinar os valores que os pais deviam transmitir aos filhos. Os *bons cuidados* parentais são definidos como mais heterogéneos, mais dinâmicos, mais complexos (Pourtois, Desmet & Nimal, 2000) e multideterminados (Belsky, 1984) do que os maus tratos.

O nosso objectivo, neste trabalho, não é definir as condições ou regras dos *bons cuidados* parentais, que consideramos ser uma tarefa impossível e talvez até pouco adequada. Pretendemos, antes, contribuir para a valorização da cognição parental e propor um modelo de análise dessas mesmas conceptualizações. A identificação e reflexão sobre as significações parentais são um importante instrumento de trabalho para todos os profissionais que trabalham directamente com os pais. No entanto, na intervenção com famílias, estas conceptualizações mantêm-se geralmente a um nível implícito, ou seja, a um nível de não reconhecimento e não discussão, o que, na nossa opinião, pode explicar alguns dos insucessos e dificuldades tão frequentes.

Se as acções de formação, aconselhamento ou consulta em que existe um diálogo entre profissionais e pais, se sustentam no confronto de sistemas de significações não só diferentes, mas que frequentemente se opõem ou contrariam, se as ideias sobre o desenvolvimento da criança e a sua educação são opostas, ou se o profissional preconiza e sugere objectivos, valores ou metodologias de educação muito afastados daqueles que os pais acreditam ser desejáveis, necessários ou eficazes, é muito provável que este diálogo desemboque num insucesso, frequentemente mesmo num conflito.

Para os profissionais, a solução mais fácil, e a mais comum, é considerar que estão a tratar com pais problemáticos, difíceis, desinteressados ou até mesmo patológicos. Mas talvez haja outros caminhos a explorar para facilitar este diálogo profissionais-pais, caminhos esses que abram vias mais construtivas e eficazes.

3. Estudos sobre o desenvolvimento das crenças parentais

Desde o princípio dos anos 80 diversos autores interessaram-se pelo estudo da cognição parental, isto é, pelos modelos ou teorias parentais implícitas, e pela relação entre esses sistemas de crenças e o desenvolvimento cognitivo e sociocognitivo dos filhos (Palacios, 1990; Miller, 1988). Para estes autores, as actividades de diagnóstico e de intervenção com os pais devem concentrar-se, não só nas atitudes educativas dos pais, e nos seus sentimentos, mas sobretudo no seu processo de pensamento, interpretação, criação e transformação de significados (Barros, 1993, 2001; Sigel, 1985). Alguns desses modelos partem de uma perspectiva da cognição social, e assumem o grupo social e a experiência como factores determinantes dessas crenças.

Uma perspectiva mais interessante, na nossa opinião, considera como elemento essencial o desenvolvimento sociocognitivo dos pais, e valoriza essas significações como construções pessoais, produto duma actividade individual e contínua de interpretação, construção e transformação de significados (Brooks, 1981; Upshur, 1988), embora certamente influenciadas pela experiência directa e indirecta e pelas construções sociais. Assim, mais do que o conteúdo desses sistemas de crenças, estes autores interessam-se pelo nível de organização estrutural do sistema de significações parentais sobre a criança, o desenvolvimento, e o seu papel como educadores e promotores de desenvolvimento e educação. Estes autores partilham uma perspectiva sociocognitiva e construtivista, de orientação piagetiana, sobre as actividades de interpretação e de construção de significados dos pais. Defendem que os pais que atingiram um nível mais elevado de desenvolvimento têm um repertório mais alargado de significações que orientam as atitudes educacionais, recorrem a perspectivas mais complexas e integradoras para interpretar e compreender o comportamento, desenvolvimento e saúde dos filhos, o seu próprio papel parental, e a sua relação com os filhos (Thomas, 1996; Upshur, 1988).

Duas conceptualizações de desenvolvimento parental destacam-se claramente e serviram de base ao nosso próprio modelo de significações parentais sobre os bons cuidados. Trata-se do modelo de Consciência Parental de Newberger (1980) e o modelo de Conceitos Parentais de Sameroff e Feil (1985). Em seguida apresentamos as asserções principais de cada modelo.

3. 1. O modelo de consciência parental de Newberger

O modelo de consciência parental *("parental awareness")* de Newberger descreve um contínuo de consciência sociocognitiva parental sobre as necessidades da criança, e das crenças sobre o papel educativo dos pais. A estrutura cognitiva refere-se a modelos estáveis de pensamento que definem o modo como o indivíduo dá sentido à sua experiência e organiza as suas respostas. Ao longo do desenvolvimento, a estrutura cognitiva alarga-se, para incluir uma maior diversidade de opiniões e de perspectivas, e para reflectir uma complexidade e uma capacidade de abstracção progressivamente maior. Newberger identifica quatro níveis de consciência parental que os pais utilizam para interpretar o desenvolvimento dos filhos e para formular regras de acção parental. A consciência parental reflecte um processo de desenvolvimento que progride de uma perspectiva auto--centrada, passando por uma perspectiva orientada convencionalmente e reflectindo as normas grupais e sociais, depois por uma compreensão de que cada indivíduo é único e diferente, para culminar numa perspectiva que compreende pais e filhos como sistemas interdependentes. Cada nível é qualitativamente diferente, mais inclusivo e organizado, e constrói-se a partir do nível anterior. Pode-se aceder a essa estrutura a partir de uma entrevista clínica semi-estruturada.

3. 2. O modelo de conceitos parentais de Sameroff e Feil

Sameroff e Feil (1985), também baseados no modelo piagetiano, definiram uma sequência de quatro níveis de conceitos parentais *(parental concepts of development)* sobre o desenvolvimento da criança e o papel dos pais enquanto compensadores das dificuldades ou problemas educativos que possam surgir. Estes quatro níveis organizam-se igualmente numa progressão do mais imediato, concreto e simples (níveis simbiótico e categorial), para o mais organizado, complexo e abstracto (níveis compensatório e perspectivístico). Pode-se aceder ao conhecimento desses níveis através de uma entrevista estruturada que permite a discussão de pequenas vinhetas-protótipo da interacção pais-filhos, ou de um questionário que integra itens mais concretos ou mais complexos e abstractos.

4. Estudo de um modelo de desenvolvimento de significações parentais sobre os *bons cuidados*

A partir dos dois modelos anteriormente apresentados, e de uma síntese de vários autores que partilham uma perspectiva socio-cognitiva sobre o desenvolvimento das significações de adultos, tais como Selman e Kohlberg, proposta por Joyce-Moniz e aplicada tanto ao desenvolvimento normativo como ao patológico (1993), organizámos uma sequência de significações parentais, que tem sido aplicada a diversas situações de parentalidade (pais de crianças sem problemas especiais, de prematuros, de crianças com uma doença crónica ou com necessidades educativas especiais). As significações dos pais sobre o seu papel e sobre as necessidades básicas da criança são aqui consideradas como passando por um processo de desenvolvimento, que inclui diferenciações e integrações progressivas e que podemos formalizar em descontinuidades ou níveis. Esta hierarquia desenvolvimentista de significações organiza-se segundo regras semelhantes às dos estádios piagetianos, isto é, do concreto ao abstracto, do simples ao complexo e ao múltiplo, do rígido ao flexível, da certeza e objectividade na definição duma realidade concreta à subjectividade assumida. No entanto, apresenta uma diferença essencial em relação a alguns dos outros modelos sociocognitivos em que se inspira. Considera-se que a pessoa que acede a um determinado nível de significação poderá funcionar, não só a esse nível, mas também em qualquer um dos antecedentes (Joyce-Moniz, 1993, Joyce-Moniz & Barros, no prelo). Assim, a pessoa pode utilizar de forma predominante, ou hipervalente, um determinado nível de significações, mas ter disponíveis significações de outros níveis, que se consideram latentes (Joyce-Moniz, 1993). Pressupõe-se, assim, a existência de movimentos de competição dialéctica entre significações diferentes, já adquiridas ou aprendidas. É esta coexistência de significações, e a consequente competição pela hipervalência, que abre perspectivas importantes para uma intervenção didáctica que visa provocar movimentos e confrontos entre significações diferentes. Por exemplo, reflectir sobre o alcance e limites do papel parental, discutir significações de outros pais reais ou imaginados, tentar compreender os pensamentos e emoções do filho, antecipar problemas a médio e longo prazo, ensaiar alternativas de soluções diferentes e inventariar as suas possíveis consequências, são acções cognitivas que podem conduzir à emergência de níveis de hipervalência de significações até aí menos acessíveis ou utilizadas.

Neste capítulo, centramo-nos nas significações parentais sobre os *bons cuidados* e valorizamos as duas dimensões mais relevantes para esta temática: a) uma dimensão metafísica sobre a possibilidade de definir e conhecer a realidade das necessidades das crianças e dos deveres parentais (*i. e. "será possível conhecer com alguma certeza as necessidades do meu filho? como se processa esse conhecimento? como posso definir os meus deveres como pai?"*); b) uma dimensão normativa sobre as regras e normas que definem os bons cuidados parentais (*i. e. "como se efectivam os bons cuidados parentais? quais as regras que os regulam? como se consegue saber se se é, na realidade, um bom pai?"*). Estas dimensões estão intimamente ligadas entre si, e a outras dimensões igualmente relevantes mas não apresentadas aqui, como a compreensão do processo de desenvolvimento (*o que é crescer e aprender?, como mudam as crianças ao longo do tempo, de que depende o comportamento, a saúde, os problemas de aprendizagem e comportamento?*) e a dimensão de autocontrolo parental *(como posso controlar o meu comportamento e as minhas emoções? como posso controlar o meu comportamento para ser o pai que quero ser?).* As significações sobre a maior objectividade e unidade, ou subjectividade e multiplicidade, no acesso ao conhecimento da realidade têm, certamente, uma relação com a definição mais rígida ou flexível, única ou múltipla, unidireccional ou transaccional, do que é educar e cuidar bem dos filhos.

Em seguida apresentamos as características de cada nível para as duas dimensões estudadas neste trabalho:

> **Nível 1** - Saber se se é um bom pai é algo natural e evidente, sem precisar de explicação ou provas; em terceiros, vê-se imediatamente quando se observa o aspecto e comportamento dos filhos. Mas algumas crianças são particularmente rebeldes ou difíceis, e mesmo os bons pais não as podem modificar.
> As tarefas essenciais dos pais são o satisfazer todas as necessidades/vontades dos filhos (concretas); e estar sempre presente para os proteger de todos os perigos. As necessidades dos pais e dos filhos não se distinguem. Os bons pais põem o filho à frente de tudo, esquecem-se de si próprios.

Nível 2 - Saber se se é um bom pai é possível, mas exige tempo e provas (observar como os filhos se comportam ao longo do tempo e em diferentes situações). No limite, só se pode saber se se foi um bom pai quando os filhos forem também (bons) pais.
As tarefas essenciais dos pais são o satisfazer as necessidades concretas, quantificáveis e enumeradas dos filhos (comida, vestuário, habitação, tempos livres, estudos, atenção), organizar-lhes um bom futuro, e ajudá-los a evitar os perigos, definidos de forma estereotipada (droga, doença, falta de dinheiro) e a obter bens materiais, e ensiná-los a "safar-se" na vida. Para ser bom pai é preciso fazer muitos sacrifícios, também quantificáveis. Quando se tem muitas posses, ou tempo, é mais fácil ser bons pais.

Nível 3 - Saber se se é um bom pai é difícil, nunca se pode ter a certeza, significa coisas diferentes para pessoas diferentes, ou em fases diferentes.
Ser bons pais é ajudar os filhos a ser felizes, normais, saudáveis, mas também definir normas, ser exigente, e comunicar bem. Para ser bons pais é preciso muito amor e dedicação.

Nível 4 - O conceito de "bons pais" depende das perspectivas subjectivas e pessoais, mas é possível definir e discutir normas gerais mais racionais e fundamentadas, e mais adaptadas à sociedade em que se integram.
Ser bons pais é compreender e corresponder às necessidades físicas, sociais e psicológicas de cada filho. É preciso definir uma autoridade aceite, ensinar a ser um cidadão activo e responsável. Para ser bons pais é preciso conhecimento, disponibilidade e flexibilidade; saber aprender com cada um dos filhos.

Nível 5 - Não há uma boa definição de "bons pais", é um processo subjectivo e relativo aos valores pessoais, do qual nos vamos aproximando ao longo da vida.
Ser bons pais é saber compreender e corresponder a necessidades múltiplas e dialécticas: disciplina *versus* responsabilização; amor e protecção *versus* autonomia e respeito; compreender a experiência do filho *versus* ajudá-lo a compreender a perspectiva dos outros. Para ser bons pais é preciso estar aberto à transformação e ao desenvolvimento pessoal.

5. Metodologia

A partir desta sequência de 5 níveis de significações sobre os bons cuidados parentais, organizámos uma entrevista clínica semi-

-estruturada para avaliar as significações parentais. Trata-se de uma metodologia qualitativa, baseada na procura de dados que confirmam ou questionam um modelo previamente definido. Assim, a entrevista foi organizada de modo a fazer incidir a atenção dos pais entrevistados sobre as significações relacionadas com o seu papel parental, as necessidades básicas dos filhos, a possibilidade de saber se o próprio ou outro são bons pais. A partir de perguntas bastante abertas, conduzia-se a atenção e o discurso dos pais para uma reflexão sobre as suas significações pessoais. O método clínico concretiza-se na estimulação da actividade cognitiva e metacognitiva, recorrendo a perguntas, paráfrases, confronto e reflexões de sentimentos, na procura de justificações, e na utilização da contraprova.

Como exemplo transcreve-se em seguida um extracto de uma entrevista como um dos pais da amostra:

> Entrevistador: – (...) *falávamos de pais e peço-lhe agora que se centre no seu dia-a-dia como pai. Qual lhe parece ser o papel de um pai?*
> Pai – *Um pai está atento ao que o filho precisa. Eles são pequenos e muitas vezes nem sabem bem o que precisam. Nós temos o dever de os encaminhar, de ver mais longe e perceber as sua necessidades. Para isso somos pais.*
> Entrevistador – *Como é que podemos saber se estamos a agir bem?*
> Pai – *Sabemos. Vemos o seu comportamento e o que eles pedem. Estamos atentos e também vamos falando com outros pais (...) vamos vendo, cada idade é diferente com as suas necessidades...*
> Entrevistador – *Então são necessidades diferentes? O que pensa acerca disso?*
> Pai – *São diferentes mas também iguais. Eles precisam sempre de ser encaminhados para crescerem, para saber o que é o bem e o mal, qual o seu futuro (...).*
> Entrevistador – *Então um bom pai ...*
> Pai – *Um bom pai conhece os filhos e ajuda-os a crescer.*
> Entrevistador – *Ajuda-os... ... como? É capaz de concretizar um pouco mais?*
> Pai – *Trata-os, ensina, mostra, dá o exemplo, explica como se faz (...).*
> Entrevistador – *E como é que um pai sabe que é bom pai. Isso vê-se?*
> Pai – *Vê. Vê-se logo quem são as crianças bem educadas e mal educadas. Vê-se nos seus comportamentos.*
> Entrevistador – *E nunca sente dúvidas sobre o que é mais acertado?*

Em seguida, procedeu-se ao registo de todas as verbalizações, a partir do qual se analisou atentamente todas as afirmações, interrogações ou contradições que podiam indicar a expressão clara de uma significação. Esta classificação foi feita por dois juízes independentes, com recurso a um terceiro no caso de haver divergências de julgamento. Como já foi referido procurámos significações nas dimensões metafísica *(até que ponto posso ter a certeza que sou, ou outras pessoas são, bons pais)* e normativa *(os bons pais fazem... ou pensam...; os filhos precisam de...).*

A partir desta análise pudemos, numa primeira fase, confirmar a pertinência do modelo estudado, na medida em que foi possível encontrar significações parentais características de cada uma das dimensões e níveis previamente definidos.

Em seguida analisámos os protocolos individuais, de modo a definir o nível de significações prevalecente ou hipervalente [1]. Isto é, o nível não só mais frequentemente expresso, mas sobretudo aquele em que os pais demonstravam maior segurança e convicção, ou que lhes servia para concluir a sua opinião. Por exemplo, neste excerto, o pai começa por uma verbalização de nível 2 (certeza), mas abre e conclui com o nível 3 (incerteza), considerado hipervalente: *"Uma mãe sabe o que o filho necessita. Esse é o meu papel, como mãe. Claro que às vezes não é muito fácil... existem tantas situações complicadas... até aqui tenho-me saído bem, mas no futuro... Cada criança é um caso diferente..."* Nesta outra, a mãe, embora apresente alguma abertura mais típica do nível 5 começa e acaba com significações de nível 4, onde permanece na maior parte do seu discurso, e que foi considerado hipervalente: *"É muito difícil saber o que é ser bons pais, é preciso estar atento, conhecer bem cada um dos filhos, informar-se, ouvir os outros, mas o mais importante é ajudá-los a desenvolver-se de forma*

---

[1] Esta opção deve-se ao objectivo essencialmente exploratório e caracterizador das significações dum grupo de pais, deste trabalho. Na intervenção clínica interessa-nos tanto o nível hipervalente, como os outros níveis expressos, que nos permitem caracterizar os desfasamentos verticais (dentro da mesma dimensão, ou horizontais (dentro de dimensões diferentes) (Barros, 1997; Joyce-Moniz, 1993).

harmoniosa, completa. Vamos aprendendo e reflectindo. Será que alguma vez temos a tarefa acabada? Mas quando sentimos que o nosso filho é um ser activo e integrado, que é capaz de responder aos desafios que a vida lhe põe: a escola, os amigos e até as namoradas! isso é sinal de estarmos no caminho de ser bons pais."

Depois de definido o nível hipervalente de cada sujeito, foi possível comparar as frequências relativas. Como já referimos, embora a maior parte dos pais tenha expresso significações de níveis adjacentes (*e. g.*, 2 e 3 ou 3 e 4), escolhemos, neste trabalho, fazer uma caracterização apenas com base nos níveis hipervalentes. A amostra de conveniência foi constituída por 47 pais de ambos os sexos, tendo entre 6 e 16 anos de escolaridade, com pelo menos um filho entre os 7 e os 17 anos, sem necessidades especiais de educação ou de saúde.

6. Resultados

O quadro seguinte mostra a distribuição das significações parentais por nível hipervalente e exemplos de significações de cada nível.

Nível hipervalente	%	Exemplos de verbalizações
1	4,2	"Ser uma boa mãe é viver para o seus filhos. Estar sempre lá para os proteger. São os sacrifícios que fazemos para que eles tenham sempre o que precisam; roupas, brinquedos, levá-los ao parque e tudo mais."
2	19,1	"Penso que sou uma boa mãe. O meu filho porta-se bem, tem boas notas. Muitas vezes temos vontade de ir passar um fim-de-semana fora mas ele deve estudar e nós ficamos. Eu também tenho atenção para que ele durma bem e se alimente bem. Nós damos-lhe tudo para que ele tenha uma boa vida, um bom futuro. Existem tantos perigos, hoje em dia, drogas, doenças, cabe aos pais fazer tudo para proteger os filhos."

3	48,9	"*Eu tento ser uma boa mãe mas cada um tem a sua ideia sobre isso. Eu tento que a minha filha seja feliz, passar tempo com ela e ajudá-la. Ela pode confiar em mim e eu quero ser sua amiga. Nós falamos muito sobre os seus amigos e sobre o que ela quer ser no futuro.*"
4	21,3	"*A minha maior preocupação é que o meu filho tenha uma mente saudável e seja uma pessoa equilibrada. Gostaria que, no futuro, ele estivesse bem integrado no seu emprego e na sociedade. Que fosse honesto, responsável, feliz. Eu tento conhecê-lo e gostaria de ajudá-lo a desenvolver as suas capacidades. Cada criança é diferente e nós devemos adaptarmo-nos para fazer um bom papel.*"
5	6,4	"*É muito difícil dizer o que é ser 'bons pais'. Penso que é algo para a vida inteira e temos que ir aprendendo cada dia. Ser bons pais é uma tarefa que nunca está pronta, nunca se atinge, limitamo-nos a ir sempre tentando. Eu gostaria de transmitir à minha filha a necessidade de desenvolvimento a todos os níveis: valores, respeito pelos outros e respeito por ela. Gostaria que ela fosse alguém com uma mente aberta e saudável.*"

7. Análise e discussão dos resultados

Numa primeira análise pode-se constatar que todos os níveis de significação estão presentes, mas que os níveis extremos são menos frequentes. O nível mais frequente é o 3, que se caracteriza por uma abertura à abstracção e à complexidade. Estes pais compreendem que a definição de *bons cuidados* é subjectiva e plural, e que é necessário considerar tanto as necessidades físicas como psicológicas. No entanto, este nível caracteriza-se por alguma incerteza e dúvidas, e uma dificuldade em encontrar uma resposta ou solução que dê a segurança de escolher a melhor solução possível para a situação concreta. É provável que estes pais tenham tendência para se sentirem inseguros e se preocuparem com o que não podem antecipar, compreender ou controlar. Também devemos enfatizar que existe um grupo numeroso de pais que exprime significações muito concretas e rígidas, dos níveis 1 e 2, o que pode constituir-se num problema quando têm de confrontar situações educacionais novas, complexas e difíceis, tais como uma doença grave ou crónica, um problema de desenvolvimento ou de comportamento, dificuldades de aprendizagem ou emocionais. Nesta situação é possível que estes pais se avaliem como pouco competentes para responder aos frequentes pedidos de colaboração nos cuidados de saúde da criança doente e/ou deficiente, ou se sintam incapazes no desempenho da sua função parental educativa. Estas significações poderão assim potencializar comportamentos de evitamento ou, pelo contrário, de dependência dos especialistas (médicos, psicólogos ou outros profissionais de saúde) e resultar num afastamento pais/criança pouco desejável para o desenvolvimento da criança e para a auto-eficácia parental. Também é provável que se sintam particularmente ansiosos face a situações em que confrontam potenciais perigos difusos, globais, e difíceis de compreender, como os representados pelas notícias das múltiplas doenças e riscos sociais, para os quais são repetidamente alertados pelos *mass media*. Nestes casos, a adopção de atitudes excessivamente protectoras ou, ao contrário, permissivas, pode representar um risco acrescido para o desenvolvimento dos jovens.

8. Reflexão sobre os resultados

Reconhecer, respeitar e reflectir sobre as significações parentais parece-nos ser uma tarefa essencial para todos os que trabalham com pais e têm como um dos seus objectivos a promoção de uma relação pais-filhos mais positiva. Tentaremos explicar este interesse e relevância, considerando essencialmente dois aspectos. Primeiro, as consequências possíveis dos diferentes níveis de significação parental; e, em seguida, a relevância do conhecimento dessas significações para a intervenção com pais.

A ideia de que existe uma relação entre o que os pais definem como princípios reguladores dos *bons cuidados* parentais e as suas acções como educadores parece consensual e de bom senso. Por exemplo, se um pai acredita que o seu papel é sobretudo de vigiar e proteger o filho de todos os perigos, vai ter maior tendência para ser sobreprotector, para invadir o espaço pessoal dos filhos, ou para não lhes permitir determinado tipo de experiências que podem, eventualmente, ser importantes para o seu desenvolvimento; se outro acredita que o seu dever é ajudar os filhos a aprender a satisfazer as suas necessidades mais concretas, irá valorizar mais a aquisição de atitudes de sobrevivência e de ascensão social; se ainda outro considerar que é necessário acima de tudo ajudar os filhos a tornarem-se cidadãos activos e participativos, vai insistir mais em atitudes que promovam a autonomia, a integração social, e o desenvolvimento de responsabilidades.

Os autores construtivistas têm defendido uma relação modesta, mas sustentada, entre significações e atitudes parentais (Sigel, 1985; Sameroff & Feil, 1985). Aliás, não seria de esperar uma relação directa, ou correlações muito fortes. A cognição parental reflecte uma estrutura de pensamento mais ou menos complexa e flexível, à qual os pais podem aceder quando interpretam e resolvem problemas ou realizam tarefas educacionais, e não um modelo de pensamento correcto ou incorrecto. É possível ser um pai adequado com qualquer nível de significação, assim como é possível cometer erros educacionais graves com base em significações de todos os níveis. No entanto, Newberger encontrou uma relação significativa entre o desenvolvimento da consciência parental e os comportamentos dos pais (Newberger & Cook, 1983). Constatou que os pais abusadores tinham maior probabilidade de terem crenças características dos níveis mais baixos, enquanto os pais que encorajavam uma estimulação positiva do desenvolvimento, que aceitavam melhor os comportamentos da criança, que eram mais sensíveis ao seu sofrimento, tinham maior probabilidade de exprimir níveis de consciência parental mais elevados. Sameroff e Feil (1985) apresentam uma ideia que talvez possa explicar, em parte, estes resultados. Segundo estes autores, podemos considerar que os níveis mais complexos e organizados de crenças têm uma maior importância quando os pais atravessam crises graves ou confrontam situações de stresse e sofrimento, e são menos relevantes nos percursos pouco problemáticos. Também Werner e Smith (1982) constataram que os sistemas de crenças parentais podiam reduzir o impacto negativo de situações adversas (doença, deficiência, privação, morte de um familiar), mas não tinham uma correlação significativa com o desenvolvimento da criança na ausência destas condições especiais ou problemáticas.

Isto é, a boa relação parental e as condições mínimas para um desenvolvimento adequado e adaptado podem ser construídas ou facilitadas por pais que usam qualquer nível de significação. Mas quando a situação existencial apresenta maior novidade ou complexidade, as significações de níveis superiores permitem aos pais maior mobilidade cognitiva, mais flexibilidade e dão-lhes maior capacidade para construir significados e procurar respostas mais adaptadas, do que os pais de níveis mais baixos, que ficam mais presos a atitudes educacionais que se constituíram em rotinas, ou que aprendem directamente por instrução e modelagem dos que lhe estão mais próximos.

Se consideramos que as significações parentais são um determinante importante das atitudes educacionais e, embora de forma indirecta, do próprio desenvolvimento e adaptação dos filhos, devemos então interrogarmo-nos sobre a relevância do conhecimento dessas significações para a intervenção com os pais, e sobre a própria possibilidade de estabelecer como objectivo dessa intervenção a mudança de significações parentais.

É certo que a maior parte dos modelos de intervenção psicológica e educacional com os pais visa, de forma mais ou menos directa, a modificação de algumas crenças ou atitudes parentais consideradas mais desadaptadas ou problemáticas. Mas aqui não nos interessa apenas a mudança de conteúdos, que, como vimos antes, não nos parece ser a mais interessante, mas sim a transformação ou reorganização desses sistemas de significações, de modo a ser possível a consideração simultânea de diferentes perspectivas e uma maior descentração e flexibilidade na definição dos objectivos e das metodologias educacionais. Por exemplo, que os pais compreendam que o objectivo de promover o sucesso escolar do seu filho tem de ser coordenado com o objectivo de garantir a sua saúde, ou o seu equilíbrio emocional. Ou, no caso de pais de crianças com uma doença crónica grave, que estes consigam antecipar as consequências a médio prazo de atitudes educacionais muito protectoras, que, embora garantindo a segurança imediata da criança, podem comprometer a realização de tarefas desenvolvimentistas importantes a médio prazo.

Os programas de educação ou formação de pais devem, deste modo, ser um utensílio de reconhecimento e de transformação das significações parentais, e, sempre que possível, do próprio processo de pensamento e construção de significações educacionais. Thomas (1996) sistematiza assim as condições que permitem provocar mudanças de complexidade e flexibilidade no pensamento parental:

a) Constituírem uma ocasião para tomar consciência das concepções pessoais, das significações sobre o mundo, os filhos, a educação.
b) Existir uma insatisfação com as perspectivas actuais, e associá-las aos problemas presentes.
c) Oferecer um ambiente de respeito e de compreensão propício à exploração livre das significações pessoais.
d) Permitir uma exposição a significações alternativas.
e) Criar oportunidades de encorajamento à reflexão sobre a perspectiva do próprio em comparação com as outras perspectivas.

Seguindo uma trajectória muito semelhante, trabalhos realizados ou orientados pelas autoras (Barros, 1998; 2001; 2003; Barros & Santos, 1999; Marques, 1998; Santos, 1997) evidenciam que é possível organizar intervenções breves para incentivar os pais a tomar consciência das suas significações, relacionar essas significações com as suas atitudes e formas de resolver as múltiplas tarefas e problemas educacionais e de saúde, comparar os seus sistemas de significações com outros (através de descentração por exposição a modelos diferenciados), reflectir sobre as consequências de diferentes significações, e ensaiar mesmo a mobilidade para outras perspectivas e construções pessoais.

Mas a nossa experiência leva-nos a ser um pouco menos optimistas que Newberger e Cook (1983) ou Thomas (1996). A mudança majorante, para níveis de significação mais integradores, complexos e flexíveis, nem sempre é possível, especialmente com intervenções breves e centradas na resolução de problemas concretos. Assim, nas intervenções que estruturamos, incluímos dois objectivos complementares ou alternativos:

   a) Facilitar a utilização de significações parentais tão flexíveis e integradoras quanto possível, mas tendo em conta os limites do desenvolvimento de cada pessoa.

   b) Nos casos, frequentes, em que se verifica uma preponderância evidente de níveis baixos (1 e 2), e a impossibilidade de compreender significações de níveis mais elevados, o objectivo da intervenção será o de maximizar a utilização dos níveis já hipervalentes, sugerindo e ensaiando significações do mesmo nível, mas mais positivas e conduzindo a atitudes mais activas e eficazes. Por exemplo, com pais de nível mais instrumental e concreto (nível 2) ajudá-los a desenvolver estratégias de concretização e sistematização dos problemas mais imediatos da criança e a identificar soluções concretas que ajudem à sua resolução. Ou a elaborar planos e estratégias a médio prazo, decompondo-os em passos simples e sucessivos, para que passem a centrar-se num período de tempo e de desenvolvimento mais prolongado.

9. Conclusões

O reconhecimento de que todos os pais desenvolvem sistemas de significações organizados sobre o papel parental, e sobre as necessidades dos filhos, pode ser uma condição importante para a eficácia e o sucesso das intervenções de todos os profissionais que trabalham com os pais, e, sobretudo, de todos os que têm por objectivo ajudá-los a descobrir ou desenvolver formas mais adaptadas de educar os filhos. O profissional pode utilizar esse reconhecimento para escolher as formas de comunicação mais adequadas às preocupações e perspectivas dos pais, para ajudar os pais a conhecer e comparar as perspectivas próprias com as de outros, para reflectir sobre as suas próprias significações sobre os *bons cuidados* parentais, ou para compreender os limites da sua intervenção. Compreender que pais diferentes têm ideias diferentes sobre o que é ser pais e ser filhos pode contribuir para que os profissionais tenham um maior respeito pela diversidade de atitudes parentais e sejam mais eficazes na selecção de objectivos e de metodologias de intervenção.

Referências bibliográficas

Barros, L. (1993). Crenças parentais: modelos explicativos e de intervenção clínica. *Cadernos de Consulta Psicológica*, 9, 49-66.

Barros, L. (1998). Étude d'un programme d'intervention auprès de mères de bébés hospitalisés en réanimation: contributions d'une perspective constructiviste et développementaliste. In A. M. Fontaine & J. P. Pourtois (Eds.), *Regards sur l'Education Familiale: représentations, responsabilités, interventions* (pp. 203-214). Bruxelles: DeBoeck.

Barros, L. (2001). Intervention auprès des parents d'enfants malades ou avec un déficit mental. In A. Gervilla-Castill, M. Barreales, R. Galante & I. M. Martinez (Coord.), *Familia e educación*. Malaga: Universidades de Andalucia.

Barros, L. (2003). Initial beliefs, emotions and coping processes of parents of high-risk babies. *Actes du VIII Congrès International "Mouvance, Compétence, Adaptation"*. AIFREF, Université du Québec à Montréal.

Barros, L. & Santos, M. C. (1999). Crenças parentais e adesão pediátrica. *Análise Psicológica*, 3, 471-482.

Belsky, J. (1984). The determinants of parenting: a process model. *Child Development*, 55, 83-96.

Brooks, J. (1991). *The process of parenting*. Mountain View, CA: Mayfield.

Dumas, J. (2003). De la résilience à la bientraitance. *Actes du Congrès International "La Bientraitance dans des Cultures Différentes"*. AIFREF, Leuven.

Jésu, F., Gabel, M. & Manciaux, M. (2000). De la protection des enfants à la bientraitance des familles. In M. Gabel, F. Jésu & M. Manciaux (Eds.), *Bientraitance: mieux traiter familles et professionnels* (pp. 13-34). Paris: Fleurus.

Joyce-Moniz, L. (1993). *Psicopatologia do desenvolvimento do adolescente e do adulto.* Lisboa: McGraw-Hill.

Joyce-Moniz, L. & Barros, L. (no prelo). *Psicologia da doença.*

Marques, C. (1998). *Perturbações do espectro do autismo: ensaio de uma intervenção construtivista e desenvolvimentista com mães.* Dissertação de Mestrado. Universidade de Coimbra.

Miller, S. (1988). Parents' beliefs about children's cognitive development. *Child Development,* 59, 259-285.

Newberger, C. (1980). The cognitive structure of parenthood: the development of a descriptive measure. *New Directions for Child Development: Clinical Research,* 7, 45-47.

Newberger, C. & Cook, S. (1983). Parental awareness and child abuse: a cognitive-developmental analysis of urban and rural samples. *American Journal of Orthopsychiatry,* 53, 512-524.

Palacios, J. (1990). Parent's ideas about the development and education of their children. answers to some questions. *International Journal of Behavioral Development,* 13(2),137-155.

Pourtois, J.-P., Desmet, H. & Nimal, P. (2000). Vers une définition des conditions de bientraitance. In Gabel, F. Jésu & M. Manciaux (Eds.), *Bientraitances: mieux traiter familles et professionnels* (pp. 67-92). Paris: Fleurus.

Powell, D. (1988). Emerging directions in parent-child early interventions. In D. Powell (Ed.), *Parent education as early childhood intervention: emerging directions in theory, research and practice* (pp. 1-22). Norwood, NJ: Ablex.

Sameroff, A. & Feil, L. (1985). Parental concepts of development. In I. Sigel (Ed.), *Parental belief systems: psychological consequences for the children* (pp. 83-106). Hillsdale, N.J.: Lawrence Erlbaum Associates.

Santos, M. (1997). *Estudo de um programa de intervenção desenvolvimentista com mães de crianças com doença cardíaca congénita.* Dissertação de Mestrado. Universidade de Lisboa.

Sigel, I. (1985). A conceptual analysis of beliefs. In I. Sigel (Ed.), *Parental belief systems: psychological consequences for the children* (pp. 345-372). Hillsdale, N.J.: Lawrence Erlbaum Associates.

Thomas, R. (1996). Reflective dialogie parent education design. *Family Relations,* 45, 189-201.

Upshur, C. (1988). Measuring parent outcomes in family program evaluation. In H. Weiss & F. Jacobs (Eds.), *Evaluating family programs* (pp. 95-130). N.Y.: Al-dine de Gruyter.

Werner, E & Smith, R. (1982). *Vulnerable but invincible: a longitudinal study of resilient children and youth.* N.Y.: McGraw-Hill.

6

Perspectivas sobre a problemática do abandono escolar

M. D. Formosinho Sanches
& M. C. Taborda Simões

1. Considerações introdutórias

Na sua complexa heterogeneidade, o fenómeno do abandono escolar tem suscitado, nas últimas décadas, abordagens muito diversas e disciplinarmente distintas que se espraiam pelos domínios da psicologia, da pedagogia, da sociologia, da economia e até da criminologia, pelo que a sua interpretação não pode deixar de ser plural e, em absoluto, interdisciplinar.

Perspectivando a questão do abandono escolar num nível macro-estrutural, a pesquisa sociológica tem vindo a reflectir de forma privilegiada sobre a evolução do fenómeno na sua relação com valores ideológicos e políticas educativas (Dorn, 1996; Janosz, Fallu & Deniger, 2000; Janosz & LeBlanc, 1996, 1997; Perrenoud, 1996). Longe de se repartir de modo indiferenciado pelos vários grupos sócio-económicos ou étnicos, o abandono escolar surge, na perspectiva dos sociólogos da educação, como um mecanismo de diferenciação social, agindo como processo auto-selectivo e de exclusão para certos grupos de indivíduos. Se assim é, importa considerar o jogo de influências societais que vão determinar a maior vulnerabilidade das famílias dos grupos desfavorecidos, induzindo-as a vivenciar níveis acrescidos de *stress* e relações disruptivas que as incapacitam para o desempenho das várias funções e tarefas educativas.

Num nível distinto, e com tendência para centrar as suas pesquisas na análise dos factores individuais, os psicólogos do desenvolvimento realçam os défices neurocognitivos, bem como as dificuldades de aprendizagem e os comportamentos inadaptados que tipificam a população dos desistentes escolares. Algumas dessas pesquisas, embora assumindo que o desenvolvimento psicossocial não se realiza independentemente dos contextos nos quais o indivíduo se insere (a família e a escola, em particular), destacam a incapacidade de certos sujeitos para beneficiarem, em termos desenvolvimentais, das oportunidades outorgadas por esses mesmos contextos (Donh, 1991; Marchand, 1989).

No nosso tipo de civilização, é inegável que a escola constitui um elemento imprescindível na formação dos adolescentes, oferecendo--lhes oportunidades de instrução e de socialização que se afiguram fundamentais para o seu desenvolvimento. Nesta conformidade, e agindo actualmente a instituição escolar como o primeiro barómetro de aferição da adaptação psicossocial das crianças e jovens, as dificuldades académicas ou comportamentais, manifestadas em idades mais ou menos precoces, fazem prever dificuldades futuras. A comprová-lo estão os dados empíricos de numerosos estudos longitudinais realizados ao longo das três últimas décadas, os quais sugerem que os alunos com inadaptação escolar e que abandonam precocemente a escola parecem mais propensos a manifestar comportamentos anti-sociais (Janosz & LeBlanc, 1996; Jarjoura, 1993).

O sentido desta associação não se afigura, no entanto, nem claro nem unívoco, pelo que tem suscitado uma vasta discussão teórica e empírica, aventando mesmo alguns autores (Fagan & Pabon, 1990) a hipótese de a inadaptação escolar e a delinquência resultarem de um défice funcional comum. Ainda assim, esta hipótese não invalida nem minimiza o contributo das investigações de cariz mais pedagogizante que tendem a prestar uma acrescida atenção aos factores organizacionais da própria instituição escolar, analisando o efeito diferenciador dos distintos meios educativos nas taxas de abandono e de criminalidade juvenil. Em pesquisas várias, de que foi paradigma pela extensão e rigor metodológico a realizada por M. Rutter e colaboradores (1979), conclui-se que os factores organizacionais e as orientações curriculares capazes de promover o sucesso escolar são dissuasores do abandono dos estudos. Como tem sido comprovado em diversos estudos empíricos, as boas escolas definem com clareza as normas de conduta e contam com professores que tendem a reforçar os comportamentos adequados dos alunos. Pelo contrário, baixas expectativas dos professores em relação ao desempenho académico dos alunos, bem como uma aplicação incoerente das normas disciplinares e um estilo de liderança demasiado autocrático ou permissivo tipificam as escolas com um elevado índice de abandono e delinquência (Entwisle, 1990; Purkey & Smith, 1983).

Ao identificar os parâmetros organizacionais susceptíveis de induzir ou obstaculizar o sentimento de pertença à instituição, os investigadores orientam preferencialmente a sua atenção para a dinâmica das redes interactivas que configuram as vivências dos alunos. Deste modo, complementam as análises macrossociais do abandono escolar, mais focalizadas nos efeitos que as diversas políticas educativas exercem nas taxas de prevalência deste fenómeno.

2. Factores explicativos do abandono escolar

2. 1. Factores sociopolíticos

A problemática do abandono escolar reveste características bem diferentes nos países desenvolvidos e nos países em vias de desenvolvimento. Na verdade, os parâmetros de escolaridade obrigatória não são de modo nenhum comparáveis nestes dois grupos de países, podendo mesmo concluir-se, de acordo com o Relatório da

UNICEF de 1999, que os últimos foram, na década de 90, marcados por um acentuado empobrecimento das condições relativas ao ensino primário. Por exemplo, para cerca de 20% das crianças com idades inferiores a 12 anos, a escolarização nem sequer se concretiza, sendo igualmente muito elevado o índice de abandono precoce por parte daquelas que chegaram a ser escolarizadas (± 60%). Trata-se de uma situação para a qual contribuem, entre outros factores, os que se relacionam com a explosão demográfica, os conflitos armados, a falta de formação dos professores e a degradação das suas condições salariais.

Contrastando com os países em vias de desenvolvimento, os países tecnologicamente avançados têm vindo a assistir, nas últimas décadas, a um acréscimo sensível dos níveis de escolarização, acréscimo este a que não são de modo nenhum estranhas as novas exigências do mundo laboral. Se bem que a universalidade de acesso ao diploma de estudos secundários ou certificado equivalente seja ainda um objectivo inatingível, o contraste revela-se, de facto, bastante acentuado. Além disso, nos países em vias de desenvolvimento, a maioria dos indivíduos escolarizados são do sexo masculino, ao contrário do que se verifica nos países industrializados, onde a maior percentagem de diplomados do ensino secundário pertence ao sexo feminino.

Não obstante este desfasamento relativo aos níveis de escolarização, a verdade é que os países mais avançados não deixam de se debater com disfuncionamentos no seio do seu próprio sistema escolar. Com efeito, apesar do acesso à escolaridade ser aí universal, os índices de insucesso e de abandono mantêm-se elevados [1], atingindo sobretudo os grupos socialmente desfavorecidos (Dubet & Duru-Bellat, 2000) ou os de culturas estranhas à cultura dominante [2].

---

[1] A título de exemplo, vale a pena citar um estudo do Ministério da Educação do Québec (MEQ, 2002) no qual se pode ler que, em 2000-2001, 28% dos jovens não chegaram a obter o diploma do ensino secundário.

[2] O *National Center for Educational Statistics* (U.S.A.) de 2002 considerava que 11% dos jovens, entre os 16 e os 24 anos de idade, tinham abandonado os estudos sem um diploma ou certificado. Nos dados fornecidos

Avaliado pelo seu impacto social e económico, o abandono escolar, sem conclusão de um diploma ou certificado legal, tem vindo a ser equacionado como um problema sociopolítico que, em geral, os governos se esforçam por minimizar para credibilizar a própria instituição escolar e evidenciar a sua rentabilidade. Neste sentido, os dados estatísticos apresentados em relatórios oficiais nem sempre traduzem a verdadeira dimensão do problema [3]. Por outro lado, se bem que fundamentais, as estatísticas oficiais deixam na obscuridade factores relevantes que se podem interpenetrar para explicar a configuração e a prevalência do abandono dos estudos. A verdade é que, apesar das mudanças introduzidas nos sistemas pedagógicos, persistem factores individuais, sociais e institucionais que dificultam o desempenho académico e, consequentemente, obstaculizam a obtenção universal de um diploma.

Sendo impelida a reestruturar-se e a ampliar as suas funções tradicionais por mutações sociais e tecnológicas que caracterizam o mundo contemporâneo, a instituição escolar demonstra, ela própria, de forma visível e extensa, sinais de inadaptação às múltiplas e contraditórias exigências que hoje lhe são postuladas. Figurada como poderoso instrumento de reforma social, nos anos 60, e criticada pela falta de democraticidade, a escola passou a ser encarada, desde a

---

pelo referido Relatório, verifica-se que, no conjunto da população dos desistentes, há uma percentagem significativamente superior de afro-americanos e de sujeitos de origem hispânica.

[3] A própria discrepância na operacionalização do conceito de abandono, para efeitos do cálculo da sua prevalência, invalida alguns dados comparativos. Assim, na generalidade dos cálculos estatísticos, o abandono escolar implica a decisão irreversível, por parte do aluno, de não prosseguir com os estudos até conclusão da escolaridade obrigatória. Há, todavia, autores (*v. g.*, Morrow, 1986) a defender que o absentismo prolongado e sem justificação deveria ser contabilizado como abandono, independentemente de ocorrer ou não ulteriormente um retorno à escola. Sem dúvida que esta forma de operacionalização dificultaria ainda mais a análise da prevalência do fenómeno, sem grandes vantagens heurísticas, pois um mesmo aluno, num mesmo ano, poderia ser enquadrado em grupos distintos, o que anularia a exactidão dos cálculos.

década de 80, numa perspectiva mais economicista que acentua a necessidade de formar indivíduos tecnologicamente competentes e capazes de competir num mundo globalizado. Dir-se-ia também que, na nova sociedade da informação, a escola foi perdendo a posição privilegiada que detinha na transmissão do saber, por força da disseminação dos meios tecnológicos de comunicação. Se bem que insubstituível, enquanto instrumento de formação das camadas infanto-juvenis, a escola é agora obrigada a competir com outras fontes de informação que se afiguram mais aliciantes para a população estudantil.

A instituição escolar, moderna na sua origem e configuração pela disciplina mental que impõe e pelos valores que fomenta, confronta-se, na actualidade, com alunos oriundos de uma sociedade pós-moderna, em que as formações culturais se apresentam heteróclitas e desconexas. Daí que, conforme releva Astolfi (1994), se deva, antes mesmo de examinar as relações dos alunos que fracassam e abandonam a escola com esta ou aquela disciplina curricular, elucidar a própria relação dos indivíduos com o saber, tal como este é mediatizado *na* e *pela* escola. Na perspectiva deste e de outros autores (Dorn, 1996; Perrenoud, 1992), o abandono, enquanto expressão visível da desvinculação de um certo grupo face à escola, não faz senão evidenciar a crise interna que assalta o sistema educativo na sua lógica e funcionalidade. Nesta ordem de ideias, e apesar de ser sentido como um desperdício de recursos, o insucesso académico e consequente abandono mais não fariam do que sancionar um certo darwinismo social figurativo do modelo económico neoliberal. Os mecanismos de auto-exclusão induzidos pelo abandono escolar tornam-se, assim, convergentes com os próprios processos de hetero-exclusão que sustentam a reprodução social e a fazem figurar como legítima.

Além disso, a crescente preocupação política com o fenómeno do abandono escolar pode considerar-se fruto das mutações históricas que têm vindo a alterar as condições económicas e laborais. Se uma escolaridade mínima foi imposta, em certos países, a partir do século XIX, para apoiar o esforço de uma industrialização nascente, o prolongamento da escolaridade obrigatória surge como exigência das actuais tecnologias da comunicação. Deste modo, a percepção do abandono escolar enquanto comportamento desviante deve ser conceptualizada como uma construção sócio-histórica que resulta, sem dúvida, da exigência de qualificações acrescidas à massa dos cidadãos, em resultado das próprias transformações do capitalismo. Com efeito, se os desistentes escolares são cada vez em menor número, nunca foram social e economicamente tão penalizados como actualmente. Daí a fundada preocupação das instâncias políticas e o interesse crescente dos investigadores pelo estudo do fenómeno.

2. 2. Factores psicossociais

Uma abordagem sociopolítica do abandono escolar, se bem que fundamental, não invalida, como é evidente, a complementaridade de outras leituras de teor mais psicologizante, as quais centram a sua atenção na análise das variáveis individuais que se correlacionam com este problema. Comum a várias pequisas é a conclusão que diz respeito ao facto de o abandono escolar ser mais frequente no grupo dos rapazes. Segundo dados de estudos levados a cabo quer na Europa quer no Canadá (Bouchard & St-Amant, 1996; Potvin & Paradis, 1996), as raparigas investem, desde cedo, mais do que os rapazes na sua escolarização e têm uma atitude mais positiva face às vivências escolares. Abrangendo uma amostra de 1 000 sujeitos a frequentar o jardim de infância e os primeiros anos do ensino básico, a pesquisa de Potvin e Paradis (1996) permite, com efeito, concluir que, desde o início, a vivência institucional é mais gratificante para as meninas. Na generalidade dos casos, estas exibem menos dificuldades de aprendizagem e de adaptação. A diferenciação na vinculação à escola verifica-se igualmente na adolescência, de acordo com o estudo canadiano de Bouchard e St-Amant (1996) que conclui dedicarem as raparigas, em média, mais horas ao estudo e à leitura do que os rapazes.

De forma congruente com o seu maior investimento académico, os índices de perseverança escolar nas raparigas são também superiores aos dos rapazes, segundo estatísticas vindas a lume em vários países. Tradicionalmente, o nível global de escolarização das raparigas era inferior ao dos rapazes mas, desde a década de 80, elas tendem a ultrapassá-los ao nível das inscrições no pós-secundário. Para alguns autores, esta perseverança acrescida dos elementos do sexo feminino denotaria a sua maior convergência com os valores e *habitus* da escola (disciplina, passividade, conformismo), convergência essa facilitada pela crescente feminização do corpo docente nos ensinos básico e secundário (Langevin, 1999).

Além do género, também a pertença étnica tem sido apontada como factor de diferenciação nos índices de abandono escolar. Com efeito, dados de pesquisas várias (*v. g.*, Chavez, Edwards & Oetting, 1989; Ensminger & Slusarcick, 1992; Fine, 1986) evidenciam que a pertença a uma comunidade negra figura associada a uma maior probabilidade de abandono precoce dos estudos [4]. Em divergência com estas pesquisas, que tendem a sugerir uma relação directa entre a etnicidade e o abandono escolar, estudos há que sublinham o efeito da pertença étnica através da mediação de outras variáveis associadas à família e ao nível sócio-económico (Cairns, Cairns & Neckerman, 1989; Entwisle, 1990; Rumberger, 1983). De referir ainda é o facto de, no Québec, ter sido encontrada uma maior prevalência de abandono escolar nos sujeitos de língua materna francesa relativamente aos de língua materna inglesa (Beauchesne, 1991; Hrimech, Théoret, Hardy & Gariepy, 1993).

Se bem que alguns investigadores tenham vindo a realçar, de forma insistente, a heterogeneidade do grupo dos desistentes escolares (Janosz & LeBlanc, 1996), a literatura especializada aponta para parâmetros que os parecem tipificar globalmente face ao grupo dos persistentes. A começar pela sua estrutura familiar que se mostraria mais deficitária e desorganizada, com menores recursos económicos e culturais. A este propósito, vale a pena referir que Bhaerman e Kopp

---

[4] Mais recentemente, algumas pesquisas americanas (Tucker & Herman, 2002) indiciam níveis de 47% de abandono precoce da escola para sujeitos de origem hispânica e 61% para os de origem afro-americana.

traçavam, já em 1988, o quadro familiar que se lhes afigurava mais típico dos indivíduos que abandonam a escola: família monoparental, com recursos económicos reduzidos, com mobilidade frequente, oriunda de um grupo minoritário e com relações afectivas distantes. Por seu lado, no âmbito de um inquérito levado a cabo no Québec, com uma amostra de 900 desistentes escolares, Violette (1991) concluiu que 65% destes viviam com ambos os progenitores, sendo esta percentagem inferior à média estatística dos adolescentes (80%) que viviam com o pai e a mãe. A autora confirma ainda que as famílias dos alunos desistentes são, na maioria das vezes, famílias de parcos recursos económicos e culturais. Em geral, os pais destes alunos não dispõem de tempo nem de conhecimentos para os ajudar nos estudos, tendo eles próprios, commumente, um passado de dificuldades escolares (Astone & McLanahan, 1991; LeBlanc, Janosz & Langelier--Biron, 1993; Steinberg, Elemin & Mounts, 1989). Entretanto, tem sido acentuada a importância das expectativas parentais e do envolvimento dos pais na persistência escolar dos filhos (Battin-Pearson, Newcomb, Abbott, Hill, Catalano & Hawkins, 2000; Janosz, Fallu & Deniger, 2000; LeBlanc, Janosz & Langelier-Biron, 1993). Do ponto de vista dos valores, as famílias dos jovens que abandonam precocemente a escola manifestam tendência para incorporar valores mais tradicionais, nomeadamente na repartição das tarefas entre os cônjuges (LeBlanc, Janosz & Langelier-Biron, 1993). Em paralelo, tem sido realçada a influência da composição da fratria que, na maioria dos casos, se revela mais extensa no grupo dos desistentes (Rumberger, 1983; Rumberger, Ghatak, Poulos & Dornbusch, 1990). Além disso, a influência da experiência escolar dos irmãos parece revelar-se importante, uma vez que cerca de um terço dos desistentes tinham, no inquérito de Violette (1991), um irmão ou uma irmã mais velhos que haviam já abandonado a escola sem obter qualquer diploma.

A par dos disfuncionamentos inerentes ao contexto familiar, têm sido destacadas algumas características da personalidade e alguns défices pessoais que parecem diferenciar os desistentes, demarcando--os negativamente no que diz respeito à adaptação social e escolar. De modo mais frequente, os desistentes apresentam, no seu percurso evolutivo, atrasos de desenvolvimento e uma imaturidade global que, de algum modo, se associam às dificuldades de aprendizagem reveladas pela maioria, logo a partir do ensino primário (Bachman, Green & Wirtanen, 1971; Battin-Pearson *et al.*, 2000; Cairns, Cairns & Neckerman, 1989; Ekstrom, Goertz, Pollack & Rock, 1986; Horwich, 1980; King, Warren, Michalski & Peart, 1989; LeBlanc, Janosz & Langelier-Biron, 1993)[5]. São estas dificuldades que explicam o facto de os desistentes terem, em média, um número acrescido de retenções o que lhes acarreta consequências negativas, não só no plano académico, como também nos aspectos relacional e comportamental[6]. Assim é que, por comparação com os persistentes, os alunos desisten-

---

[5] As dificuldades de aprendizagem e os medíocres resultados académicos têm sido, de forma consistente, relacionados com o abandono escolar. Para alguns autores (Kaplan, Peck & Kaplan, 1997), o fracasso académico constituiria por si só um forte factor preditivo do abandono escolar. Em sua opinião, os fracos resultados académicos induziriam uma desvinculação à instituição escolar, tendo o abandono que ser entendido como forma de autoprotecção dos desistentes contra o sentimento de fracasso vivenciado na escola. Esta opinião não é unanimemente partilhada, havendo investigadores (Battin-Pearson *et al.*, 2000; Newcomb, Abbott, Catalano, Hawkins, Battin--Pearson & Hill, 2002) a defender que sem o concurso de outros factores as baixas *performances* académicas não levariam de forma linear ao abandono escolar. De qualquer forma, dados empíricos evidenciam que a taxa de abandono escolar, em sujeitos com deficiências ligeiras, é quase duas vezes superior à dos sujeitos que não apresentam tais deficiências. De notar ainda o facto de os sujeitos com deficiências ligeiras ou distúrbios comportamentais apresentarem taxas de abandono superiores aos pares com deficiências mentais profundas ou incapacidades sensoriais. Segundo estatísticas oficiais americanas apresentadas pelo Departamento de Educação, em 2002, no 23.º Relatório Anual ao Congresso, 27,1% de alunos com dificuldades de aprendizagem e 50,6% de alunos com distúrbios emocionais abandonaram precocemente a escola, sendo esta percentagem inferior para os alunos com atraso mental comprovado (24,9%) ou deficiências visuais (11,8%). A este respeito, consulte-se Dunn, Chambers e Rabren (2004).

[6] Pesquisas longitudinais americanas têm vindo a estabelecer uma forte correlação entre a retenção escolar e o abandono precoce dos estudos. A este respeito, veja-se Jimerson, Ferguson, Whipple, Anderson e Dalton (2002).

tes manifestam, com maior frequência, uma baixa auto-estima e avaliam depreciativamente as suas próprias realizações (Janosz & LeBlanc, 1997; LeBlanc, Janosz & Langelier-Biron, 1993). Além disso, tendem a manifestar uma tolerância mais baixa à frustração, a deformar a realidade, a não revelar consciência do efeito que as suas reacções provocam nos outros e a desenvolver estratégias de fuga perante as dificuldades (LeBlanc, Janosz & Langelier-Biron, 1993). Estes traços de personalidade agravam as dificuldades de relacionamento interpessoal e de adaptação às normas sociais da escola, dificuldades estas que, em muitos casos, se observam já durante a infância (Elliott & Voss, 1974; Kupersmidt & Coie, 1990; Parker & Asher, 1987). Na adolescência, estes sujeitos tendem a associar-se a pares com baixas expectativas escolares, os quais abandonaram ou estão em risco de abandonar os estudos [7]. Este tipo de associação a pares des-

---

[7] Tem havido um reconhecimento crescente da influência exercida pelos pares relativamente à persistência ou desistência dos estudos. Sem minimizar o peso da influência familar, autores há que destacam o impacto que a relação com os pares tem para o sentimento de vinculação ou desvinculação à escola. Na expressão de Ladd (1990), os pares seriam o 'cimento' que solidifica o envolvimento inicial da criança na escola e, em sua opinião, a importância dessa relação tenderia a incrementar-se e não a diminuir com a idade. A verdade é que a rejeição por parte dos pares, nos primeiros níveis de escolaridade, indicia um maior risco ulterior de abandono, em consequência de uma menor afiliação social à instituição (Dohn, 1991; Fagan & Pabon, 1990). Esse risco revela-se acrescido para os que falham academicamente, pois, nestas circunstâncias, o aluno experiencia um duplo fracasso que ameaça a sua auto-estima, induzindo-lhe sentimentos de alienação. Para os que não se isolam socialmente, a afiliação com pares desviantes e desmotivados das aprendizagens escolares faz crescer o risco potencial de abandono e torna-se um bom preditor da desistência dos estudos (Berndt, Laychak & Park, 1990; Steinberg, Dornbusch & Brown, 1992). O estudo longitudinal de Kaplan, Peck e Kaplan (1997), com uma amostra de 1195 sujeitos observados nos 7.º, 8.º e 9.º anos de escolaridade e quando jovens adultos, confirmou a influência dos pares, demonstrando a associação preferencial dos desistentes a pares com idêntico comportamento. Para aqueles investigadores, esta associação facilita o próprio comportamento desviante pelo facto de os jovens evitarem confrontar-se com uma estrutura normativa que tenderia a penalizar esse comportamento. A influência positiva dos pares com com-

viantes pode, é certo, compensar afectivamente os adolescentes da falta de ligação afectiva aos pais e professores, mas potencia novos riscos, como sejam os que se referem ao consumo de tabaco, álcool e drogas ou a outras formas de comportamento anti-social de maior ou menor gravidade (Cairns, Cairns & Neckerman, 1989; Ekstrom, Goertz, Pollack & Rock, 1986; Fagan & Pabon, 1990; Weng, Newcomb & Bentler, 1988). A presença de distúrbios precoces do comportamento e a rebelião contra a autoridade representam mais um parâmetro de diferenciação entre alunos desistentes e alunos persistentes (LeBlanc, Janosz & Langelier-Biron, 1993), tornando os primeiros mais propensos a comportamentos desviantes (Bachman, Green & Wirtanen, 1971; Elliott & Voss, 1974).

Na perspectiva de alguns autores, seriam precisamente os traços anti-sociais prévios ao abandono escolar que explicariam a maior propensão dos desistentes para a delinquência, sendo por isso de minimizar o impacto dos eventuais efeitos negativos do próprio abandono escolar sobre o estilo de vida destes jovens. Evidentemente que a questão é complexa e tem suscitado uma ampla discussão (Drapela, 2005; Jarjoura, 1993) que apela para a diferenciação do perfil dos desistentes. Seguindo a tipologia de Janosz, Fallu e Deniger (2000), torna-se possível diferenciar os desistentes "discretos", "desmotivados" e "subprodutivos" daqueles que podem designar-se por "inadaptados". Com efeito, embora academicamente todos manifestem traços que obstaculizam o prosseguimento dos estudos, só os "inadaptados" apresentariam desde cedo graves problemas de comportamento, revelando na adolescência comportamentos desviantes que os tipificariam como uma população de elevado risco, tanto no plano académico como social.

---

portamentos ditos 'normativos' tem sido igualmente realçada por algumas pesquisas (Kasen, Cohen & Brook, 1998). Contudo, é sempre de notar que a associação entre as trajectórias desviantes e a companhia de pares com características negativas tem sido empiricamente comprovada, de modo mais rigoroso e extenso, considerando alguns autores que a companhia de pares desviantes é um forte preditor da toxicodependência que se associa ao próprio abandono escolar (Jessor, Donovan & Costa, 1991).

2. 3. Factores escolares

Nas primeiras investigações sobre o abandono escolar, prevalecia o interesse pela análise dos factores individuais e familiares, figurando em segundo plano o interesse por factores associados à própria organização e funcionamento da escola. A partir das décadas de 70/80, o quadro conceptual subjacente à abordagem do fenómeno foi-se enriquecendo e, de forma crescente, reconheceu-se o impacto da estrutura pedagógica na desistência dos alunos. Como desde então se admite, a inadaptação social e académica dos adolescentes não pode ser analisada tomando apenas por referência os seus défices individuais e fazendo abstracção dos contextos sociais e culturais em que essa inadaptação se revela. Por outro lado, o abandono escolar só começa a ser representado socialmente como comportamento desviante a partir do momento em que o sucesso na escola se torna crucial para a inserção no mundo laboral e consequente adaptação social.

É, pois, neste contexto histórico das sociedades ocidentais que a instituição escolar tem vindo a ser estudada, estando hoje identificados alguns dos parâmetros que podem tornar essa instituição mais ou menos eficaz na prevenção do abandono escolar. A avaliação dos efeitos diferenciais exercidos pelo meio escolar no rendimento e adaptação social dos alunos conheceu particular impulso com o estudo longitudinal *Fifteen thousand hours* (1979) de Rutter e colaboradores. Efectuado na década de 70, este estudo abrangeu doze escolas da cidade de Londres, frequentadas por um total de 2 730 alunos. Para identificar as diferenças organizacionais entre as escolas, os autores socorreram-se de vários processos metodológicos que incluíram entrevistas à população docente, observações directas e sistemáticas das aulas, aplicação de questionários aos alunos. As entrevistas com os docentes abrangiam um vasto leque de tópicos que focavam tanto as suas estratégias de ensino na sala de aula como aspectos estruturais da escola, designadamente o tipo de serviços de apoio oferecidos a alunos e pais. Por sua vez, o questionário aplicado aos alunos, além de carrear dados acerca do seu rendimento académico e comportamento nas aulas, recolhia opiniões relativas à sua experiência escolar. Entretanto, a observação directa das aulas permitia avaliar o comportamento geral das turmas, bem como a aplicação de um grupo restrito de alunos, seleccionados ao acaso, nas tarefas que lhes eram propostas. A complementar a recolha de dados, procedeu-se à avaliação de certos parâmetros relativos aos alunos no momento do seu ingresso na escola para, no final, melhor identificar os aspectos diferenciadores do contexto escolar. A investigação de Rutter foi particularmente elucidativa no que à relação entre absentismo e abandono se refere, uma vez que mostrou ser nas escolas em que os alunos atingiam níveis mais elevados de presença que se verificava uma menor taxa de abandono escolar.

Além disso, foi estabelecida, de forma significativa, uma correlação positiva entre a assiduidade dos alunos e o maior tempo de dedicação dos professores às actividades lectivas. Em geral, os alunos tendiam a ter mais sucesso nas escolas em que era atribuída grande importância aos aspectos pedagógicos. Esta importância traduzia-se, nomeadamente, numa adequada planificação do currículo, num elevado nível de expectativa dos professores a respeito do aproveitamento dos alunos e até numa mais frequente preparação de trabalhos para casa. A cooperação entre professores e direcção da escola, assim como a própria coesão do corpo docente revelaram-se igualmente determinantes para a concretização de um clima pedagógico capaz de vir a influenciar positivamente os níveis de adaptação dos alunos. Do ponto de vista disciplinar, os benefícios pareciam residir nas escolas que, em vez de regras de comportamento muito específicas, instituíam normas gerais consensualmente aceites e reconhecidas.

Em suma, o estudo de Rutter, sem negar a importância dos dados pessoais e do contexto familiar, como era de regra na década de 60, comprovou a influência do contexto escolar no sucesso académico e nos níveis de desistência dos alunos. Estudos posteriores, com metodologias mais ou menos próximas, haviam de chegar a conclusões similares. Por exemplo, no que se refere à gestão, veio a confirmar-se o efeito positivo de uma participação alargada do corpo docente nas decisões relativas ao funcionamento da escola (Fullan, 1991). Do mesmo modo, o envolvimento dos estudantes na gestão afigura-se importante para fomentar sentimentos de pertença à instituição, fazendo decrescer os níveis de abandono precoce dos estudos (Mortimore, 1995). Além disso, a própria dimensão da instituição parece afectar a capacidade de envolvimento dos docentes e discentes, sendo as escolas de menor dimensão as que facilitam um enquadramento mais flexível dos alunos e uma atenção mais individualizada (Bryk & Thum, 1989; Entwisle, 1990; McNeal, 1997).

Se o clima organizacional da escola, determinado pelas formas de gestão e coerência das normas de disciplina, tem um impacto directo na ligação dos alunos à instituição, estudos há que, por sua vez, evidenciam a influência positiva das expectativas dos professores no rendimento escolar dos alunos. Na verdade, são os docentes que revelam expectativas mais positivas acerca do desempenho académico dos alunos, os que conseguem efectuar uma melhor gestão do tempo lectivo (Langevin, 1999; Levine & Lezotte, 1990). Não menos importantes para o rendimento escolar dos alunos e consequentes níveis de abandono parecem ser também as orientações curriculares e o tipo de estratégias didácticas utilizadas pelos professores. De acordo com os dados empíricos carreados por Langevin (1999) e Solomon (1996), as estratégias cooperativas de ensino correlacionam-se positivamente com níveis acrescidos de rendimento por fomentarem no aluno sentimentos de confiança e controlo das situações de aprendizagem. Do mesmo modo, a qualidade da relação docente / discente configura-se como factor determinante da adesão da população estudantil à escola, confirmada nos níveis de persistência nos estudos. Com efeito, os alunos que abandonam precocemente a escola revelam piores relações com os professores por contraposição com os que prosseguem os estudos até à conclusão do diploma (Fagan & Pabon, 1990; Violette, 1991). Por outro lado, há dados a mostrar que os alunos obtêm mais êxito quando os professores valorizam abertamente esse êxito (Bryk & Thum, 1989; Purkey & Smith, 1983).

A partir destas várias pesquisas, torna-se possível afirmar a existência de uma relação entre o problema do abandono e o meio educativo institucional. Neste sentido, já Wehlage e Rutter (1986) sugeriam que, na investigação sobre o abandono precoce dos estudos, se avaliassem mais as características da instituição do que as dos alunos desistentes [8]. Na sua perspectiva, dever-se-ia falar mais de rejeição por parte da escola do que de abandono por parte dos alunos [9]. Outras abordagens pedagógicas de conotação sociologizante têm vindo, igualmente, a enfatizar os mecanismos institucionais que "fabricam o fracasso escolar". Como refere Perrenoud, "ao reflectir sobre o insucesso escolar, todo o sistema educativo parece estar implicado. Dir-se-ia que é preciso mudar tudo, os programas, a avaliação, a formação dos professores, a estrutura curricular. Supõe-se que, se tudo isto não for mudado ao mesmo tempo, não se chega a tocar no cerne do problema" (1988, 486).

Sendo, por outro lado, tão directas as alusões que os desistentes fazem aos factores escolares quando invocam as razões do abandono, em circunstância alguma este problema pode ser equacionado numa perspectiva meramente individualizante, minimizando o papel das políticas educativas, do clima institucional e da actuação dos próprios professores. Nesta medida, haverá que insistir nos parâmetros organizacionais que tornam as escolas eficazes, realçando sempre a importância da dimensão relacional e da actividade pedagógica dos professores.

Sintetizando os vários estudos, pode afirmar-se que nas escolas eficazes se adoptam orientações curriculares e pedagógicas que, visando o êxito de todos os alunos, se revelam flexíveis na sua aplicação. Sendo assim, justifica-se desenvolver na escola várias modali-

---

[8] De acordo com a pesquisa de Rumberger e Thomas (2000), as escolas com os índices mais elevados de desistência escolar incluíam uma maioria de alunos com nível sócio-económico baixo, uma *ratio* elevada professor-aluno, um índice negativo de qualidade do ensino. A mesma pesquisa apontava também para uma prevalência inferior de abandono nas escolas privadas, por comparação com a escolas do ensino público.

[9] Fine (1991) sugere que os designados *dropouts* sejam denominados de *pushouts,* uma vez que foram activamente induzidos pelo sistema a abandonar a escola.

dades alternativas de currículo, que propiciem diversas formas de excelência e integrem várias representações culturais.

3. Dinâmica e implicações do abandono escolar

A dinâmica do processo de abandono escolar deve ser entendida, não apenas à luz dos factores individuais, mas atendendo também à maior ou menor capacidade integrativa da escola.

Como se tem vindo a acentuar, a estrutura organizacional da instituição escolar pode, face a alunos de risco, desenvolver com eficácia estratégias de enquadramento que lhes permitam prosseguir com uma ligação à escola, mesmo em caso de dificuldades acrescidas na aprendizagem. Por outro lado, a dinâmica do processo de abandono, embora marcada por etapas comuns, expressa o perfil da subcategoria de desistente que o sujeito incorpora e ainda o tipo de *feedback* que este vai receber do exterior, designadamente da família e pares.

De acordo com alguns dados empíricos (Cuellar & Cuellar, 1990; Farrell, 1990; Violette, 1991), o processo de abandono raramente depende de uma decisão súbita do aluno, antes implicita uma desvinculação progressiva da instituição escolar que se demarca em várias etapas. Essa desvinculação, sendo motivada por fracassos académicos que induziram no aluno um autoconceito negativo, leva-o a uma progressiva diminuição do investimento nas actividades escolares, para defesa do seu próprio equilíbrio emocional. Nesta medida, poder-se-á afirmar que o desinvestimento face às tarefas lectivas constitui, para a maioria dos futuros desistentes, uma forma de abandono antecipado que se concretiza ainda no seio da própria escola. Com efeito, embora frequentando as aulas presencialmente, os alunos vão desinvestindo das aprendizagens. Os designados *"drop-in"* começam paulatinamente a fazer decrescer a assiduidade às aulas ou a abandoná-las mais cedo, invocando motivos mais ou menos fúteis. Esta falta de assiduidade acarreta, como é evidente, um decréscimo do próprio rendimento académico e intensifica o sentimento de frustração face à escola. Nos designados "subprodutivos" e "desmotivados", é de admitir que tais sentimentos se manifestem de forma passiva, sendo, porém, visível o tédio e enfado suscitados por todas as tarefas e actividades escolares. Como afirma Langevin, "é o tédio que arrasta o desinteresse, os fracos resultados, as percepções negativas de uma parte e outra e os problemas subsequentes" (1999, 53). Nos sujeitos ditos "inadaptados", os comportamentos disruptivos nas aulas, corporizando a revolta sentida contra a escola, podem assumir formas mais ou menos graves de indisciplina ou mesmo de violência contra pares e professores.

Seja qual for a tipologia do desistente, os mecanismos de depreciação da escola e as representações negativas da mesma operam sempre de forma dinâmica na decisão de abandono (Farrell, 1990). Precedido de períodos cada vez mais longos de ausência [10], com retornos intermitentes, o abandono formal mais não faz, nestas circunstâncias, do que culminar um percurso crescente de alienação e distanciamento face à escola, tenha o aluno ou não consciência das implicações da sua decisão [11].

---

[10] Por vezes, os jovens invocam razões de ordem laboral para faltar à escola. Neste sentido, algumas pesquisas americanas têm sugerido uma correlação negativa entre o envolvimento escolar e um acréscimo de actividade laboral por parte dos adolescentes. Assim, se é comum uma percentagem significativa de estudantes do ensino secundário optarem por trabalhar em *part-time,* verifica-se que os que procuram trabalhar durante muitas horas tendem a obter níveis de aproveitamento inferiores, manifestando baixas aspirações académicas. O envolvimento precoce no trabalho figura, no contexto de certas pesquisas (Bachman, Safon, Rogala & Schulenberg, 2003), associado ao consumo de drogas, tabaco e álcool e outros problemas de natureza comportamental. Com efeito, a entrada precoce no mundo laboral induz uma assunção antecipada de papéis adultos, facilitando economicamente o acesso a certos consumos e comportamentos que se apresentam como prejudiciais para o ulterior desenvolvimento.

[11] Procurando esclarecer esta sucessão de etapas e condicionantes que precipitam o abandono escolar, Farrel (1990) começa por destacar como indício precursor relevante a falta de ligação aos professores. Com efeito, a ligação do aluno pré-desistente a um elemento ou elementos do corpo docente mostra ser um forte dissuasor da decisão de abandono, permitindo compensar a frustração associada ao insucesso escolar. A referida ligação pode revelar-

As implicações negativas do abandono escolar têm sido realçadas por vários autores que enfatizam os riscos associados à saída antecipada da escola. Esses riscos abrangem tanto os aspectos económico e laboral, como os relacionados com a adaptação social e o equilíbrio emocional (Fortin, Royer, Potvin, Marcotte & Yergeau, 2004). Com efeito, prova-se que os adolescentes que abandonam precocemente os estudos se encontram, em maior número, em risco de desemprego e que as suas ocupações profissionais tendem a ser menos prestigiantes e com remunerações mais baixas [12]. A sua menor qualidade de vida expressa-se também na maior propensão para serem afectados por problemas de saúde física e mental. São riscos potencialmente mais elevados para os próprios filhos, que se revelam mais vulneráveis ao insucesso escolar e às implicações negativas que o mesmo acarreta (Janosz, Leblanc, Boulerice & Tremblay, 1997; Rumberger, 1995). Em acréscimo, o abandono escolar figura associado a comportamentos de delinquência e de consumo de álcool ou drogas [13] (Cairns, Cairns & Neckerman, 1989; Ekstrom, Goertz, Pollack & Rock, 1986; Fagan

---

-se tanto mais importante quanto o aluno se encontra socialmente isolado na escola ou mantenha relações com pares que desvalorizam a instituição escolar, tendo-a já abandonado.

[12] Numa sociedade de economia global, baseada na tecnologia de informação, os infra-escolarizados não podem competir no mercado de trabalho, ficando condenados ao desemprego ou a salários mais baixos. De acordo com estatísticas americanas publicadas em 2000 (U. S. *Census Bureau*), o rendimento médio anual para um trabalhador com escolaridade inferior ao secundário ou equivalente seria de 12 400 dólares, valor este significativamente inferior à média dos salários obtidos pelos indivíduos com um certificado de estudos secundários ou superiores (respectivamente 21 000 e 41 000 dólares). A este respeito, consulte-se Campbell (2003).

[13] Para Garnier, Stein e Jacobs (1997), a relação entre os comportamentos toxicodependentes e o abandono escolar seria directa. Trata-se de um ponto de vista não aceite por Kaplan e Liu (1994) que invocam a influência de outras variáveis intermédias. Mais recentemente, dados do estudo longitudinal de Drapela (2005) contrariam a ideia de que o abandono escolar precoce induziria um acréscimo posterior no consumo de drogas. Esta conclusão não é, no entanto, corroborada por outros estudos, havendo assim a necessidade de se proceder a uma pesquisa mais extensa sobre a questão.

& Pabon, 1990; Weng, Newcomb & Bentler, 1988). Para o sexo feminino, a saída antecipada da escola susceptibiliza as raparigas a uma gravidez precoce (Forget, Bilodeau & Thétrault, 1992) [14].

Evidentemente que, como foi já sublinhado, os perfis dos desistentes implicitam uma certa heterogeneidade e, nesse sentido, a associação que pode estabelecer-se entre abandono escolar e delinquência não se mostra linear [15], mas antes induzida por um conjunto de condicionalismos individuais e societais que variam segundo os sujeitos e contextos [16]. Potencialmente, e a fazer fé na tese de Elliott e Voss (1974), confirmada por outros dados (Ekstrom, Goertz, Pollack & Rock, 1986; Wehlage & Rutter, 1986), a saída da escola pode fazer decrescer a intensidade e a frequência dos comportamentos anti-sociais se a frustração associada ao fracasso escolar for compensada por uma boa inserção profissional. Para a maioria dos sujeitos, porém, não se torna fácil esta inserção sócio-laboral e o próprio abandono pode abrir caminho à delinquência ao quebrar a vinculação a uma instituição cujos efeitos são de integração e de confirmação social.

Figurando o próprio abandono escolar como indício precursor de futuros comportamentos desviantes, na idade adulta, alguns autores (Fagan & Pabon, 1990) sugerem a possibilidade de existência de uma síndroma desviante que radica em défices de ordem neurocognitiva e induz tanto dificuldades escolares como dificuldades de

---

[14] Tem sido também reconhecido que a gravidez precoce potencializa os riscos de abandono no ensino secundário. Independentemente do grupo social, uma gravidez na adolescência é um preditor consistente do abandono escolar (McGee & Newcomb, 1992; Newcomb *et al.*, 2002).

[15] A relação entre o abandono escolar e a delinquência tem sido objecto de numerosos estudos empíricos, durante as quatro últimas décadas, sem que os resultados se revelem concludentes. Para Drapela (2005), a própria diferenciação das metodologias heurísticas poderia justificar a incongruência das conclusões das pesquisas.

[16] Será, por exemplo, de referenciar que os níveis de delinquência e criminalidade se revelam substantivamente superiores nos ex-desistentes celibatários e/ou desempregados (Jarjoura, 1993).

adaptação social. Admita-se ou não esta hipótese, há traços que, no plano comportamental, tipificam a população dos desistentes, diferenciando-os da população que persiste nos estudos. Neste sentido, os próprios comportamentos anti-sociais podem indiciar o risco de abandono; por outro lado, o próprio efeito do abandono susceptibiliza os adolescentes a futuros comportamentos desviantes, pelas razões já aduzidas e para as quais é de prever um impacto crescente, por efeito da complexificação progressiva das sociedades que tendem a excluir cada vez mais os sujeitos subqualificados do mundo laboral.

4. Modelos de despistagem e prevenção

4. 1. Princípios gerais de prevenção

Dada a correlação existente entre o fenómeno de desistência escolar e outras formas de inadaptação à escola, a maior parte das metodologias desenvolvidas para prevenir este fenómeno assenta no reconhecimento da necessidade de uma abordagem multidimensional, capaz de diferenciar os próprios níveis de prevenção em que se pretende actuar (Christenson, Sinclair, Lehr & Godber, 2001). Além disso, as estratégias preventivas (ainda que visando prioritariamente a desistência escolar) têm de ser flexíveis e abranger um leque mais ou menos extenso de problemas.

Para o êxito de qualquer acção preventiva, a cooperação entre os vários serviços comunitários torna-se crucial, pelo que qualquer programa de prevenção, mesmo que direccionando a sua atenção privilegiada para o contexto escolar, terá de envolver inevitavelmente outros parceiros. Acresce que a avaliação dos efeitos de um dado programa tem de ser rigorosa de modo a permitir seleccionar as estratégias preventivas que se afiguram mais eficazes. Acontece, todavia, que se ensaiam programas de intervenção cujos resultados são avaliados com imprecisão e raramente são divulgados. Como ironicamente faz notar Langevin, "são infelizmente demasiadas as vezes que, no maravilhoso mundo da educação, se negligencia a avaliação do impacto das intervenções" (1999, 232). Neste sentido, a implantação de um qualquer projecto ou plano de prevenção exigirá a concepção e aplicação de medidas de avaliação que visem tanto a análise do processo como a dos resultados, decidindo-se previamente, como é evidente, os critérios e as fontes de informação a adoptar.

Sendo reconhecida a maior eficácia de uma intervenção preventiva geral, qualquer projecto de combate ao abandono escolar deve necessariamente ter em conta medidas susceptíveis de promover o sucesso e a adaptação à escola. Foram já referidos alguns dos aspectos organizacionais que podem tornar a escola mais eficaz. Visando, de forma mais específica, a prevenção do abandono, Fine (1988) e Wehlage (1991) apresentam um conjunto de medidas prioritárias: revisão dos critérios de reprovação e suspensão dos alunos; implementação de serviços de saúde em meio escolar; redução da dimensão das escolas e turmas; desenvolvimento de programas de apoio escolar com aproveitamento de membros da comunidade; flexibilização dos programas curriculares e das estratégias didácticas. A própria gestão do tempo pedagógico é posta em causa por alguns autores (Cawelti, 1994; Irmsher, 1996) que consideram a duração das unidades lectivas demasiado curta e rígida. Tal duração fragmenta e dispersa as formas de organização do saber, havendo então razões para propor uma gestão do tempo por unidades mais extensas. Outros autores (Bennacer, 2000; Janosz, Fallu & Deniger, 2000), sem negar o impacto da estrutura organizacional da escola e das orientações curriculares superiormente estabelecidas, sublinham a importância da actuação pedagógica dos professores nas salas de aula como, aliás, a própria investigação de Rutter e colaboradores (1979) já fazia. Essa actuação deve ser entendida em sentido amplo e de forma a incluir o aspecto relacional que, como é sabido, constitui factor crucial para a perseverança dos alunos.

De referir ainda que, com o impacto das novas tecnologias de informação e as mutações sociais decorrentes, a tendência para partilhar responsabilidades com outras instâncias comunitárias parece tornar-se emergente e facilitar o aproveitamento dos recursos da comunidade, dentro e fora da própria escola. Na verdade, esta extensão dos processos educativos, ao promover novas sinergias, pode revitalizar o interesse dos alunos de certos grupos mais distanciados da cultura formal da escola. De forma concreta, e no caso dos adolescentes, tornar visível o interesse profissional das aprendizagens escolares pode, na perspectiva de Langevin (1999), constituir um forte incentivo à sua motivação, pelo que uma ligação mais estreita entre a escola e a comunidade pode induzir, de forma óbvia, um processo de reconceptualização das aprendizagens para outros efeitos que não sejam os da estrita avaliação escolar.

Se as mudanças estruturais no sistema pedagógico se afiguram condição essencial para o acréscimo dos níveis de perseverança escolar (Baker, Derrer, Davis, Dinklage-Travis, Linder & Nicholson, 2001), é evidente que os processos de despistagem precoce e o apoio a alunos em risco integram necessariamente todos os projectos e programas de intervenção. Seguindo o modelo de Tremblay, LeMarquant e Vitaro (2000), poder-se-á dizer que as propostas de reforma escolar, constituindo um aspecto fundamental da intervenção preventiva geral, visam toda a população escolar. A intervenção preventiva com alvos específicos (selectiva e indicada) dirige-se à população que se considera em risco, subentendendo uma intervenção orientada para grupos ou indivíduos particulares. As estratégias que se desenvolvem a este nível solicitam, de concerto, o conhecimento dos factores sociais e individuais que, com maior frequência, aparecem associados à desistência dos estudos, bem como o esclarecimento das etapas e processos que tipificam, em geral, a desvinculação progressiva do aluno à escola.

Precedido por uma vivência escolar marcada por dificuldades de adaptação, o abandono escolar supõe uma decisão que raramente é fruto de um impulso súbito, antes vai sendo amadurecida ao longo de um período de tempo que pode abranger alguns meses ou até um ano escolar (Violette, 1991). Além disso, os sinais precursores do desinvestimento escolar podem começar a ser percepcionados logo na escola primária (Langevin, 1999). Neste nível, muitos futuros desistentes manifestam já um sentimento de alienação face à escola que sentem como repressiva e frustrando as suas aspirações. Esses sentimentos de alienação, manifestados precocemente por muitos, em virtude das suas dificuldades de aprendizagem e inadaptação às normas, agravam-se nas fases subsequentes do ensino, em que o aluno começa a ausentar-se cada vez com mais frequência da escola, agravando, deste modo, o próprio fracasso académico [17].

A pesquisa empírica levada a cabo por vários autores na década de 70 tinha permitido concluir que, desde o nível primário, é possível efectuar acções de despistagem dos alunos em risco ulterior de abandono. Para tanto, torna-se necessário identificar os factores que prefiguram a vulnerabilidade do aluno ao abandono escolar, tais como o baixo nível sócioeconómico da família, a ruptura e disfunção nas relações familiares, os problemas de leitura, a retenção de ano e o

---

[17] Para efeitos de despistagem e numa perspectiva de intervenção prática, Cuellar e Cuellar (1990) distinguem os alunos em risco de abandono dos persistentes através da conjugação de três parâmetros facilmente detectáveis e associados à escola: os alunos em risco conjugam notas fracas, tarefas não realizadas e recepção de *feedback* negativo por parte dos professores; os alunos sem qualquer risco são aqueles que apresentam boas notas, tarefas cumpridas e, por tal motivo, recebem um *feedback* positivo. No movimento progressivo para o abandono, a importância dos factores escolares é sempre de realçar, segundo dados de inquéritos feitos a alunos. No extenso inquérito de Violette (1991) sobre as causas do abandono, as dificuldades de aprendizagem foram invocadas por quase metade dos alunos (43,2%), percentagem muito superior à dos que invocaram razões de trabalho (24,8%). Numa outra investigação canadiana, levada a cabo por uma equipa da Universidade de Montréal (Hrimech, Théoret, Hardy & Gariepy, 1993), os resultados afiguram-se convergentes, na medida em que o tédio (56%) e o fracasso na escola são apontados como causas do abandono por mais de metade dos sujeitos da amostra (53,6%). No inquérito de Violette é também esclarecedor o facto de cerca de metade dos desistentes quererem voltar a prosseguir os estudos, mas em condições de ensino e aprendizagem diferentes. Na prática, as pesquisas têm demonstrado que o retorno à escola por parte de antigos desistentes é influenciado por múltiplos factores, designadamente os que se prendem com a maior proximidade ou distância dos serviços educativos recorrentes, com o nível educacional dos pais e ainda com a maior ou menor capacidade motivacional do próprio (Dillon, Liem & Gore, 2003).

absentismo. A capacidade preditiva destes índices tem vindo a ser corroborada em várias investigações, pelo que se torna possível implementar processos de despistagem precoce dos alunos em risco. Para uma sinalização sistemática destes alunos, é imprescindível a cooperação entre professores, psicólogos e técnicos de serviço social, intentando-se a elaboração e o preenchimento de questionários ou fichas de sinalização que incluam os vários parâmetros de risco. Neste sentido, as fichas deveriam incluir, além de dados sócio-económicos sobre a família, itens relativos ao desenvolvimento e maturidade do aluno (nos planos cognitivo, sócio-afectivo e psicomotor), à sua assiduidade, rendimento e comportamento na sala de aula. Interessa também conhecer os factores relativos à adaptação social do aluno (relação com os professores, pares e pessoal auxiliar) e à representação (positiva ou negativa) que este faz da escola. Como índice importante destaca-se a retenção nos primeiros níveis de escolaridade que, constituindo expressão eloquente das dificuldades do aluno, não deixa nunca de ter repercussões negativas no seu auto-conceito escolar e na sua ulterior adaptação social (Fonseca, Taborda Simões & Formosinho, 2000). Nos níveis subsequentes de ensino, e considerando que a escolaridade obrigatória abrange actualmente, em vários países, o nível secundário ou equivalente, os índices que permitem detectar os alunos em risco de abandono escolar têm sobretudo a ver com os seguintes aspectos: progressivos atrasos no cumprimento dos horários e faltas às aulas; baixo nível de participação nas aulas e reduzido envolvimento nas actividades circum-escolares; comportamentos de indisciplina com eventuais castigos e suspensões; fraco rendimento académico; isolamento social face aos pares e contacto reduzido com os docentes e pessoal auxiliar.

Constituindo a despistagem dos alunos em risco a primeira etapa da prevenção específica, há que implementar de seguida medidas sistemáticas de intervenção pois, não sendo assim, podem produzir-se processos de estigmatização que mais não fazem do que piorar a situação. Ademais, uma proposta de intervenção, quando a despistagem se faz precocemente, tem de ser planeada para vários anos, exigindo, por conseguinte, uma sistemática actualização dos dados de forma a avaliar as mudanças efectivadas. Seja qual for a orientação subjacente, qualquer projecto de intervenção, para ser eficaz, tem de ser planificado em congruência com uma abordagem multidimensional do problema do abandono escolar e envolver vários especialistas e recursos comunitários. Por outro lado, só mediante uma avaliação rigorosa e sistemática dos efeitos da intervenção se torna possível garantir a sua eficácia. Neste aspecto, como observa Langevin (1999), a simples opinião favorável de alunos e professores, sendo relevante, não deve constituir nunca um critério suficiente, se não for apoiado por outros dados estatísticos complementares. Por isso mesmo, a planificação adequada de um programa de intervenção exige que, concomitantemente à sua concepção, se explicitem os critérios e os recursos metodológicos para avaliação simultânea do processo de implementação do programa e dos seus resultados, a nível dos objectivos visados. É evidente que, para esta avaliação se processar com rigor, há que seleccionar criteriosamente os indicadores de sucesso, operacionalizando-os de forma a serem mensuráveis e a poderem estabelecer-se comparações com outros grupos.

Embora nenhum programa de prevenção possa ter êxito se não for adaptado à população que visa e ao contexto institucional em que se insere, a verdade é que se torna possível encontrar na literatura especializada alguns parâmetros comuns aos programas que têm sido implementados no âmbito da prevenção do abandono escolar. Um programa de prevenção do abandono tem de procurar individualizar, tanto quanto possível, o sistema de ensino para alunos de risco, promovendo grupos cooperativos de aprendizagem e fomentando competências de estudo em ligação com as matérias curriculares leccionadas. Uma abordagem mais profissionalizante do ensino pode revelar-se oportuna para os adolescentes que têm muitas vezes o desejo de abandonarem precocemente os estudos para se envolverem em tarefas que se lhes afiguram menos complexas e de uma maior rentabilidade pessoal. Adoptando um modelo de "pluralização de competências", o programa pedagógico estará, assim, em condições de corresponder ao perfil diferenciado de motivações e aptidões dos estudantes, fazendo-os persistir na escolaridade até à conclusão de um diploma. Nesta mesma linha conceptual de intervenção, Wehlage e Rutter (1986) chamam a atenção para a necessidade do envolvimento dos alunos de risco em actividades extra-curriculares que sejam do seu agrado e os mantenham ligados à escola. Na presença de dificuldades de natureza afectiva e social, há que fornecer-lhes uma ajuda especializada, ao mesmo tempo que se faculta outro tipo de intervenções, as quais podem envolver os alunos mais velhos como "tutores" capazes de os ajudar a inserir-se nos vários grupos e actividades da escola. Citando Dryfoos (1990), Langevin (1999) elenca vários tipos de actividades artísticas que, organizadas em contexto escolar, podem fomentar uma maior adesão dos alunos em risco de desistência, permitindo a consignação dos seus talentos nos domínios da música, poesia, fotografia, moda, dança e vídeo. Para a dinamização deste tipo de realizações há que contar, necessariamente, com os professores e mentores do programa, sendo possível, em muitas circunstâncias, recrutar membros da comunidade que podem igualmente ser aproveitados para funções tutoriais de ensino e aconselhamento junto dos alunos.

O envolvimento extensivo de membros ou grupos externos, incluindo os próprios pais, é de regra na maioria das intervenções ou programas de prevenção. Alvo das estratégias de intervenção, no caso de populações social ou culturalmente carenciadas, certos grupos de pais podem também ser conceptualizados como um recurso a que há que apelar para formação e apoio dos alunos em risco de abandono.

4. 2. Programas específicos de prevenção

Procedendo a uma resenha de vários programas americanos de prevenção do abandono escolar, que foram implementados e divulgados no período compreendido entre 1982 e 2002, Prevatt e Kelly (2003) contabilizam mais de duas centenas. Segundo os autores, a maioria desses programas foram formulados numa base fundamentalmente empírica. Denotam, por isso, algumas falhas na conceptualização do problema e falta de rigor nos procedimentos metodológicos de avaliação dos resultados [18], se bem que incorporem alguns princípios estratégicos que podem ser generalizados a outros contextos. Na perspectiva dos investigadores, os programas potencialmente mais eficazes implementam estratégias de intervenção directa e indirecta junto dos alunos em risco, incluindo acompanhamento psicológico individualizado, tutoria por parte de docentes e pares, treino de competências sociais, formas cooperativas de aprendizagem e, ainda, contactos regulares com a família.

Procedendo a uma selecção e análise de programas de prevenção do abandono escolar, Janosz, Fallu e Deniger (2000) destacam, igualmente, a importância de formas multimodais de intervenção. Ao mesmo tempo salientam a necessidade de se diferenciarem as estratégias de acordo com a tipologia dos alunos. Entre os vários programas destacados por estes autores, encontra-se um programa de prevenção desenvolvido, a nível do ensino primário, por Vitaro, Brendgen e Tremblay (1999). Dirigida a sujeitos de meios desfavorecidos a frequentar os 2.º e 3.º anos de escolaridade, a intervenção prolongou-se por dois anos e integrou um programa de treino das competências sociais dos alunos e um programa de desenvolvimento das competências parentais. Os efeitos do programa sobre os níveis de abandono escolar foram avaliados mais tarde, quando os sujeitos tinham

---

[18] De acordo com Dryfoos (1990), dos 21 programas americanos de prevenção do abandono escolar referenciados no ERIC, apenas 13 mencionavam a avaliação dos resultados. Vários outros autores salientam a escassez de dados relativos à avaliação dos programas que têm vindo a ser implementados (Doll & Hess, 2001; Sinclair, Christenson, Evelo & Hurley, 1998; Temple, Reynolds & Miedel, 2000). Na revisão levada a cabo por Prevatt e Kelly (2003) de 259 programas de intervenção, apenas 30 envolviam uma avaliação empírica dos resultados. A maior parte dos programas omitiam também dados relativos a aspectos temporais da sua implementação, não procedendo nunca a uma análise específica dos efeitos dos seus distintos componentes. Assim, como salientam os referidos autores, "se bem que se notem alguns resultados positivos, é difícil determinar os traços dos programas que podem explicar o seu sucesso" (2003, 291). A falta de descrição pormenorizada de certos parâmetros dos programas tornam também difícil a sua réplica noutros contextos.

dezassete anos de idade, comprovando-se a existência de uma diferença estatisticamente significativa relativamente ao grupo de controlo. Segundo os autores, o impacto positivo da intervenção explicar-se-ia pela sua capacidade para reduzir os problemas de comportamento dos sujeitos, evitando a sua inserção em classes especiais.

No âmbito dos programas de intervenção preventiva selectiva para adolescentes, os mesmos autores referenciam o programa *School Transitional Environment Project* (STEP) da responsabilidade de Felner e colaboradores (1988). Abrangendo um ano escolar e envolvendo 65 alunos do 9.º ano de escolaridade oriundos de meio desfavorecido e com graves problemas de comportamento, o referido programa foi concebido para facilitar a transição entre os diferentes níveis escolares. Na sua implementação estava prevista uma reorganização do espaço físico-social da escola por forma a mitigar as deslocações e a impessoalidade dos contactos. O papel do professor-tutor foi instituído para aconselhamento e orientação nos estudos e incentivaram-se os contactos da escola com a família.

A comparação feita, no termo do ano escolar, entre o grupo de alunos integrados no programa e os do grupo de controlo demonstrou os efeitos positivos da intervenção a nível do rendimento académico e do autoconceito. Seguidos quatro anos mais tarde, os alunos abrangidos pelo programa STEP manifestavam índices superiores de assiduidade e percentagens inferiores de desistência escolar, por confronto com o grupo que não havia participado no programa de intervenção.

Outros programas, como o de Caliste (1984), utilizaram também a figura do tutor como um dos eixos nucleares da intervenção. Na planificação deste programa, os tutores reuniam-se duas vezes por semana com grupos de 2 a 5 sujeitos para sessões de apoio educativo e supervisão das tarefas escolares. Estas reuniões ocupavam o tempo dos cursos oficinais oferecidos aos alunos. A intervenção teve uma duração inicial de três meses, sendo retomada, numa segunda fase, passados oito meses. Os dados confirmaram uma diferença estatisticamente significativa nos níveis de abandono escolar entre o grupo experimental e o grupo de controlo.

Revolucionando a própria orientação didáctica das escolas, programas de intervenção como os de Dugger e Dugger (1988) procuram criar contextos de aprendizagem alternativos à escola tradicional. No projecto de intervenção destes autores, a proporção de 1 professor para 12 alunos facultava a possibilidade de concretização de formas individualizadas de ensino que integravam semanalmente diversas actividades manuais e envolviam o aluno em tarefas de serviço comunitário. De forma congruente com esta tentativa de individualização pedagógica, fomentavam-se modalidades de avaliação formativa e auto-avaliação. Complementarmente, era exercida uma vigilância quotidiana sobre a assiduidade e pontualidade dos alunos, proporcionando-se reuniões semanais da equipa de professores adstritos ao programa para análise dos progressos académicos. A análise dos resultados deste programa indicia os seus efeitos positivos ao nível da desistência escolar que foi de percentagem inferior no grupo experimental (17,90%) comparativamente com a do grupo de controlo (66%). Ao nível do rendimento académico, os efeitos positivos não se revelaram tão sensíveis.

No âmbito dos programas de intervenção preventiva do abandono escolar, são ainda de considerar os programas selectivamente dirigidos a certos grupos, como sejam as mães adolescentes ou as adolescentes grávidas. Por exemplo, o projecto *School Combating Abuse and Neglect* (SCAN), da responsabilidade de Delatte, Orgeron e Preis (1985), além de procurar treinar competências e ajudar a ultrapassar conflitos associados à nova condição dos adolescentes, incentivava a persistência nos estudos até à obtenção de um diploma. Tendo sido implementado, progressivamente, em seis escolas secundárias, durante um período de três anos, aquele projecto, se bem que admita certos reparos metodológicos na validação dos seus resultados, comprova os efeitos positivos da intervenção ao nível dos índices de desistência escolar, o que sugere o interesse prático de modalidades diferenciadas de prevenção.

Em suma, os programas referenciados ilustram bem os pressupostos mais importantes e as orientações estratégicas mais comuns no domínio da prevenção do abandono escolar.

5. Síntese final

O fenómeno do abandono escolar, sendo percepcionado, na sua dimensão social, como uma forma de comportamento desviante que fragiliza a própria competitividade económica das sociedades, tem suscitado uma crescente preocupação por parte das autoridades políticas e mobilizado o interesse dos investigadores. Neste sentido, encontra-se hoje disponível uma vasta bibliografia referente a esta temática em que se acumulam dados empíricos e teorias explicativas que procuram fazer um enquadramento conceptual do fenómeno e dos seus factores etiológicos (Esterle-Hedibel, 2006). A hipótese deficitária, que associa o fracasso escolar e o posterior abandono a limitações e défices inerentes ao sujeito, manifestados precocemente, tem uma vasta representação na literatura psicológica.

Sob distintos aspectos, os alunos que abandonam a escola diferenciam-se dos que prosseguem os estudos, pelo que só um seguimento especializado e de longa duração dos sujeitos em risco poderá inflectir a situação de desmotivação decorrente dos repetidos fracassos académicos (Brais, 1991). De forma concomitante a esta perspectiva psicologizante, a sociologia da educação tem reiteradamente chamado a atenção para a importância do contexto cultural e societal que rodeia os alunos desistentes, maioritariamente oriundos de meios sócio--económicos desfavorecidos ou de minorias étnicas e culturais. Dir-se--ia, então, que a herança cultural que estes alunos trazem os torna inaptos para as exigências académicas, impedindo-os de incorporar a normatividade valorativa e social da escola padrão.

Em continuidade com esta indagação de natureza mais sociologizante, certas pesquisas pedagógicas tentaram elucidar o processo de abandono a partir da análise dos próprios parâmetros organizacionais da escola susceptíveis de induzir no aluno um certo tipo de vivências, que o fazem sentir ou alienado ou integrado na instituição. Numa perspectiva que procura conjugar a análise macroscópica da sociologia com análises microscópicas do meio escolar, a descrição etnográfica tenta compreender o processo de abandono a partir do ponto de vista do próprio actor, polarizando a sua atenção no discurso e representações dos desistentes. A ambivalência denotada nestas representações, que oscilam frequentemente entre o conformismo do discurso e a rebelião das atitudes, permite discernir o sentimento de rejeição dos desistentes face a uma escola "rejeitante", inapta para promover a sua integração e sucesso.

Reconhecendo a importância da dimensão organizacional da escola, a abordagem pedagógica suscita fortes indagações relativamente à democraticidade do sistema escolar, sem deixar de apostar na reformulação das suas próprias estruturas. Com efeito, é investindo nesta mudança estrutural, de forma a que o sistema escolar se possa adequar mais eficazmente aos distintos perfis dos alunos, que os planos de intervenção preventiva geral podem ganhar consistência. Ao nível da intervenção preventiva selectiva, a literatura especializada disponibiliza exemplos de múltiplos programas, se bem que a grande maioria careça de uma avaliação metodologicamente rigorosa e capaz de validar com fidedignidade a sua eficácia junto dos alunos em risco de abandono.

Referências bibliográficas

Astolfi, J.-P. (1994). Le défi des apprentissages scolaires. *Revue de Psychologie de la Motivation,* 18, 2ème Semestre, 81-85.

Astone, N. M. & McLanahan, S. (1991). Family structure, parental pratices and high school completion. *American Sociological Review,* 56, 309-320.

Bachman, J., Green, S. & Wirtanen, T. D. (1971). *Dropping out: Problem or sympton?* Ann Arbor: Institute for Social Research, University of Michigan.

Bachman, J., Safon, D. J., Rogala Sy, S. & Schulenberg, J. E. (2003). Wishing to work: New perpectives on how adolescents' part-time work intensity is linked to educational disengagement, substance use, and other problem behaviours. *International Journal of Behavioral Development,* 27 (4), 301-315.

Baker, J. A., Derrer, R. D., Davis, S. M., Dinklage-Travis, H. E., Linder, D. S. & Nicholson, M. D. (2001). The flip side of the coin: Understanding the school's contribution to dropout and completion. *School Psychology Quarterly,* 16, 406-426.

Battin-Pearson, S. R., Newcomb, M. D., Abbott, R. D., Hill, K. G., Catalano, R. F. & Hawkins, J. D. (2000). Predictors of early high school dropout. A test of five theories. *Journal of Educational Psychology,* 92, 568-582.

Beauchesne, L. (1991). *Les abandons au sécondaire: Profil sociodémographique.* Québec: Ministère de l'Éducation du Québec.

Bennacer, H. (2000). How the socioecological characteristics of the classroom affect academic achievement. *European Journal of Psychology of Education,* 15, 173-189.

Berens, A. (1989). Dropping out: are elementary schools part of the problem or part of the solution? In C. Beauchemin (Dir.), *Faites qu'ils ne décrochent pas! Give them a reason to stay!* Toronto: Conseil Ontarien de Recherches Pédagogiques.

Berndt, T. J., Laychak, A. E. & Park, K. (1990). Friend's influence on adolescent's academic achievement motivation: An experimental study. *Journal of Educational Psychology,* 82, 664-670.

Bhaerman, R. & Kopp, K. A. (1988). *The school's choice: Guidelines for dropout prevention at the middle and junior high school.* Columbus, Ohio: National Center for Research in Vocational Education.

Bouchard, P. & St-Amant, J.-C. (1996). *Garçons et filles: Stéréotypes et réussite scolaire.* Montréal: Les Éditions du Remueménage.

Brais, Y. (1991). *Retard scolaire au primaire et risque d'abandon scolaire au secondaire.* Québec: Ministère de l'Éducation, Direction de la Recherche.

Brossard, L. (1989). Quand le cœur a ses raisons... In C. Beauchemin (Dir.), *Faites qu'ils ne décrochent pas! Give them a reason to stay!* Toronto: Conseil Ontarien de Recherches Pédagogiques.

Brossard, L. (1992). Les garçons ont-ils des chances égales de réussir à l'école? *Vie Pédagogique,* 80, 20-22.

Bryk, A. S. & Thum, Y. (1989). The effects of school organization on dropping out: An exploratory investigation. *American Educational Research Journal,* 26 (3), 353-383.

Buchholz, S. & Roth, T. (1987). *Creating the High Performance Team.* New York: J. Wiley.

Byrnes, D. & Yamamoto, J. (1986). Academic retention: An inside look. *Education,* 106, 208-214.

Cairns, R., Cairns, B. & Neckerman, H. J. (1989). Early school dropout: Configurations and determinants. *Child Development,* 60, 1437-1452.

Caliste, E. R. (1984). The effect of a twelve-week dropout intervention program. *Adolescence,* 19, 649-657.

Campbell, A. (2003). As strong as the weakest link: Urban high school dropout. *The High School Journal,* 87, 2, 16-24.

Caplan, G. (1964) *Principles of preventive psychiatry.* New York: Basic Books.

Cawelti, G. (1994). *High school restructuring. A national study.* Arlington, Virginia: Educational Research Service.

Chavez, E. L., Edwards, R. & Oetting, E. R. (1989). Mexican american and white american school dropout's use, health status, and involvement in violence. *Public Health Reports,* 104 (6), 594-604.

Christenson, S. L., Sinclair, M. F., Lehr, C. A. & Godber, Y. (2001). Promoting successful school completion: Critical conceptual and methodological guidelines. *School Psychology Quarterly,* 16, 468-484.

Cuellar, A. & Cuellar, M.-F. (1990). *From dropout to high achiever: An understanding of academic excelence through an analysis of dropouts and student-at-risk.* San Francisco: San Diego State University.

Delatte, J. G., Orgeron, K. & Preis, J. (1985). Project SCAN: Counselling teenage parents in a school setting. *Journal of School Health,* 55 (1), 24-26.

Dillon, C., Liem, J. H. & Gore, S. (2003). Navigating disrupted transitions: Getting back on track after dropping out of high school. *American Journal of Orthopsychiatry,* 73 (4), 429-440.

Doll, B. & Hess, R. S. (2001). Through a new lens: Contemporary psychological perspectives on school completion and dropping out of high school. *School Psychology Quarterly, 17,* 433-448.

Dohn, H. (1991). Drop out in the danish high school. An investigation of psychological, sociological and pedagogical factors. *International Review of Education, 37* (4), 415-428.

Dorn, S. (1996). *Creating the drop out: An institucional and social history of school failure.* Westport, C N: Praeger.

Drapela, L. A. (2005). Does dropping out of high school cause deviant behavior? An analysis of the national education longitudinal study. *Deviant Behavior,* 26, 47-62.

Dubet, F. & Duru-Bellat, M. (2000). *L'hypocrisie scolaire, pour un collège enfin démocratique*. Paris: Seuil.

Dunn, C., Chambers, D. & Rabren, K. (2004). Variables affecting students' decisions to drop out school. *Remedial Special Education*, 24 (5), 314-323.

Dryfoos, J. (1990). *Adolescent at risk. Prevalence and prevention*. New York: Oxford University Press.

Dryfoos, J. (1997). Adolescent at risk: Shaping programs to fit the need. *Journal of Negro Education*, 65 (1), 5-18.

Dugger, J. & Dugger, C. (1988). An evaluation of a successful alternative high school. *High School Journal*, 81, 218-28.

Ekstrom, R. B., Goertz, M., Pollack, J. & Rock, D. (1986). Who drops out of high school and why? Findings of a national study. *Teachers College Record*, 87, 356-373.

Elliott, D. S. & Voss, H. (1974). *Delinquency and drop out*. Lexington: Heath-Lexington.

Ensminger, M. E. & Slusarcick, A. (1992). Paths to high school graduation or dropout: A longitudinal study of a first-grade cohort. *Sociology of Education*, 65, 95-113.

Entwisle, D. R. (1990). Schools and the adolescent. In S. Feldman & G. R. Elliott (Eds.), *At the threshold. The developing adolescent* (pp. 197-224). Cambridge: Harvard University Press.

Esterle-Hedibel, M. (2006). Absentéisme, déscolarisation, décrochage scolaire, les apports des recherches récentes. *Déviance et Société*, 30, 1, 41-65.

Fagan, J. & Pabon, E. (1990). Contributions of delinquency and substance use to school dropout among inner-city youth. *Youth & Society*, 21 (3), 306-54.

Farrell, E. (1990). *Hanging in and dropping out. Voices of at-risk High school students*. New York: Teachers College Press.

Farrington, D. (1995). Later life outcome of truants in the Cambridge study. In I. Berg & J. Nursten (Eds.), *Unwillingly to school* (pp. 96-118). London: Gaskell.

Felner, R. & Adan, A. (1988). The school transitional environmental project: An ecological intervention and evaluation. In R. Price *et al.* (Eds.), *Fourteen onces of prevention. A case book for practitionners*. Washington: APA.

Felner, R. D., Ginter, M. & Primavera, J. (1982). Primary prevention during school transitions. Social support and environmental structure. *American Journal of Community Psychology,* 10, 277-90.

Fine, M. (1986). Why urban adolescents drop in and out of public high school. *Teachers College Record,* 87, 89-105.

Fine, M. (1988). *De-institutionalizing educational inequality. School success for students at-risk.* Orlando: Harcourt Brace Jovanovich.

Fine, M. (1991). *Framing dropouts. Notes on the politics of an urban public high school.* Albany, New York: State University of New York Press.

Fonseca, A. C., Rebelo, J. A., Simões, A. & Ferreira, J. A. (1995). A prevenção da delinquência juvenil: intervenções baseadas na escola. *Revista Portuguesa de Pedagogia,* XXXII, 2, 129-164.

Fonseca, A. C., Taborda Simões, M. C. & Formosinho Sanches, M. D. (2000). Retenção escolar precoce e comportamentos anti-sociais. *Revista Portuguesa de Pedagogia,* XXIX, 3, 135-164.

Forget, G., Bilodeau, A. & Thétrault, J. (1992). Facteurs reliés à la sexualité et à la contraception chez les jeunes et décrochage scolaire, un lien insolite mais réel. *Apprentissage et Socialisation, 15* (1), 29-38.

Fortin, L., Royer, E., Potvin, P., Marcotte, D. & Yergeau, É. (2004). La prédiction du risque de décrochage scolaire au secondaire: facteurs personnels, familiaux et scolaires. *Revue Canadienne des Sciences du Comportement,* 36, 3, 219-231.

Fullan, M. (1991). *The meaning of educational change.* London: Cassel.

Garnier, H. E., Stein, J. A. & Jacobs, J. K. (1997). The process of dropping out of high school. A 19-year perspective. *American Educational Research Journal,* 34, 395-419.

Glickman, C. (1991). Feindre d'ignorer ce que nous savons. *Vie Pédagogique,* 80, 4-8.

Grayson, T. E. (1998). Dropout and special services. In F. R. Rusch & J. G. Chadsey (Eds.), *Beyond high school: Transition from school to work.* (pp. 77-98). Belmont, C.A.: Wadsworth.

Horwich, H. (1980). *Drop-out or stay-in? The sociocultural factors affecting the option.* Québec: Faculté des Sciences de l'Éducation, Université de Laval et Département de Sociologie, Université de Montréal.

Hrimech, M., Théoret, M., Hardy, J.-H. & Gariepy, W. (1993). *Étude sur l'abandon scolaire des jeunes décrocheurs du secondaire sur l'île de Montréal.* Montréal: Fondation du Conseil de l'Île de Montréal.

Irmsher, K. (1996). *Block Scheduling*. ERIC Digest, Number 104. Washington DC: Office of Educational Research and Improvement (ED).

Janosz, M. & LeBlanc, M. (1996). Pour une vision intégrative des facteurs reliés à l'abandon scolaire. *Revue Canadienne de Psychoéducation*, 25 (1), 61-88.

Janosz, M. & LeBlanc, M. (1997). Les décrocheurs potentiels au secondaire: Prévalence, facteurs de risque et dépistage. *Prisme*, 7 (2), 12-27.

Janosz, M. & Ross, V. (1997). *L'éfficacité des programmes de prévention secondaire du décrochage scolaire: Revue critique et pistes de développement*. École de Psychoéducation: Université de Montréal.

Janosz, M., Fallu, J.-S. & Deniger, M. (2000). La prévention du décrochage scolaire: Facteurs de risque et efficacité des programmes d'intervention. In F. Vitaro & C. Gagnon (Eds.), *Prévention des problèmes d'adaptation chez les jeunes*. Sainte-Foi: Presses de l'Université du Québec.

Janosz, M., Georges, P. & Parent, S. (1998). L'environnement socio-éducatif à l'école secondaire: Un modèle théorique pour guider l'évaluation du milieu. *Revue Canadienne de Psychoéducation*, 27 (2), 285-306.

Janosz, M., LeBlanc, M., Boulerice, B. & Tremblay, R. E. (1997). Disentangling the Weight of School Dropout Predictors: A test on two longitudinal samples. *Journal of Youth and Adolescence*, 26 (6), 733-759.

Janosz, M., LeBlanc, M., Boulerice, B. & Tremblay, R. E. (2000). Predicting different types of school dropouts: A typological approach on two longitudinal samples. *Journal of Educational Psychology*, 92 (1), 171-190.

Jarjoura, G. R. (1993). Does dropping out of school enhance delinquency involvement? Results from a large-scale national probability sample. *Criminology*, 31 (2), 149-171.

Jessor, R., Donovan, J. E. & Costa, F. M. (1991). *Beyond adolescence. Problem behavior and young adult development*. New York: Cambridge University Press.

Jimerson, S. R., Ferguson, P., Whipple, A. D., Anderson, G. E. & Dalton, M. J. (2002). Exploring the association between grade retention and dropout: A longitudinal study examining socio-emotional, behavioral, and achievment characteristics of retained students. *The California School Psychologist*, 7, 51-62.

Kaplan, D., Peck, B. M. & Kaplan, H. (1997). Decomposing the academic failure-dropout relationship: A longitudinal analisys. *Journal of Educational Research,* 90 (6), 331-343.

Kaplan, H. B. & Liu, X. (1994). A longitudinal analisys of mediating variables in the drug use – dropping out relationship. *Criminology,* 32, 415-39.

Kasen, S., Cohen, P. & Brook, J. S. (1998). Adolescent school experiences and dropout, adolescent pregnancy, and young adult deviant behavior. *Journal of Adolescent Research,* 13 (1), 49-72.

Kelly, D. (1977) How the school and teachers create deviants. *Contemporary Education,* 48 (4), 202-205.

King, A. J. C., Warren, W. K., Michalski, C. & Peart, M. J. (1989). *Améliorer la persévérance scolaire dans les écoles secondaires de l'Ontario.* Toronto: Ministère de l'Éducation de l'Ontario.

Kupersmidt, J. B. & Coie, J. D. (1990). Preadolescent peer status, aggression, and school adjustment as predictors of externalizing problems in adolescence. *Child Development,* 61, 1350-1362.

Ladd, G. W. (1990). Having friends, keeping friends, making friends, and being liked by peers in the classroom: Predictors of children's early school adjustement? *Child Development,* 61, 1081-1100.

Langevin, L. (1996). *Pour une intégration réussie aux études post-secondaires.* Montréal: Les Éditions Logiques.

Langevin, L. (1999). *L'abandon scolaire: on ne naît pas décrocheur.* Montréal: Les Éditions Logiques.

LeBlanc, M. Janosz, M. & Langelier-Biron, L. (1993). L'abandon scolaire: Antécédents sociaux et personnels et prévention spécifique. *Apprentissage et Socialisation,* 16 (1-2), 43-64.

Levine, D. & Lezotte, L. (1990). *Unusually effective schools. A review of research and pratice. School crime and juvenile justice.* New York: Oxford University Press.

Marchand, F. (1989). *Risquer l'éducation. Vive l'échec scolaire provisoire.* Marseille: Hommes et Perspectives.

McGee, L. & Newcomb, M. D. (1992). General deviance syndrome: Expanded hierarchical evaluations at four ages from early adolescence to adulthood. *Journal of Consulting and Clinical Psychology,* 60, 766-776.

McMillen, M. & Kaufman, P. (1994). *Dropout rates in the United States: 1994.* National Center for Education Statistics. Washington D.C.

McNeal, R. (1997). High school dropouts: A closer examination of school effects. *Social Science Quarterly,* 78 (1), 209-22.

Ministère de l'Éducation du Québec (2002). *Indicateurs de l'Éducation.* Bureau de la direction des statistiques et des études quantitatives. Québec, QC: Gouvernement du Québec.

Ministério da Educação (1995). *Caracterização regional dos factores de abandono e insucesso escolar nos 2.º e 3.º ciclos do ensino básico. Estudo de Actualização: ano lectivo 1992/1993.* Lisboa: M. E.

Morrow, G. (1986). Standardizing practices in the analysis of school dropouts. In G. Natriello (Ed.), *School dropouts, patterns and policies* (pp. 38-51). New York: Teachers College Press.

Mortimore, P. (1995). The positive effects of schooling. In M. Rutter, *Psychosocial disturbances in young people. Challenge for prevention* (pp. 333-363). Cambridge: Cambridge University Press.

Newcomb, M., Abbott, R., Catalano, R. F., Hawkins, J. Battin-Pearson, S. & Hill, K. (2002). Mediational and deviance theories of late high school failure: Process roles of structural strains, academic competence, and general *versus* specific problem behaviors. *Journal of Counseling Psychology,* 49 (2), 172-186.

Parent, G. & Paquin, A. (1994). Enquête auprès de décrocheurs sur les raisons de leur abandon scolaire. *Revue des Sciences de l'Éducation*, 20 (4), 697-718.

Parker, J. G. & Asher, S. R. (1987). Peer relations and later personal adjustment: Are low-accepted children "at-risk"? *Psychological Bulletin,* 102, 357-389.

Perrenoud, P. (1988). Échec scolaire: recherche-action et sociologie de l'intervention dans un établissement. *Revue Suisse de Sociologie, 3*, 471-93.

Perrenoud, P. (1992). La triple fabrication de l'échec scolaire. In P. Pierrehumbert, M. De Robespierre & É. Claparède (Eds.), *L'échec à l'école: échec de l'école?* (pp. 85-102). Neuchâtel: Delachaux et Niestlé.

Perrenoud, P. (1996). Lorsque le sage montre la lune... l'imbécile voit le doigt. De la critique du redoublement à la lutte contre l'échec scolaire. *Éduquer et former. Théories et pratiques.* Bruxelles.

Potvin, P. & Paradis, L. (1996). *Facteurs de réussite dès le début du primaire.* Québec: Université du Québec à Trois-Rivières.

Prevatt, F. & Kelly, F. D. (2003). Dropping out of school: A review of intervention programs. *Journal of School Psychology,* 41, 377-395.

Pronovost, L. & LeBlanc, M. (1979). Le passage de l'école au travail et la délinquance. *Apprentissage et Socialisation,* 2 (2), 69-74.

Purkey, S. C. & Smith, M. S. (1983). Effective schools: A review. *Elementary School Journal,* 83, 427-452.

Reyes, O. & Jason, L. A. (1991). An evaluation of a high school dropout prevention program. *Journal of Community Psychology,* 19, 221-230.

Rumberger, R. W. (1983). Dropping out of high school: The influence of race, sex, and family background. *American Educational Research Journal,* 20 (2), 199-220.

Rumberger, R. W. (1987). High school dropouts: A review of issues and evidences. *Review of Educational Research,* 57 (2), 101-121.

Rumberger, R. W. (1995). Dropping out of middle school: A multilevel analysis of students and schools. *American Educational Research Journal,* 20 (2), 199-220.

Rumberger, R. W., Ghatak, R., Poulos, G. & Dornbusch, S. M. (1990). Family structure on dropout behavior in one California high school. *Sociology of Education,* 63, 283-299.

Rumberger, R. W. & Thomas, S. L. (2000). The distribution of dropout and turnover rates among urban and suburban high schools. *Sociology of Education,* 73, 39-67.

Rutter, M. (1983). School effects on pupil progress: Research findings and policy implications. *Child Development,* 54, 1-29.

Rutter, M., Maughan, B., Mortimore, P. Ouston, J. & Smith, A. (1979). *Fifteen thousand hours.* London: Opens Books.

Saint-Laurent, L., Giasson, J., Simard, C., Dionne, J. J. & Royer, É. (1995). *Programme d'intervention auprès des élèves à risque.* Boucherville: Gaëtan Morin.

Sinclair, M. F., Christenson, S. L., Evelo, D. L. & Hurley, C. M. (1998). Dropout prevention for youth with disabilities: Efficacy of a sustained school engagement procedure. *Exceptional Children,* 65, 7-22.

Smith, D. & Tomlinson, S. (1989). *The school effect.* London: Policy Students Institute.

Solomon, M. (1996). Impact of motivational climate on student's behaviors and perceptions in a physical education settings. *Review of Educational Psychology,* 88 (4), 731-38.

Solomon, R. & Liefeld, C. P. (1998). Effectiveness of a family support center approach to adolescent mothers: Repeat pregnancy and school dropout rates. *Family Relations,* 47, 139-144.

Steinberg, L., Blinde, L. & Chang, K. (1984). Dropping out among language minority youth. *Review of Educational Research,* 54, 113-132.

Steinberg, L., Dornbusch, S. & Brown, B. (1992). Ethnic differences in adolescent achievement: An ecological perspective. *American Psychologist,* 47, 723-29.

Steinberg, L., Elemin, J. D. & Mounts, N. S. (1989). Authoritative parenting, psychosocial maturity, and academic success among adolescents. *Child Development,* 60, 1424-1436.

Taborda Simões, M. C., Formosinho, M. D. & Fonseca, A. C. (2000). Efeitos do contexto escolar em crianças e adolescentes: Insucesso e comportamentos anti-sociais. *Revista Portuguesa de Pedagogia,* XXXIV, 1, 2 e 3, 405-436.

Temple, J. A., Reynolds, A. J. & Miedel, W. T. (2000). Can early intervention prevent high school dropout? Evidence from the Chicago child-parent centers. *Urban Education, 35* (1), 31-56.

Thornberry, T. P., Moore, M. & Christenson, R. L. (1985). The effect of dropping out of high school on subsequent criminal behavior. *Criminology,* 23, 3-18.

Tinto, V. (1975). Dropout from higher education: A theoretical synthesis of recent research. *Review of Educational Research,* 45, 89-125.

Tinto, V. (1993). *Leaving college: Rethinking the causes and cures of student attrition.* Chicago: University of Chicago Press.

Tremblay, R. E., LeMarquant, D. & Vitaro, F. (2000). A prevenção do comportamento anti-social. *Revista Portuguesa de Pedagogia,* XXXIV, 1, 2 e 3, 491-553.

Tucker, C. & Herman, K. (2002). Using culturally theories and research to meet the academic needs of low-income african american children. *American Psychologist,* 57 (10), 762-773.

Violette, M. (1991). *L'école... facile d'en sortir mais difficile d'y revenir: enquête auprès des décrocheurs et décrocheuses.* Québec: Ministère de l'Éducation du Québec.

Vitaro, F., Brendgen, M. & Tremblay, R. (1999). Prevention of school dropout through the reduction of disruptive behaviors and school failure in elementary school. *Journal of School Psychology,* 37 (2), 205-226.

Wehlage, G. G. (1991). School reform for at-risk students. *Equity and Excellence, 25* (1), 15-24.

Wehlage, G. G. & Rutter, R. A. (1986). Dropping out: How much do schools contribute to the problem? In G. Natriello (Ed.), *School dropouts, patterns and policies* (pp. 70-88). New York: Teachers College Press.

Wehlage, G. G., Rutter, R. A., Smith, G. A., Lesko, N. & Fernandez, R. R. (1989). *Reducing the risks: Schools as communities of support.* New York: The Falmer Press.

Weng, L., Newcomb, M. D. & Bentler, P. M. (1988). Factors influencing non-completion of high schools: A comparison of methodologies. *Educational Research Quarterly,* 12 (2), 8-22.

7

Aconselhamento psicológico no Ensino Superior

Anabela M. de Sousa Pereira

1. Estudante universitário: um jovem em desenvolvimento

O estudante universitário é um indivíduo que deixou a fase da adolescência e se encontra a caminho da adultez. É um jovem em transição enfrentando várias tarefas de desenvolvimento. A construção da sua identidade e personalidade, bem como o desenvolvimento das dimensões física, socio-cognitiva e afectiva, envolvem processos complexos e multifacetados (Sprinthall & Collins, 1999).

Ao chegar à universidade, o aluno é sujeito a vários processos de transição. Por um lado, o aluno tem de lidar com a transição ao novo meio, a uma nova terra, novos estilos de vida, obrigando-o a um processo de adaptação e integração, muitas vezes complicado, dificultado pela ausência de amigos e familiares, empurrando-o para a solidão (Cutrona, 1982; Tinto, 1986; Fisher & Hood, 1987; Ferraz & Pereira, 2002). Por outro lado, o processo de transição obriga-o a adaptar-se a uma vida académica diferente, onde será confrontado com novos professores e novos colegas, novas pedagogias, novos sistemas de avaliação, aumentando os níveis de ansiedade e de stresse em contexto académico (Burt, 1993; Ellis *et al.*, 1997; Pereira, 2003b). Além disso, o aluno universitário tem igualmente de lidar com a transição a nível do seu desenvolvimento pessoal (*self*) (Earwaker, 1992; Williams & Irving, 1996), pelo que deverá ser dada prioridade à promoção do auto-conceito e da auto-estima, bem como a um maior desenvolvimento das relações interpessoais. Por último, o estudante universitário terá também de lidar com novos estilos de vida, os quais são muitas vezes fomentados pela autonomia e independência que adquirem nesta fase, permitindo-lhes envolverem-se em actividades culturais, de lazer, sociais e físicas.

Este processo de transição, porque intenso, implica que o aluno lide com as situações adequadamente, permitindo que o seu desenvolvimento, enquanto indivíduo, se processe de uma forma equilibrada. Quando tal não acontece, surgem problemas a nível do seu desenvolvimento que, se não forem devidamente apoiados e orientados, poderão encaminhar-se para problemas de natureza psico-patológica. Neste sentido, é da maior importância, que as universidades implementem sistemas de apoio ao aluno que actuem em duas vertentes: a nível preventivo e a nível remediativo.

É sobretudo para a prevenção que se deverão direccionar mais as estratégias de intervenção. A identificação das necessidades do aluno, quer as relacionadas com o desenvolvimento pessoal, quer as de natureza académica, deverá ser o ponto de partida para qualquer tipo de intervenção de apoio psicopedagógico.

A taxonomia das necessidades do aluno, desenvolvida por Pereira (1997b, 1999), poderá servir como um guião adequado à intervenção a nível preventivo, onde são apresentados os diversos tipos de necessidades, pessoais e académicas, numa perspectiva de curto e longo prazo.

Obviamente que o aluno, além da maturidade psicológica, precisará das aptidões cognitivas (intelectuais e académicas) para lidar com os seus estudos, contudo, estas, só por si, não são suficientes para assegurar o sucesso na universidade. Ele precisa também de ter sucesso em lidar com outras coisas, tais como necessidades sociais e organizacionais. A universidade é, assim, um lugar de excelência, onde ambas as aprendizagens, académica e pessoal, são essenciais a serem desenvolvidas, tendo em vista a aquisição de formação básica para a vida e para a carreira. Conceitos semelhantes são expressos por Super (1980) no modelo do sucesso das carreiras. Para ele, a carreira é usada, não no sentido de emprego, mas como a estrutura onde a experiência da vida seja vista, numa perspectiva paralela. Daí que a satisfação da carreira esteja relacionada com o auto--conceito para a vida. A ideia de Super considera a pessoa como um todo, onde os vários aspectos da vida se juntem para a satisfação através da auto-realização e auto-conhecimento. Ambos os aspectos são essenciais. A maturidade pessoal e emocional tem sido argumentada como um pré-requisito para a aprendizagem e sucesso na vida académica, bem como a qualidade e clarividência do pensamento têm sido pré-requisitos para um sucesso das relações interpessoais. As relações entre aptidões escolares e resultados educacionais e de vida foram estudadas por McClelland (1973), que defendeu a ideia que a maturidade psicológica e a competência pessoal são melhores índices do sucesso na vida que o desempenho nos exames (Sprinthall & Collins, 1999). Conclusões semelhantes respeitantes ao desenvolvimento moral são fornecidas por Kohlberg (Kohlberg & Mayer, 1972).

2. Factores do (in)sucesso escolar

Os processos de aprendizagem e de sucesso académico dependem essencialmente de duas dimensões, do sucesso numa dimensão escolar e do sucesso na dimensão pessoal. Os estudos referentes à promoção do sucesso na universidade têm-se centralizado, essencialmente, em temáticas várias relacionadas com as estratégias e processos de aprendizagem, tal como se pode verificar nos trabalhos de investigação realizados por Tavares e colaboradores (Tavares *et al.*, 1998; Tavares & Pereira, 1999; Tavares *et al.*, 2002). Destes estudos salientam-se como vários factores de sucesso escolar os relacionados com as aprendizagens activas do estudante, como sejam a auto-regulação e estratégias e métodos de estudo. Além destes, interferem ainda os factores de natureza cognitiva, social, contextual, cultural e motivacional, entre outros. Os factores relacionados com os aspectos didáctico pedagógicos (por exemplo, métodos de ensino), bem como as estruturas logísticas de apoio, foram igualmente realçados.

Resultante dos projectos que têm vindo a ser desenvolvidos no ensino superior salienta-se a desmotivação do aluno como uma das causas do insucesso. Esta desmotivação não é um fenómeno isolado, antes, pode estar directamente ligada à desmotivação do professor, gerando-se, desta forma, um ciclo vicioso (Pereira, Silva & Jesus, 2000). Para a combater podem ser implementados gabinetes de apoio psicopedagógico e de saídas profissionais, fomentada uma maior participação dos alunos no seu processo de aprendizagem, oferecidos cursos de formação para o desenvolvimento de competências específicas e alterados os planos curriculares com maior número de cadeiras de opção. As medidas que têm sido postas em prática para eliminar os factores de desmotivação nos professores são: proporcionar melhores condições de trabalho, criar mais oportunidades de trabalho em equipa e proporcionar formação psicopedagógica aos docentes, coordenar os temas de investigação e de docência, por forma a que estes possam estar mais relacionados e diminuir os trabalhos de apoio ao secretariado (Pereira *et al.*, 2002).

Além da desmotivação, vários têm sido os principais problemas percepcionados pelos alunos, que serão apresentados por uma ordem decrescente: dificuldade de estudo; sintomas ansiosos, mal-estar físico, problemas relacionais (colega, namorado/a); sintomas depressivos, problemas relacionados com o auto-conceito, solidão, problemas económicos; dificuldades de alojamento; problemas com a praxe; problemas resultantes da dependência álcool e drogas; problemas de natureza sexual e de xenofobia (Pereira *et al.*, 1999; Ferraz & Pereira, 2002; Tavares *et al.*, 2002).

Outras investigações têm enfatizado mais as variáveis associadas ao desenvolvimento e bem-estar pessoal e estruturas de apoio psicopedagógico. A título de exemplo salientemos os trabalhos relativos ao stresse na vida académica (Pereira, 1991, 1997a; Pereira, Silva &

Jesus, 2000), às vivências académicas (Almeida & Ferreira, 1999) e às tarefas desenvolvimentais (Dias & Fontaine, 2001). No que concerne aos sistemas de apoio psicopedagógico, vários são os gabinetes e estruturas desenvolvidas, ora dependentes das reitorias ou dos serviços sociais, ou outras. Tem sido igualmente uma mais valia o apoio oferecido pelos próprios alunos aos seus grupos de pares, quer a nível de *peer counselling/support*, quer a nível de mentorado ou tutorado (Pereira, 1997b, 1998).

Enquanto psicólogos, julgamos pertinente que para haver sucesso, deverá ser considerada uma perspectiva holística do próprio bem-estar do aluno (*wellness*), qual perspectiva dinâmica, contínua e multi-dimensional. Corroborando Dolgener e Hensley (1998), enfatizaremos a importância de oito categorias principais promotoras do bem-estar do indivíduo e determinantes de um estilo de vida saudável: saúde mental e emocional; controlo do stresse; promoção da sexualidade saudável; boa condição física, adequada nutrição; controlo do consumo de substâncias aditivas (álcool, tabaco, café e drogas); sensibilidade para questões do meio ambiente e, por último, lidar eficazmente com segurança (por exemplo, segurança nas estradas). Esta perspectiva holística do bem-estar valoriza, assim, não só a mente, mas também o corpo, tal como é expresso na máxima *mens sana in corpore sano*, que já vem sendo defendida desde a Antiguidade Clássica, onde a educação do estudante preconizava o equilíbrio entre o corpo e a mente. Esse objectivo tem sido actualmente enfatizado pela Organização Mundial de Saúde (WHO, 1985), que alertou a sociedade para a necessidade de educar para a saúde, para o bem-estar global do indivíduo, desde o nascimento até à morte, realçando o desenvolvimento humano numa perspectiva coextensiva à duração de vida.

A título ilustrativo, os estudos comparativos, realizados por Pereira e colaboradores (1999, 2000), evidenciaram algumas práticas de estilos de vida saudáveis dos alunos universitários portugueses: são cuidadosos na alimentação e a nível da qualidade do sono, contudo, quando comparados alunos por anos e por género sexual, os dados indicaram que os do primeiro ano são os que praticam mais actividade física e os dos últimos anos, apesar de terem uma alimentação mais cuidada, usam e abusam mais das substâncias aditivas (café, tabaco) e são menos regrados nos ritmos de deitar e levantar (fazem mais noitadas). Outras conclusões relevantes destes estudos indicam que os rapazes, quando comparados com as raparigas, têm maiores índices de consumo de bebidas alcoólicas e faltam mais às aulas por causa de ressaca. Este dado poderá ser alarmante, uma vez que seria de esperar que quanto mais elevado fosse o nível educacional, mais informados e preparados deviam estar os estudantes a nível de terem um estilo de vida mais saudável. Quando comparados com alunos do ensino superior de Macau e americanos (Universidade de Iowa), os dados indicam que os alunos portugueses abusam mais do álcool do que os macaenses e americanos (Pereira & Silva, 2001), contudo, são mais cuidadosos na sua higiene alimentar. Desta forma, fará sentido a implementação de programas de educação para a saúde em contexto universitário numa perspectiva de currículo integrado e transversal, tal como é defendido por Ames e colaboradores (1995). Nesse caso, poderemos interrogarmo-nos se não estarão as instituições do ensino superior a menosprezar o desenvolvimento de programas de promoção do bem-estar do aluno universitário, quer a nível mental, quer a nível físico.

Não temos dúvidas de que o sucesso escolar depende também do estado de saúde (mental e física) do indivíduo, pelo que, programas de educação para a saúde e o contributo da psicologia no ensino superior deverão ser áreas de intervenção a considerar.

3. Contributos da psicologia no ensino superior

O destaque da intervenção psicológica no ensino superior tem-se centralizado em três áreas distintas, ainda que interligadas: formação, investigação e aconselhamento psicológico.

A formação compreende uma dupla função: por um lado, enquanto área disciplinar de ensino, por outro, área cujos conteúdos e conhecimentos permitem compreender e facilitar os processos de desenvolvimento do ser humano, para assim melhor intervir nos processos de ensino e aprendizagem.

A intervenção psicológica no ensino superior centra-se, também, a nível da investigação, sendo disso exemplo os vários projectos das Ciências da Educação, Sociais e da Saúde, onde a psicologia aparece como área interdisciplinar (Duarte, 2002). Alguns dos projectos e programas envolvem, na fase de diagnóstico e posteriormente de intervenção, abordagens temáticas complexas e variadas, tais como os problemas relacionados com a transição, estratégias e métodos de estudo, auto-regulação e apoio de natureza psicopedagógica. Estes projectos e programas têm-se desenvolvido em todas as Universidades do país e instituições do ensino superior. A título exemplificativo da natureza interdisciplinar e inter-institucional, salientamos os projectos de uma das universidades mais novas do país — a de Aveiro. A nível de diagnóstico, o Projecto "Factores de Sucesso/ Insucesso no 1.º ano dos cursos de licenciatura em ciências e engenharias no ensino superior", desenvolvido no início dos anos 90, apoiado pela Reitoria da Universidade de Aveiro e subsidiado pelo PRAXIS XXI, destinou-se a estudar as principais variáveis ou factores responsáveis pelos níveis de sucesso dos alunos no 1.º ano das licenciaturas em Ciências e Engenharia nos quatro pólos que integravam o projecto: o pólo de Aveiro, o pólo do Porto, o pólo do Minho e o pólo do Algarve. Dando continuidade a esse projecto e avançando para a fase de consolidação e intervenção, surge o Projecto "Estratégias de Promoção do Sucesso Académico", visando desenvolver fundamentalmente actividades de intervenção no âmbito do ensino superior em quatro níveis: alunos, professores, currículos e instituição (Tavares *et al.*, 1998, 2002).

Por último, mas não o menos importante, o aconselhamento psicológico, enquanto área destacada pela intervenção psicológica no ensino superior, compreende dois objectivos relevantes: intervir a nível preventivo e a nível remediativo. O aconselhamento psicológico no ensino superior implica lidar com questões desenvolvimentais, quer a nível do processo de desenvolvimento normal, quer a nível de problemáticas clínicas.

A título de exemplo, salientem-se alguns problemas experienciados por alunos universitários e que os levaram a procurar apoio psicológico e psicoterapêutico especializado. Nos relacionados com as questões do desenvolvimento, realçam os problemas ligados ao auto--conceito, auto-estima e relações interpessoais, no que se refere aos problemas mais de foro clínico e patológico, sobressaem a depressão, a ansiedade, desordens emocionais e desordens psicóticas (Ataíde & Pereira, 2003). Estes problemas, com repercussões graves no sucesso escolar, só são possíveis de superar com um acompanhamento psicológico eficaz.

Estes são, entre outros, apenas alguns problemas que evidenciam a necessidade de serem criados sistemas de apoio psicológico a nível do ensino superior.

4. Breve resenha histórica do aconselhamento psicológico no ensino superior

Os Serviços de Aconselhamento Psicológico tiveram início nos anos sessenta, no Reino Unido, tendo-se alargado a outros países. O papel relevante destes serviços levou em 1988, à constituição do Forum Européen d'Orientation Académique (FEDORA), agregando todos os países da União Europeia. Desenvolvem trabalhos em campos como o do desenvolvimento pessoal e bem-estar dos estudantes, apoio de estudantes em fase de transição do ensino secundário para o ensino superior, orientação de carreiras e inserção no mercado de trabalho.

No último levantamento dos serviços de apoio psicológico existentes na Europa, Watts e Van Esbroeck (1998) referem o modo de actuação destes serviços, centralizado em questões vocacionais, referindo ainda as áreas privilegiadas, das quais salienta as áreas educacional ou pessoal. A maior parte do trabalho desenvolvido nestes serviços é ao nível do aconselhamento individual, variando a duração de uma ou várias sessões, terapias breves ou psicoterapias mais longas (dois anos). A nível de grupo, saliente-se as psicoterapias em grupo, os programas de prevenção, gerir o stresse, gestão do tempo, desenvolvimento da assertividade e técnicas e metodologias de estudo.

Existem muitas tradições institucionais e organizadas de aconselhamento a estudantes, ou de temáticas afins, nos países da Europa (Klaus, 1995). Assim, embora com objectivos semelhantes, há diferenças significativas nos serviços de aconselhamento de país para país, pelo que não é fácil encontrar algo que se pudesse designar de modelo "europeu" para os serviços de apoio a estudantes no ensino superior.

De facto, as tradições de aconselhamento são bastante diferentes, por exemplo, entre os países do norte e do sul da Europa. É em países onde os estudantes têm de sair de casa para estudar, como em França e em Inglaterra, e onde o apoio social familiar é mais inacessível, que se desenvolveram mais cedo as tradições de aconselhamento. Assim, o aconselhamento a alunos universitários é mais frequente em países anglo-saxónicos, em França, Holanda, Alemanha, Dinamarca, Irlanda, Finlândia, Suécia e Bélgica. Existem também alguns desenvolvimentos em países como a Grécia, a Espanha e a Itália, que têm revelado particular dinamismo nos últimos anos, de modo a proporcionar num maior número de instituições, os serviços de apoio aos estudantes. A mobilidade internacional dos estudantes, por exemplo, a nível dos programas de ERASMUS, trazendo problemas inerentes a essa situação, veio reforçar o alargamento destes serviços.

Os países do norte da Europa apresentam, assim, características distintas e maior ambivalência de serviços ao dispor dos estudantes universitários. No Reino Unido, como pioneiro destas ideias, o estudante universitário pode encontrar serviços de aconselhamento psicológico, aconselhamento de carreira, serviço de acomodação/residência, apoio religioso prestado por organizações religiosas com sede no "campus" ou por outros grupos, serviços de saúde e serviços de aconselhamento pedagógico/educativo. A aceitação destes serviços pelos estudantes levou à criação de uma associação que congrega os esforços individuais de cada um destes centros e promove o contacto entre serviços análogos em outros países da Europa — a *Association for Student Counselling* (ASC). França, por sua vez, possui uma estrutura alargada de serviços de apoio que cobre o percurso do estudante desde a integração até à inserção no mercado de trabalho. Áustria e Bélgica são dos países que têm legislação específica relativa aos Centros de Aconselhamento Psicológico (Bélgica ao nível do financiamento), onde os estudantes recebem apoio através de sessões de orientação, consultas de aconselhamento psicológico e psicoterapia, bem como através de medidas de apoio (formação pessoal). São ainda facultados serviços relacionados com a planificação de carreira e inserção no mercado de trabalho. Na Bélgica o tipo de serviço mais prestado é de orientação educacional. Suécia, Finlândia e Dinamarca têm, também, os serviços de apoio e aconselhamento aos alunos enquadrados em legislação específica (Suécia), com abrangência de todos os estudantes e elevado grau de profissionalismo (Finlândia) e integrados numa política global que pretende facultar uma série de apoios promotores do desenvolvimento pessoal e sucesso académico dos estudantes do ensino superior (Dinamarca). Na Holanda presta-se muita atenção ao bem-estar do estudante, sendo os serviços de apoio psicológico (aconselhamento e psicoterapia) generalizados a todas as universidades e implementados em quatro momentos específicos: na transição do ensino secundário para o ensino superior, no momento de decisão após o período propedêutico, em momentos especiais de escolha ao longo do curso e na transição para o mundo do trabalho. A Irlanda, por sua vez, possui serviços de aconselhamento psicológico, de orientação de carreira e orientação educacional em todas as instituições do ensino superior.

No sul da Europa, países como Grécia, Itália e Espanha ainda se encontram numa fase inicial de introdução e expansão destes serviços nas instituições universitárias. Na Grécia já existe legislação que surgiu do esforço para melhorar e expandir os serviços de orientação e aconselhamento no ensino superior que se centram, acima de tudo, no aconselhamento vocacional e de carreira. Em Itália, a reforma do sistema universitário de 1980 consignou como dever a introdução do aconselhamento a estudantes como um serviço específico da universidade. Porém, muito ainda há a fazer, sendo os principais serviços ofeecidos a orientação educacional e vocacional. Em Espanha, os serviços existentes centram-se, principalmente, no aluno do primeiro ano e finalista, nomeadamente ao nível da procura do primeiro emprego.

Também os Estados Unidos são marcados pela diversidade dos sistemas de apoio psicológico existentes nas universidades. Contudo, é neste país que o desenvolvimento deste tipo de serviços é mais acentuado. É dado particular relevo ao apoio aos alunos do primeiro ano, tornando-se internacionalmente conhecido o centro de South Caroline especializado em apoios através de seminários, cursos e conferências sobejamente conhecidos – *University 101*. O *National Resource Center for the First-Year Experience & Students in Transition* foi fundado em 1987 para apoiar alunos de transição (1.º ano). Em 1995, este centro expandiu o seu foco de actuação, incluindo todos os alunos que experienciam transições: os do primeiro ano e os do último ano (Fidler, 1998).

Dada a diversidade dos sistemas de apoio psicológico das universidades americanas, destacaremos apenas dois exemplos particularmente interessantes de serviços de aconselhamento em instituições do Ensino Superior Americanas, uma no Estado do Massachussets e outra na Califórnia. O *Massachussets Institute of Technology* tem ao dispor dos seus alunos serviços de aconselhamento pessoal e académico, a nível de desenvolvimento e a nível patológico, bem como apoio especial a grupos minoritários. O apoio também é muito forte às causas subjacentes ao insucesso escolar, como sejam a concessão de dispensa de exames a alunos com "esgotamentos". Na *Stanford University* (Califórnia), os serviços de aconselhamento e psicologia proporcionam apoio a estudantes que experienciem problemas pessoais ou situações difíceis. Além disso, têm programas psico-educacionais sobre áreas de desenvolvimento de saúde mental, oferecendo local de estágio a profissionais da saúde (RESAPES, 2002).

Também na Austrália os alunos do primeiro ano têm recebido apoios especiais, sendo estes mais centralizados nos apoios às estratégias de aprendizagem e motivações para o estudo (Biggs, 1999).

5. Aconselhamento psicológico no ensino superior em Portugal

À semelhança do que aconteceu em outros países, também em Portugal os serviços de aconselhamento psicológico inserem-se na instituição académica, variando, quer na estrutura, quer no funcionamento. São várias as necessidades apontadas por estes serviços ao longo de vinte anos. Contudo, são ainda reduzidas as universidades que dispõem de serviços para o aconselhamento psicológico dos seus alunos, apesar dos apelos constantes de alguns investigadores (McIntyre, 1996; Pereira, 1997b; Pereira *et al.*, 2003c). Nas universidades e nos institutos politécnicos, em Portugal, o apoio é oferecido pelos chamados gabinetes de aconselhamento psicológico e/ou psicopedagógico, muitas vezes inserido nos serviços de acção social dessas instituições. De uma forma sintética, diremos que, em Portugal, as principais funções dos serviços de aconselhamento têm sido centralizadas em promover o desenvolvimento pessoal, prevenir comportamentos de risco e intervir a nível das problemáticas clínicas. A intervenção, quer preventiva, quer remediativa, é focalizada para um nível individual e, também, ao nível da comunidade, envolvendo órgãos directivos e docentes. Os serviços de aconselhamento têm, assim, uma função fundamental no desenvolvimento pessoal e académico dos alunos.

Os problemas abordados nestes serviços são multifacetados e complexos, desde os mais pessoais e desenvolvimentais, tais como relacionados com o *self*, saúde e bem-estar, passando pelos problemas de natureza académica, tais como stresse e ansiedade em contexto académico, competências de estudo e estratégias de gestão do tempo, relações interpessoais, inserção no mercado de trabalho até às de foro psicopatológico.

De acordo com a panóplia de problemas identificados nos alunos do ensino superior, bem como o tipo de instituição e estrutura de apoio, assim são diversificadas as diferentes abordagens de aconselhamento psicológico. Neste sentido, poderão ser considerados três principais tipos de abordagem:

– Intervenção a nível de terapias dinâmicas, comportamentais e cognitivo-comportamentais;
– Intervenção a nível de treinos de competências sociais;
– Intervenção a nível de construção de redes sociais de apoio e de suporte social.

Em síntese, diríamos que, normalmente, os serviços existentes tocam as áreas acima referidas. Contudo, os modelos e técnicas de intervenção, bem como a orgânica são variados, dependendo da instituição, da formação dos técnicos e das dinâmicas pessoais. Neste sentido, e atendendo à necessidade de colaboração, de apoio múltiplo, bem como optimização de recursos, surgiu, no âmbito de alguns encontros e seminários organizados pelos profissionais do aconselhamento a estudantes do ensino superior em Portugal, a ideia de se organizar uma rede que congregasse todos esses serviços, tendo-se estruturado a operacionalização dessa rede no ano de 2000, à qual se deu o nome RESAPES — Rede dos Serviços de Aconselhamento Psicológico do Ensino Superior. Esta rede tem como objectivos a troca de experiências, o apoio mútuo, a cooperação na formação e a cooperação científica. Além disso, tem como finalidade actuar em conjunto, quer na definição das formas, financiamento e de quadros profissionais quer na construção de uma identidade e código deontológico comum. Actualmente, as principais linhas de força da RESAPES situam-se na promoção dos serviços de aconselhamento no ensino superior, sensibilizando para esse facto o Ministério da Ciência e do Ensino Superior, o Conselho de Reitores das Universidades Portuguesas, o Conselho Coordenador dos Institutos Politécnicos e as associações académicas e de estudantes, entre outros (RESAPES, 2002).

Os serviços de apoio psicológico em Portugal são ainda limitados, confrontando-se com dificuldades, não só de apoio económico e institucional, como de recursos humanos, sendo ainda condicionados pela ausência de regulamentação própria que permita o enquadramento formal dos serviços de apoio aos estudantes no ensino superior. As linhas orientadoras dos serviços psicológicos de apoio aos alunos, inserem-se na resolução da Assembleia da República n.º 71/2000 de 7 de Novembro, que aborda a necessidade de se intervir a nível dos factores e comportamentos de risco da adolescência e juventude, bem como a preparação de um livro verde para definir as necessidades de diagnóstico, a implementação de estruturas de apoio, tais como criação de gabinetes de apoio aos alunos nas universidades e ligados a centros de psicologia.

Por outro lado, o Ministério da Educação, preocupado com os índices elevados de insucesso escolar trazidos a público como resultado das avaliações das Universidades, emitiu o Despacho n.º 6659/99 de 5/4/99, no qual é solicitado às instituições do ensino superior "que promovam a identificação de todas as situações passíveis de ser consideradas como insucesso escolar persistente", alertando as próprias universidades para a criação de sistemas de apoio aos alunos com problemas no sentido de lutar contra o insucesso escolar.

6. Modelo de aconselhamento psicológico no GAP-SASUC

As avaliações dos estabelecimentos do Ensino Superior constituíram um factor precipitante para a identificação dos problemas ali existentes. O insucesso escolar tornou-se motivo de preocupação para os dirigentes educativos, levando, por um lado, a uma necessidade de realizar estudos que expliquem o insucesso nas universidades, e por outro, a criar estruturas de apoio psicopedagógico para intervir junto dos alunos com insucesso escolar e, consequentemente, junto dos alunos com problemas.

Atentos a esta realidade e empenhados na promoção do sucesso escolar na universidade, foi criado em 1999, um Gabinete de Aconselhamento Psicopedagógico pelos Serviços de Acção Social da

Universidade de Coimbra — GAP-SASUC —, com quatro áreas de intervenção: consultas de psicologia, investigação, apoio de alunos por alunos e serviço social (Pereira, 2003a, b).

O modelo de intervenção do GAP-SASUC foi desenvolvido tendo por base a perspectiva holística do bem-estar pessoal (Dolgener & Hensley, 1998), a perspectiva integracionista e ecléctica do aconselhamento psicológico (Egan, 1994) e tendo em consideração três tipos de abordagem: intervenção a nível da teoria predominantemente cognitivo-comportamental (Clark & Fairburn, 1997), intervenção a nível do treino de competências sociais e intervenção a nível da construção de um suporte social, onde se salienta o sistema de apoio dos pares, *Peer Counselling/support* (Pereira, 1997b; Cowie & Wallace, 2000).

Especifiquemos, então, as quatro valências que operacionalizam as áreas de intervenção do Gabinete de Apoio Psicopedagógico dos SASUC.

As *consultas de psicologia,* a funcionar nos Serviços Médico-Universitários, assentam nos seguintes objectivos: identificar os problemas dos alunos, promover o desenvolvimento pessoal, intervir a nível das fases críticas da vida e modificar comportamentos inadequados. O modelo terapêutico utilizado é essencialmente cognitivo-comportamental, assentando nos seguintes métodos e técnicas: métodos de estudo, treino de aptidões sociais, treino de inoculação ao stresse; técnicas de relaxamento e terapia racional emotiva (Ellis *et al.*, 1997; Beck & Emery, 1985; Turk *et al.*, 2002). No ano lectivo 2002/2003, o GAP-SASUC alargou a sua acção de aconselhamento psicológico à supervisão de Estágios em psicologia do desenvolvimento do jovem com a inclusão de experiências de estágio a alunos do Núcleo do Desenvolvimento Psicológico da Criança e do Adolescente, da Faculdade de Psicologia e Ciências da Educação da Universidade de Coimbra, experiência esta que, para além de mais exigente, porque necessária a supervisão do estágio dos alunos, tornou-se ainda mais gratificante a acção do psicólogo nestes contextos.

Atendendo a que a maior parte dos motivos que levam os alunos à procura do apoio psicológico se relaciona com o fraco rendimento escolar, foram igualmente criadas três estruturas complementares de apoio.

1) Programa de Métodos de Estudo "Saber estudar" — implementado no ano 2001/2002, funciona semanalmente e em grupo, com sessões de natureza prática, envolvendo a realização de vários exercícios e com fichas de trabalho por sessão. Os objectivos deste programa são, essencialmente, os seguintes: promover o sucesso escolar; motivar os alunos para melhorarem o seu desempenho académico; prevenir problemas de saúde mental relacionados com a vida escolar, criar um espaço específico para tratar temas relacionados com o estudo; permitir trocas de experiências entre os alunos e dar a conhecer novas técnicas de organização e métodos de estudo. O programa encontra-se dividido em quatro módulos: organização da agenda pessoal; como estudar; compreender e memorizar e avaliação dos conhecimentos.
2) Oficina de estudo — foi introduzida no ano 2002/2003 para dar continuidade no apoio aos alunos que frequentaram o Programa de Métodos de Estudo "Saber estudar" e que manifestam dificuldades pontuais, tendo essencialmente como objectivos: desenvolver as competências adquiridas através de exercícios de treino de competências de estudo, bem como capacitar os alunos para identificarem as suas dificuldades específicas e orientarem os aspectos específicos da gestão do seu ano escolar.
3) Programa de Apoio à Integração dos Alunos PALOPs e Timor Lorosae — tem como objectivo, por um lado, identificar as necessidades específicas destes alunos, por outro, intervir a nível do processo de integração e transição dos alunos do 1.º ano, bem como a implementação de um "Programa de Métodos de Estudo" específico para alunos PALOP e de Timor Lorosae. Estas acções decorrem em ligação directa com as

associações de estudantes vindas desses países e representadas em Coimbra.

A *investigação* tem como objectivo desenvolver a área da promoção da saúde em contexto universitário. Nesse sentido, foram desenvolvidas várias iniciativas, tais como o projecto "Estilos de vida saudável *versus* insucesso escolar: sua etiologia, programas de acção e estratégias promotoras de qualidade" (co-financiado pela Fundação Calouste Gulbenkian — Proc. 49768/2002). Atendendo às limitações existentes a nível dos instrumentos de investigação específicos para alunos do ensino superior foi construído e validado um questionário "Stresse em contexto universitário" para identificar os factores de risco e os factores protectores da saúde física e mental do estudante (Pereira *et al.*, 2003a, b). Presentemente decorrem investigações específicas sobre a depressão e a ansiedade utilizando para o efeito instrumentos de avaliação de Spielberger (1986), Sarason (1978) e de Young e colaboradores (2002). A identificação dos factores de risco na universidade (em colaboração com a Fundação Portuguesa de Cardiologia), bem como as parcerias científicas com as universidades de Aveiro, Hull e Roehampton Institute (GB), têm permitido um maior desenvolvimento e progresso a nível da investigação .

O *"Apoio de Alunos por Alunos"* é um projecto que se baseia no sistema de *Peer Counselling/support* (Lawson, 1989; Cowie & Wallace, 2000), e que foi introduzido no ensino superior em Portugal por Pereira, aquando da criação do serviço de apoio a alunos com problemas através de uma linha telefónica nocturna — com o acrónimo LUA: Linha da Universidade de Aveiro (Pereira, 1997b; Pereira, 1998; Pereira & Williams, 2001). Assenta na capacidade de ser empático e traduz-se pelo desempenho do papel de amigo junto de alguém que está socialmente isolado ou com problemas, oferecendo suporte social. Este projecto foi implementado para funcionar em residências universitárias, tendo em vista a organização de grupos de estudantes mais velhos, de forma a que os alunos mais novos tivessem um suporte amigo a quem recorrer sempre que tivessem problemas (Wiseman *et al.*, 1995). Inicialmente, privilegiou-se o apoio aos alunos do 1.º ano, como forma de facilitar a sua integração na residência e no meio universitário em geral, prevenindo assim situações de inadaptação, ruptura e insucesso, tendo sido depois alargado aos alunos dos outros anos.

Os alunos voluntários envolvidos no projecto participaram em dois tipos de formação: a formação básica intensiva, que os prepara para serem alunos apoiantes e ajudarem os seus colegas em qualquer dificuldade no meio universitário e a formação contínua, com periodicidade mensal, aberta também a todos os outros estudantes, abarcando temas diversificados. Esta formação é ainda completada com a supervisão individual (sempre que solicitada) e em grupo. Além disso, são realizados encontros e actividades culturais e de lazer mensais, promotoras de estilos de vida saudáveis.

Os resultados da formação têm-se revelado muito gratificantes para a equipa do GAP-SASUC, tendo já envolvido 1050 participantes (173 na formação básica e 877 na formação contínua), desde o ano lectivo 1999/2000 até 2003.

O sucesso desta experiência tem os seus alicerces nos sistemas de formação (quer básica, quer contínua).

São objectivos da formação a promoção do auto-conhecimento dos alunos intervenientes, prepará-los para a utilização de técnicas básicas de aconselhamento, informá-los acerca dos problemas mais frequentes em contexto académico e ensinar técnicas de prevenção e de controlo do stresse (Egan, 1994; Pereira & Williams, 2001).

Verificou-se a existência de uma dinâmica e de um espírito de *apoio de aluno por aluno,* que fez com que o projecto fosse conhecido por um grande número de estudantes ao nível do suporte social aos alunos com problemas, tendo sido sugerido pelos próprios alunos envolvidos (apoiantes e apoiados) a continuação desta experiência, não só nas residências, mas também a ser alargada nas respectivas faculdades.

Além disso, os alunos apoiantes expressaram que o Projecto lhes deu maiores competências para lidarem com os problemas dos outros, bem como permitiu terem desenvolvido competências para lidar com as suas próprias situações difíceis.

O *Serviço Social* é o que tem o 1.º contacto com o estudante que chega à universidade. Para além de dar respostas aos pedidos de bolsas e alojamentos, procura também ter a percepção dos problemas sócio-familiares dos estudantes, o que permite o seu acompanhamento e encaminhamento para outras áreas sempre que necessário (Cutrona, 1982; Tinto, 1986). Para além da análise dos processos de alunos que recorrem à atribuição de benefícios, quer de bolsas de estudo, quer de alojamento, que permitam a prossecução dos seus estudos (Decreto--Lei n.º 129/93 de 22 de Abril), é feito um atendimento de alunos, privilegiando a realização de entrevistas.

Além disso é fomentado o contacto dos alunos com os SASUC. Para facilitar essa comunicação foi colocado à disposição dos alunos uma linha telefónica azul, correio electrónico, atendimento diário nos serviços e no Forum Global do Estudante. Para além de ser prática do serviço social o acompanhamento individualizado, a identificação dos problemas e a intervenção é feita numa perspectiva interactiva, envolvendo as figuras do delegado por residência/andar, os colegas apoiantes do projecto de Apoio de Alunos por Alunos, funcionários dos serviços, equipa de assistentes sociais, psicólogos, psiquiatras e restantes técnicos do GAP-SASUC.

7. Considerações finais

Estudos desenvolvidos em Portugal, na área do aconselhamento psicológico, têm demonstrado que os problemas de natureza pessoal (relacionados com o processo de desenvolvimento pessoal e inter-pessoal do estudante, bem como os de foro psico-patológico) têm sido determinantes no (in)sucesso escolar, pelo que se torna imperioso que as instituições de ensino superior devam dar prioridade à intervenção a nível da promoção da saúde mental e física do aluno, bem como implementar estratégias de apoio aos alunos com problemas. Nesse sentido, sugerimos que a promoção da saúde, bem-estar e sucesso escolar devam ser consideradas num currículo integrado, bem como, valorizada a intervenção psicológica no apoio ao aluno.

O desenvolvimento de programas de intervenção promotores do sucesso escolar, nomeadamente os relacionados com as competências de estudos, só é possível se forem envidados esforços de reflexão e acção com docentes e respectivos órgãos de gestão, sobre as metodologias e as práticas de ensino.

Perspectivando o futuro, deverá ser considerada uma maior aposta na exigência da qualidade de intervenção no ensino superior, nomeadamente, através da implementação de estruturas de aconselhamento psicológico em todas as instituições do ensino superior. Contudo, a intervenção fundamental deverá ser na área da prevenção, actuando especificamente na tomada de decisão de cada indivíduo, promovendo a mudança de comportamentos para estilos de vida mais saudável.

Tendo por base os princípios básicos da Declaração Mundial da Educação no Ensino Superior, onde é fundamentada a perspectiva holística das necessidades pessoais e do desenvolvimento dos estudantes, torna-se urgente e necessário que estes serviços promovam esse desenvolvimento, bem como ajudem a desenvolver as potencialidades do indivíduo para levar a termo a sua carreira. Os serviços de aconselhamento psicológico deverão, assim, intervir a nível preventivo e remediativo, tendo sempre por base, em ambas as áreas, perspectivas da psicologia do desenvolvimento. A nível preventivo, salientamos acções promotoras da educação para a saúde mental e física do aluno, a nível remediativo, o apoio especializado de psicólogos que possam intervir a nível terapêutico (comportamentos inadequados e eventuais patologias).

As universidades deverão, assim, criar condições que passem pelo envolvimento dos próprios alunos, através da construção de redes sociais de apoio e de suporte social, tais como o apoio de alunos por alunos — *Peer Counselling*. Dado que o ingresso no Ensino Superior exige ao aluno um conjunto de ajustamentos, a nível pessoal, social e académico e, uma vez que a experiência do modelo seguido pelo

GAP-SASUC tem revelado bons resultados, parece-nos que deverá ser dado particular ênfase aos modelos de intervenção multidisciplinar e complementares.

Referências bibliográficas

Almeida, L. S. & Ferreira, J. A. (1999). Adaptação e rendimento académico no Ensino Superior: Fundamentação e validação de uma escala de avaliação de vivências académicas. *Psicologia: Teoria, Investigação e Prática*, 1, (4), 157-170.

Ames, E., Trucano, L., Wan, J. & Harris, M. (1995). *Designing School Health Curricula. Planning for Good Health* (2nd). Dubuque, W. C.: Brown & Benchmark

Ataíde, M. R. & Pereira, A.M.S. (2003). Anxiety, stress and emotional disorders in higher education students. In *24th International Conference Stress and Anxiety* (STAR), Lisboa 10-12 de Julho.

Beck, A. T. & Emery, G. (1985). *Anxiety Disorders and Phobias: A Cognitive Perspective*. USA: Basic Books.

Biggs, J. B. (1999). *Teaching for quality learning at university*. Buckingham: Open University Press.

Burt, C. D. B. (1993). Concentration and academic ability following transation to university: An investigation of the effects of homesickness. *Journal of Environmental Psychology*, Vol. 13, n° 4, 333-342.

Clark, D & Fairburn, C. (1997). *Science and Practice of Cognitive Behaviour Therapy*. New York: Oxford University Press.

Cowie, H. & Wallace, P. (2000) *Peer support in action: From bystanding to standing by*. London: Sage Publications.

Cutrona, C. E. (1982). Transition to college: loneliness and the process of social adjustment. In: L. Peplau & D. Perlman (Eds.), *Lonelines: a sourcebook of current theory, research and therapy*. New York: Wiley-Interscience (pp. 278-309).

Dias, M. G. F. & Fontaine, A. M. (2001). *Tarefas Desenvolvimentais e Bem-Estar de Jovens Universitários*. Lisboa: Fundação Calouste Gulbenkian, Fundação para a Ciência e Tecnologia.

Dolgener, F. & Hensley, L. (1998). *Personal Wellness*. Dubuque, Iowa: Eddie Bowers Publishing, Inc.

Duarte, A. M. (2002). *Aprendizagem, Ensino, Aconselhamento Educacional. Uma perspectiva cognitivo-motivacional*. Porto: Porto Editora.

Earwaker, J. (1992). *Helping and Supporting students*. Buckingham: SRHE and Open University Press.

Egan, G. (1994). *The Skilled Helper: Models, Skills and Methods for Effective Helping*, 4th edition. Pacific Grove, CA: Books/Cole.

Ellis, A., Gordon, J., Neenan, M. & Palmer, S. (1997). *Stress Counselling: A Rational Emotive Behaviour Approach*. London: Cassell.

Ferraz, M. & Pereira, A. M. S. (2002). A dinâmica da personalidade e o *Homesickness* (saudades de Casa) dos jovens estudantes universitários *Psicologia Saúde & Doenças*, vol. 3, 2, 149-164.

Fidler, D. S. (1998). National Resource Center for the First-Year Experience & Students in Transition. In *Journal of The First-Year Experience & Students in Transition*. Columbia: University of South Carolina (pp. 3).

Fisher, S. & Hood, B. (1987). The stress of the transition to university: a longitudinal study of vulnerability to psychological disturbance and homesickness. *British Journal of Psychology*, 78, 425-41.

Klaus, J. (1995). The Philosophies and Traditions behind Student Counselling in the countries of the European Union; Student Counselling as a University Service. Viena: Symposium *Students Counselling in Europe* (pp. 159-161).

Kohlberg, L. & Mayer, R. (1972). Development as the Aim of Education. *Harvard Educational Review*, 42 (4), 449-496.

Lawson, D. (1989). Peer Helping Programs in the Colleges and Universities of Québec and Ontario. *Canadian Journal of Counselling*, 23, 1, 41-54.

McClelland, D. (1973). Testing for Competence rather than for intelligence. *American Psychologist*, January, 1-14.

McIntyre, T. (1996). A necessidade de serviços de aconselhamento psicológico nas universidades: O saber, o ser e o saber ser. Comunicação apresentada nas *III Jornadas de Consulta Psicológica de Jovens e Adultos*, Universidade do Porto, 24 de Outubro.

Pereira, A. M. S. (1991). *Coping, Auto conceito e Ansiedade social; sua relação com o rendimento escolar*. Tese de Mestrado, Coimbra, FPCE Universidade de Coimbra.

Pereira, A. M. S. (1997a). *Stress* e *Coping* no aluno universitário, *VI Seminário A Componente de Psicologia na Formação de Professores e Outros Agentes Educativos*. Évora: Universidade de Évora (pp. 219-236).

Pereira, A. M. S. (1997b). *Helping students cope: Peer Counselling in Higher Education*. PhD in Psychology, Dissertation, University of Hull, U. K.

Pereira, A. M. S. (1998). Apoio ao estudante universitário: *Peer Counselling* (Experiência-piloto) *Psychologica*, 20, 113-124

Pereira, A. M. S. (1999). Sucesso *versus* Insucesso: Taxomomia das necessidades do aluno. In José Tavares, J. (Eds.), *Investigar e Formar em Educação. IV Congresso da Sociedade Portuguesa de Ciências da Educação* (II Vol). Aveiro (pp. 129-136).

Pereira, A. M. S. (2003a). Estágios em Psicologia do Desenvolvimento: Experiências e projectos do GAP-SASUC. In *Seminário de Psicologia do Desenvolvimento: Temas de Investigação / Áreas de Intervenção*. Colégio de S. Teotónio, Coimbra, 13 de Fevereiro.

Pereira, A. M. S. (2003b). Bem estar e sucesso académico: o modelo de intervenção do GAP-SASUC. In *I Seminário GAP-SASUC – Promoção da saúde e do sucesso escolar na universidade*. Universidade de Coimbra, 30 de Abril.

Pereira, A. M. S. (2003c). Intervenção Psicológica no Ensino Superior: Bem-estar e Sucesso Académico. In *II Encontro de Psicologia no Algarve (em simultâneo com encontro da RESAPES)*. Universidade do Algarve, 29-30 de Maio.

Pereira , A. M. S., Vaz, C., Patrício, M., Campos M. & Pereira, R. (1999). *Contribuição para o estudo do sucesso e insucesso na Universidade de Coimbra*. Coimbra: Universidade de Coimbra.

Pereira, A. M. S., Silva, C. & Jesus, S. (2000). Students' health interests and practices. In *The 14th Conference of the European Health Psychology Society –Models of Health and Illness Behaviour*, Leiden, The Netherlands, 16-19 August.

Pereira, A. M. S. & Williams, D. I. (2001). Stress and coping in helpers on a student "nightline" service. *Counselling Psychology Quartely*, 14, 1, 43-47.

Pereira, A. M. S. & Silva, C. F. (2001). Quality of life in the academic context: contributions to the promotion of students' health behaviours. In *10th Biennial Conference of the International Study Association on Teachers and Teaching (ISATT)*, 21-25 September, Algarve, Portugal.

Pereira, A. M. S., Silva, C. F., Castelo-Branco, M. C. & Latino, M. L. (2002). Saúde e a capacidade para o trabalho na docência. In Livro de Comunicações do *IV Congresso Nacional de Saúde Ocupacional*, Póvoa de Varzim (pp. 159-167).

Pereira, A. M. S., Vaz, A., Medeiros, A., Nuno, P., Ataíde, R., Motta, E., Pinto, O., Mendes, R. & Ferreira, J. (2003a). University Students Stress Inventory - An Exploratory Study. In *24th International Conference Stress and Anxiety* Lisboa, 10-12 de Julho.

Pereira, A. M. S., Vaz, A., Medeiros, A., Nuno, P., Ataíde, R., Motta, E., Pinto, O., Mendes, R. & Ferreira, J. (2003b). Health and Well-being in the University Context: Quality Promoting Strategies. In *24th International Conference Stress and Anxiety* (STAR), Lisboa, 10-12 de Julho.

RESAPES (2002). *A situação dos serviços de aconselhamento psicológico no ensino superior em Portugal*. Vol. 1, 2 e 3.

Sarason, I. G. (1978). The Test Anxiety Scale. In C. D. Spielberger and I. G. Sarason (Eds.), *Stress and Anxiety*. 5. Hemisphere, Washington.

Spielberger, C. (1986). *Manual for the State-Trait Anxiety Inventory – STAI (Form Y)*, Palo Alto: Consulting Psychologist Press, Inc.

Sprinthall, N. A. & Collins, W. A. (1999). *Psicologia do Adolescente. Uma abordagem desenvolvimentista*. Lisboa: Fundação Calouste Gulbenkian.

Super, D. E. (1980). A life-span, life-space approach to career development. *Journal of Vocational Behaviour*, 16, pp. 16, 282-98, 4-6, 167.

Tavares, J., Santiago, R. A. & Lencastre, L. (1998). *Insucesso no 1.º ano do ensino superior: um estudo no âmbito dos cursos de Licenciatura em Ciências e Engenharia da Universidade de Aveiro*. CCPSF: DCE, Universidade de Aveiro.

Tavares, J. & Pereira, A. (1999). How successful are first-year students of Science and Engineering? (A research study at the University of Aveiro) *In 18th Annual National Conference The First-Year Experience*. South Carolina (USA), February 19-23.

Tavares, J., Brzezinski, I., Cabral, A. & Silva, I. (2002). *Pedagogia Universitária e Sucesso Académico – contributos das Jornadas realizadas na Universidade de Aveiro a 14 de Julho e 19 de Dezembro*. Aveiro: Universidade de Aveiro.

Tinto, V. (1986) Theories of student departure revisited. In J. C. Smart (Ed.), *Higher Education: Handbook of Theory and Research*. New York: Agathon Press, Vol. 24, n.º 2, June, 165-172.

Turk, C. L., Heimberg, R. G. & Hope, D. A. (2002). Social Anxiety Disorder. In D. H. Barlow (Ed.), *Clinical Handbook of Psychological Disorders*. New York: The Guilford Press.

Watts, A. G. & Van Esbroeck, R. (1998). *New Skills for new futures. Higher education guidance and counseling services in the European Union.* Belgium: VUB University Press.

Williams, D. I. & Irving, J. A. (1996). Personal Growth: Rogerian paradoxes. *British Journal of Guidance & Counselling*, Vol. 24, n.º 2, June, 165-172.

Wiseman, H., Guttfreund, D. G. & Lurie, I. (1995) Gender differences in loneliness and depression of university students seeking counselling. *British Journal of Guidance and Counselling*, Vol. 23, n.º 2, 231-243.

World Health Organization Regional Office for Europe (1985). *Targets for health for all.*

Young, J. E., Weinberger, A. D. & Beck, A. T. (2002). Cognitive Therapy for Depression. In D. H. Barlow (Ed.), *Clinical Handbook of Psychological Disorders*. New York: The Guilford Press.

8

Por que a sabedoria dificilmente poderá ser ensinada nas escolas – uma resposta a Robert Sternberg

Helena Marchand

Introdução

Num artigo recente, intitulado *Why schools should teach for wisdom: the balance theory of wisdom in educational settings*, Robert Sternberg (2001a, b) apresenta, de uma forma desenvolvida, a sua concepção de sabedoria e defende que o ensino de sabedoria seja integrado no curriculo escolar. Embora esta proposta seja apelativa levanta importantes problemas de natureza teórica e metodológica. Este artigo tem por objectivo fazer uma reflexão crítica sobre alguns desses problemas. Para tal, serão analisadas diferentes conceptualizações de sabedoria, serão apresentados os resultados de pesquisas desenvolvidas no seu âmbito e serão caracterizados os ambientes que, de acordo com diversos autores, desenvolvem sabedoria. Por fim, serão feitas considerações em torno da proposta de Sternberg de que se ensine sabedoria nas escolas.

O que se entende por sabedoria

A sabedoria é uma questão antiga, milenária e, também, uma questão psicológica actual (cf. Marchand, 1994). Questão antiga, pois já se encontram referências a sabedoria e a pessoas sábias nos primeiros textos da história da humanidade (cf. Kramer, 2003). De acordo com Birren e Fisher (1990), autores egípcios escreveram sobre a sabedoria e descreveram pessoas sábias em escritos dos anos 3 000 A. C. Questão psicológica actual, pois desde há apenas duas décadas se tornou objecto de estudo por parte de um grupo de autores que se situa em quadros teóricos diversos: a perspectiva de ciclo de vida (*e. g.*, Baltes & Smith, 1990); a perspectiva neo-funcionalista (*e. g.*, Sternberg, 1990; 2001a, b); a perspectiva pós-formal (*e. g.*, Arlin, 1990; Kitchener & Brenner, 1990; Kramer, 1990; 2003); a perspectiva neo-piagetiana (*e. g.*, Pascual-Leone, 1990), entre outras. O elo de união entre estes diferentes autores é a motivação que todos partilham: (1) pelo estudo de elevados níveis de realização, ditos excepcionais e de mestria *(expertise)*; (2) pela análise dos aspectos positivos do envelhecimento; e (3) pelo estudo de concepções de inteligência mais contextualizadas e pragmáticas (cf. Baltes & Smith, 1990).

Embora tenha vindo a ser estudada, no âmbito da psicologia, nomeadamente a partir das últimas décadas do século XX, ainda não existe uma definição clara e universal de sabedoria.

Sabedoria, um conceito multidimensional

O conceito de sabedoria é complexo (Kramer, 1990; 2003) e pressupõe a interacção de diversas dimensões: (1) a dimensão cognitiva (i. e., uma forma específica de saber que engloba o conhecimento pragmático, o estilo cognitivo do sujeito, nomeadamente a reflexividade, a metacognição, e a compreensão da natureza complexa dos problemas humanos), (2) a dimensão afectiva (i. e., o afecto e a sensibilidade em relação a certos indicadores de natureza emocional que possibilitam a percepção das intenções dos outros e facilitam uma compreensão empática), e (3) a dimensão conativa (i. e., a motivação para a acção).

De acordo com a generalidade dos autores (Baltes & Smith, 1990; Birren & Fisher, 1990; Brent & Watson, 1980; Csikszentmihalyi & Rathunde, 1990; Kitchener & Brenner, 1990; Kramer, 1990; 2003; Meacham, 1983; 1990, entre outros), a sabedoria envolve juízos cuja característica específica é incidirem sobre problemas particularmente complexos e deficientemente estruturados, de natureza interpessoal e intrapessoal. Os problemas deficientemente estruturados, contrariamente aos problemas bem estruturados, não têm uma resposta única e linear e pressupõem a utilização de uma lógica que possibilite a sua inserção numa realidade concreta, complexa e contextualizada (Kramer, 1990). Para alguns autores, a posse de tal lógica é, contudo, insuficiente para que as pessoas manifestem sabedoria. Para tal, é necessário que seja acompanhada de capacidades de compreensão emocional, empáticas, comunicativas e de interesse pelos outros (Kramer, 1990; 2003).

A multidimensionalidade da sabedoria é visível, ainda, nas competências que diversos autores atribuem a sujeitos ditos sábios, a saber: (1) conhecimento pragmático, ou elevado conhecimento sobre assuntos e problemas do quotidiano; (2) capacidades reflexivas ou meta-analíticas; (3) elevado conhecimento sobre as diferenças de valores e de prioridades; (4) capacidade para compreender e para gerir a incerteza, e (5) elevados níveis de desenvolvimento do eu (Baltes & Smith, 1990; Baltes & Staudinger, 1993; Holliday & Chandler, 1986; Kitchener & Brenner, 1990; Kramer, 1990; 2003; Meacham, 1990; Sternberg, 1990; 2001a).

Tendo em consideração as competências acima descritas não surpreende que sejam raros os sujeitos que manifestam sabedoria (cf. Baltes & Smith, 1990; Baltes & Staudinger, 1993; Marchand, 1998; 2002; 2003a, b) e, portanto, que sejam capazes de enfrentar e de resolver adequadamente situações complexas e deficientemente estruturadas.

Conceptualizações de sabedoria

A maior parte das teorias sobre a sabedoria basearam-se em concepções populares (teorias implícitas ou *folk conceptions*). A partir dessas concepções (cf. Sternberg, 1990) desenvolveram-se teorizações de natureza mais explícita.

As conceptualizações de sabedoria diferem quanto ao peso que atribuem à cognição e ao afecto. Na maior parte das conceptualizações as competências cognitivas são sobrevalorizadas (Baltes & Smith, 1990; Kitchener & Brenner, 1990; Meacham, 1990; Sternberg, 1985; 1990; 2001a, b); num número substancialmente menor a dimensão cognitiva é menos dominante e a sabedoria é encarada enquanto intersecção da cognição e do afecto (Kramer, 1990; 2003; Pascual-Leone, 1990). Nas concepções mais cognitivas, a sabedoria é encarada enquanto: (1) nível de mestria na pragmática fundamental da vida (Staudinger, Smith & Baltes, 1994); (2) estilo metacognitivo que permite a tomada de consciência dos limites e da falibilidade do próprio conhecimento (Meacham, 1983; 1990; Sternberg, 1990); (3) consciência da existência de problemas deficientemente estruturados (Arlin; 1990; Kitchener & Brenner, 1990; Kramer, 1990; 2003); (4) saber compreensivo, caracterizado por tolerância e profundidade (Kramer, 1990; 2003; Pascual-Leone, 1990); e (5) elevada competência para formular juízos adequados em face da incerteza (Baltes & Smith; 1990; Kitchener & Brenner, 1990; Kramer, 1990; 2003).

De todas as conceptualizações analisadas, a de Baltes e colaboradores (cf. Baltes & Smith, 1990; Baltes, Smith, & Staudinger, 1992; Dittmann-Kohli & Baltes, 1990; Smith, Staudinger & Baltes, 1994; Staudinger, Smith & Baltes, 1994) é a que coloca maior ênfase na componente cognitiva. Apoiando-se no seu modelo dual de inteligência (cf. Baltes, Dittmann-Kohli & Dixon, 1984) definem a sabedoria enquanto "nível de mestria na pragmática fundamental da vida" (Staudinger, Smith & Baltes, 1994, 9), dependendo mais da inteligência pragmática (i. e., da inteligência encarada enquanto saber factual e processual, dependente dos conteúdos, da cultura e da experiência) do que da inteligência mecânica (i. e., da inteligência encarada enquanto processamento de informação básico, universal, biológico, independente dos conteúdos e susceptível às diferenças genéticas).

De acordo com Baltes e Smith (1990), a sabedoria pressupõe não só elevado conhecimento do curso da vida e do desenvolvimento humano (conhecimento factual) como também elevado conhecimento sobre estratégias de decisão (conhecimento processual). Além destes dois conhecimentos — essenciais para que se alcance o nível de mestria na dimensão pragmática da vida — são necessários três outros tipos de conhecimento: (1) contextualismo (i. e., conhecimento do modo como os acontecimentos ocorrem em contextos específicos), (2) relativismo (i. e., conhecimento das diferenças de objectivos, valores e de prioridades), e (3) incerteza (i. e., consciência da imprevisibilidade da vida). Como se pode verificar, o âmbito da sabedoria é vasto na medida em que inclui (1) o saber sobre as variações, as condições e a historicidade do desenvolvimento, encarado na perspectiva do ciclo de vida, (2) o saber sobre a natureza das condutas humanas, sobre as tarefas e objectivos da vida, sobre relações sociais e intergeracionais e sobre incertezas da vida, e (3) o auto-conhecimento.

Para Baltes e colaboradores (cf. Baltes & Smith, 1990; Smith, Staudinger & Baltes, 1994; Staudinger, Smith & Baltes, 1992) existem factores específicos que proporcionam o desenvolvimento de sabedoria, a saber: a idade cronológica, a experiência de um amplo leque de situações e condições humanas, a prática de tutor ou de mentor, e determinadas disposições motivacionais, tais como a generatividade.

Sternberg e Meacham apresentam conceptualizações em que a dimensão cognitiva da sabedoria é, igualmente, enfatizada. Para Sternberg (1985; 1987; 1990), os sujeitos que manifestam sabedoria (1) possuem um estilo metacognitivo que lhes permite saber "o que sabem e o que não sabem, assim como os limites do que pode ser conhecido e do que não o pode ser" (1990; 157), (2) apreciam a ambiguidade e encaram-na como fazendo parte da vida, e (3) estão motivados pela compreensão profunda dos problemas e acontecimentos e, simultaneamente, reconhecem as limitações do seu conhecimento e da sua capacidade de compreensão. A característica específica da sabedoria — característica que a distingue da inteligência e da criatividade — é, de acordo com Sternberg (1990), a sagacidade. A sagacidade pressupõe, além de competências cognitivas, uma atitude frente ao conhecimento que se manifesta (1) no elevado interesse pelos outros, (2) na profunda compreensão das pessoas e dos seus problemas, (3) na aceitação das diferentes opiniões e (4) na consciência de que se está continuamente a aprender com os outros. O sujeito sagaz é reflexivo, bom ouvinte e não receia admitir que errou.

Recentemente, Sternberg (2001a) apresenta uma conceptualização mais detalhada de sabedoria que designa "teoria balanceada de sabedoria" (*"the balance theory of wisdom"*). Além de defender que o sistema subjacente à sabedoria consiste numa forma de conhecimento tácito, de âmbito mais alargado do que a mestria específica e dependendo dos domínios *(domain-specific expertise)* da inteligência prática, sugere que a sabedoria decorre do balanceamento de diferentes interesses: intrapessoais (i. e., interesses pelo próprio ou auto-interesses), interpessoais (i. e., interesses pelos outros) e extrapessoais (i. e., interesses contextuais, como, por exemplo, interesse pelo seu País, pela sua cidade ou pelo meio ambiente). Isto é, socorrendo-se do conhecimento tácito (conhecimento adquirido em experiências informais com pouco suporte ambiental) as pessoas efectuariam um equilíbrio entre os interesses do self, dos outros e do contexto. Nas palavras de Sternberg (2001a, 230), "a sabedoria define-se pela utilização de conhecimento tácito e explícito, mediado por valores, com vista à realização de um bem comum, graças ao balanceamento entre interesses (a) intrapessoais, (b) interpessoais, e (c) extrapessoais imediatos ou a longo termo".

Para Meacham (1990), a essência da sabedoria reside na consciência de que o conhecimento é falível e limitado — i. e., na consciência do que se sabe mas, também, do que não se sabe — e na assunção de uma atitude crítica face às crenças, valores, conhecimentos, informações e capacidades, que levam, simultaneamente, a saber e a duvidar. A sabedoria não se manifesta no que a pessoa sabe, mas no modo como encara e usa o conhecimento que possui.

Embora os autores que acabámos de analisar apresentem conceptualizações de sabedoria centradas predominantemente na cognição — o que facilita a investigação — não deixam de admitir a sua multidimensionalidade e, portanto, o peso da dimensão do eu e da motivação. De acordo com Baltes (cf. Baltes & Smith, 1990; Smith, Staudinger & Baltes, 1994; Staudinger, Smith & Baltes, 1992), de entre diversos factores específicos responsáveis pelo desenvolvimento da sabedoria estariam, como atrás foi dito, as disposições motivacionais. Por sua vez, Sternberg (1990; 2001), advoga que qualquer teoria sobre a sabedoria terá, necessariamente, que envolver múltiplas dimensões — aspectos do conhecimento, do processamento da informação, estilo intelectual, personalidade, valores, motivação e contexto.

Particularmente sensíveis à multidimensionalidade deste conceito, diversos autores desenvolveram conceptualizações de sabedoria em que as dimensões cognitivas e afectivas se encontram mais explicitamente integradas do que as descritas anteriormente. Nestas conceptualizações (cf. Brent & Watson, 1980; Clayton & Birren, 1980; Kramer, 1990; Pascual-Leone, 1990, entre outros) a posse de elevados níveis de conhecimento é considerada condição necessária, embora por si mesma insuficiente, para a resolução de situações complexas e deficientemente estruturadas. A sabedoria pressupõe que o desenvolvimento cognitivo seja acompanhado pelo desenvolvimento do eu (Kramer, 1990) num todo em que a cognição, o afecto e a personalidade estão interligados (Clayton & Birren, 1980) e cuja base comum é a disposição para a transcendência (Pascual--Leone, 1990).

Pascual-Leone (1990), por exemplo, advoga que a sabedoria resulta da integração dialéctica do afecto, da cognição e das experiências da vida. Tal integração resulta dos esforços de eu para resolver contradições que emergem dos projectos de vida, dos valores, dos motivos, da auto-avaliação e da avaliação dos outros, dos ideais e das condutas. Para Pascual-Leone (1983; 1990), a origem do movimento em direcção à sabedoria, isto é, do crescimento para a maturidade humana, encontra-se na disposição do sujeito para se desenvolver e transcender *(will to be)*. Tal disposição constitui uma motivação que impele a pessoa a crescer humanamente. Segundo este autor, esta disposição deriva, essencialmente, dos tipos de educação e dos modelos que o sujeito teve enquanto criança. Como acontece com outros autores que analisam o conceito de sabedoria, Pascual-Leone (1990) atribui às pessoas que manifestam sabedoria capacidades excepcionais de aconselhamento, de descentração, e de conhecimento empático. O estudo comparativo da criatividade, da inteligência e da sabedoria levou Pascual-Leone (1990), a concluir, tal como Sternberg, que estas 3 dimensões constituem "produtos diferentes da mente" (p. 272). A sabedoria difere da inteligência e da criatividade porque, contrariamente àquelas, envolve, num todo, a cognição, o afecto e a personalidade. A sabedoria surge quando se desenvolvem níveis elevados de afecto e de autocontrole que conduzem, progressivamente, a uma integração, cada vez mais completa, da personalidade. Por seu lado, esta integração produz uma debilitação das características de centração do eu, proporcionando maior intuição e compreensão empática do outro, do mundo e da natureza.

Se do ponto de vista teórico as conceptualizações que integram a cognição e o afecto constituem uma abordagem mais completa de sabedoria, tal integração levanta importantes problemas ao nível da investigação. Talvez seja esta uma razão, pensamos, para "os autores se mostrarem mais discursivos do que orientados empiricamente" (Birren & Fisher, 1990, 330).

O que nos dizem alguns autores desenvolvimentistas sobre a sabedoria

A maior parte dos autores que estuda sabedoria não a encara numa perspectiva desenvolvimentista. Kitchener e Brenner, Kramer, e Arlin são das poucas autoras que analisam a sabedoria tendo por quadro de referência os seus estudos sobre o desenvolvimento do adulto. De acordo com Kitchener e Brenner (1990), autoras que têm estudado o desenvolvimento do Juízo Reflexivo, a sabedoria pressupõe 4 competências: (1) a consciência de que existem dificuldades inevitáveis, de problemas deficientemente estruturados, específicos das vidas dos adultos, (2) o saber compreensivo, caracterizado por tolerância e profundidade, (3) o reconhecimento de que o saber é incerto e de que é impossível conhecer a verdade total, e (4) a excepcional competência para formular juízos adequados e exequíveis face à incerteza. Para que as pessoas sejam capazes de uma tal postura, frente aos problemas complexos e deficientemente estruturados do quotidiano, deverão possuir elevadas capacidades reflexivas. A capacidade reflexiva desenvolve-se passando por sete estádios, diagnosticáveis através da Escala de Juízo Reflexivo (Kitchener & King, 1985; 1990a, b). Na opinião de Kitchener e Brenner (1990), os sujeitos que se situam em estádios inferiores ou médios da Escala de Juízo Reflexivo não manifestam sabedoria quando confrontados com situações complexas. Os sujeitos que se situam em níveis mais elevados da referida Escala estão mais aptos a fazê-lo. O último estádio da Escala, em que os sujeitos são capazes (1) de desenvolver juízos acerca de problemas difíceis da vida, (2) de reconhecer os limites do conhecimento pessoal, (3) de manifestar consciência das incertezas que caracterizam o conhecimento humano, (4) de reconhecer que o conhecimento resulta de um complexo processo de síntese de evidencias e de opiniões, e (5) de mostrar humildade quanto à potencialidades do seu raciocínio face a tais limitações, constitui, para Kitchener e Brenner (1990), um pré-requisito da sabedoria. Os resultados de diversas pesquisas (cf. Lynch & Kitchener, 1989; Kitchener& King 1990a, b; Kitchener, King, Wood & Davison, 1989) mostram que os adolescentes não são capazes de compreender os estádios mais elevados da Escala de Juízo Reflexivo e que a maior parte dos estudantes universitários não manifesta raciocínios superiores ao estádio 4. O nível mais elevado da Escala só tem sido encontrado em adultos de meia idade, com elevados níveis de cultura.

De acordo com Kramer (1990), a sabedoria manifesta-se em situações em que a pessoa necessita (1) de resolver dilemas e planificar a sua vida, (2) de aconselhar os outros, (3) de gerir e orientar questões de natureza social, (4) de reflectir e rever a própria vida, e (5) de colocar questões sobre o sentido da vida em geral. Existem processos cognitivos e afectivos que facilitam o desenvolvimento da sabedoria. Do ponto de vista cognitivo, a posse dos níveis de pensamento relativista e, sobretudo, dialéctico, constituí um pré-requisito para que os sujeitos resolvam tais situações, com sabedoria. O pensamento relativista — contrariamente ao pensamento absolutista, que postula a existência de verdades invariáveis, fixas e imutáveis — permite a tomada de consciência da natureza subjectiva, arbitrária, contextualizada, imprevisível e deficientemente estruturada dos acontecimentos (Kramer, 1990; 2003). O pensamento dialéctico permite formas de conhecimento mais integradas que superam a dispersão, e o eventual imobilismo, que geralmente acompanham o pensamento relativista. As pessoas que pensam dialecticamente têm consciência da natureza interactiva dos acontecimentos e têm em consideração a interdependência das diferentes variáveis dos problemas. Tais características do pensamento constituem, de acordo com Kramer (1990; 2003), uma condição necessária, embora não suficiente, para a resolução de situações complexas e deficientemente estruturadas. Condição necessária mas não suficiente pois para que haja sabedoria é necessário que o desenvolvimento cognitivo seja acompanhado do desenvolvimento do eu. Kramer (1990) postula que os sujeitos que se encontram nos estádios mais elevados do Modelo de Desenvolvimento do Eu de Loevinger (1976), ao serem capazes de reflectir sobre as convenções sociais, ao aceitarem as polaridades do eu, ao tomarem decisões que têm em conta a individualidade e a responsabilidade social, deverão manifestar sabedoria. Alerta, porém, para o facto de que o desenvolvimento do eu, se bem que condição necessária, pode não ser suficiente *per se* para que se manifeste sabedoria. Há, com efeito, sujeitos com personalidades bem integradas muito pouco sensíveis a problemas deficientemente estruturados.

A investigação efectuada no âmbito deste modelo (cf. Kramer, 1990a; Kramer & Woodruff, 1986) mostra que o acesso ao pensamento relativista se faz a partir do início da vida adulta e o acesso ao pensamento dialéctico a partir da meia idade, embora com grandes variações individuais.

De acordo com Arlin (1984), o pensamento evolui da *resolução de problemas* (actividade dominante, segundo esta autora, do pensamento do adolescente) para a *descoberta de problemas* (actividade constante e distintiva do pensamento do adulto). Para Arlin (1990), a sabedoria pressupõe mais a descoberta de problemas e o levantar de questões em seu torno, do que a resolução de problemas. A identificação de problemas envolve (1) a reflexão sobre a natureza dos problemas, nomeadamente dos deficientemente estruturados, e sobre os processos pelos quais os problemas são resolvidos, e (2) a coordenação de múltiplas fontes e sistemas de referências (Arlin, 1984). Embora condição necessária, a descoberta de problemas não é condição suficiente para que se manifeste sabedoria. Nas palavras de Arlin (1990, 231), "a sabedoria e a descoberta de problemas não são o mesmo fenómeno. Em certos contextos pode-se defender que a descoberta de problemas é uma condição necessária mas não suficiente da sabedoria. Uma pessoa pode ser boa a descobrir problemas sem ser particularmente sábia, mas é difícil conceber uma pessoa sábia que não levante questões cujas formas reflictam o nível mais elevado de descoberta de problemas".

A investigação desenvolvida no âmbito da sabedoria

São poucos os trabalhos empíricos sobre a sabedoria. Alguns autores que se têm interessado pelo estudo deste conceito (cf. Marchand, 1994) fazem-no através da análise dos escritos de pessoas que deram provas de sabedoria (por exemplo, alguns passos do *Diário de Ann Frank*), de provérbios e de decisões célebres (por exemplo, a sentença de Salomão), da análise das teorias implícitas de sabedoria, ou teorias do senso comum (ver Chandler & Holliday, 1990;

Clayton & Birren, 1980; Holliday & Chandler, 1986; Sternberg, 1985; 1990), ou ainda da análise de factores que podem intervir no desenvolvimento da sabedoria tais como o género (ver Orwoll & Achenbaum, 1993), o meio cultural (ver Takahashi & Overton, 2002), os interesses duradouros *(the abiding interest)* (ver Rathunde, 1995), entre outros.

Outros, investigam a sabedoria no âmbito de quadros conceptuais mais amplos (teorias explícitas), utilizando metodologias específicas.

Os estudos sobre as concepções implícitas mostram que para as pessoas do senso comum a sabedoria pressupõe competências excepcionais em vários domínios: (1) cognitivo, (2) interpessoal, e (3) do eu (Clayton & Birren, 1980; Holliday & Chandler, 1986; Shedlock & Cornelius, 2003; Sternberg, 1985, 1990). Distinguem sabedoria de outros conceitos psicológicos tais como a criatividade e a inteligência (cf. Sternberg, 1985; 1990) e defendem que a sabedoria evolui com a idade.

A partir destes resultados alguns autores desenvolveram pesquisas que se baseiam em quadros teóricos específicos e utilizaram metodologias mais elaboradas. Neste artigo apenas serão descritos os resultados dos estudos que nos parecem mais pertinentes para a análise que nos propomos fazer da proposta de Sternberg de que se ensine a sabedoria nas escolas.

O programa mais sistemático de investigação sobre sabedoria tem sido efectuado pela equipe liderada por Paul Baltes, no Max Planck Institute of Education and Human Development de Berlim.

Para avaliarem a sabedoria Baltes e colaboradores utilizam o método de "pensar alto" ("thinking aloud") sobre problemas complexos de planificação, de gestão e de revisão de vida, vividos por personagens fictícios (ver Staudinger, Smith & Baltes, 1994). Um desses dilemas diz, por exemplo, o seguinte: *Uma senhora decidiu dedicar-se à sua família e não exercer uma profissão; casou-se e teve filhos. Um dia encontrou uma velha amiga que já não via há muito tempo. Esta amiga tinha, em tempos, decidido concentrar-se na sua carreira, mais do que constituir família. Actualmente, está a caminho de se tornar uma profissional de sucesso*. Este encontro instigou a senhora a rever a vida que havia levado até agora (Staudinger, Smith & Baltes, 1994, 18).

Depois de lido o dilema, os sujeitos são convidados a pensarem alto sobre a eventual revisão de vida do personagem principal, e a interpretarem e avaliarem os acontecimentos mais importantes dessa revisão. As respostas são cotadas tendo em conta 5 critérios que se destinam a avaliar os diferentes tipos de conhecimento, que, de acordo com estes autores, as pessoas devem possuir para poderem analisar e resolver, com mestria, situações complexas do quotidiano (cf. Staudinger, Smith & Baltes, 1994), a saber: (1) *elevado conhecimento factual sobre assuntos da vida*, (2) *elevado conhecimento processual sobre problemas da vida*, (3) *elevado conhecimento contextual*, (4) *elevado conhecimento sobre as diferenças de valores e de prioridades (relativismo)*, (5) *elevado conhecimento sobre a imprevisibilidade da vida, assim como habilidade para compreender e gerir a incerteza*. Baltes *et al*. (Baltes & Smith, 1990; Smith, Staudinger & Baltes, 1994) hipotetizam, como foi anteriormente dito, que há factores específicos para o desenvolvimento da sabedoria, nomeadamente: a idade cronológica, a experiência aprofundada de um leque variado de condições humanas, a prática de tutor ou de mentor, e as disposições motivacionais (por exemplo, a generatividade). Os resultados de um estudo (cf. Smith, Staudinger & Baltes, 1994; Staudinger, Smith & Baltes, 1992), em que foi analisada a influência de dois factores (1) a idade cronológica (jovens/idosos) e (2) a especialização profissional (psicólogos clínicos/outros profissionais) na resolução de tarefas de revisão e de planificação de vida, mostraram: (a) que eram poucas as pessoas que davam respostas de sabedoria, (b) que os idosos tinham um desempenho idêntico ao dos jovens adultos, e (c) que os psicólogos clínicos tinham um desempenho superior ao dos sujeitos que exerciam outras profissões.

Uma investigação desenvolvida em Portugal (cf. Marchand, 1998), em que foi re-utilizada a metodologia de Baltes, e na qual foram comparados os desempenhos de docentes com o de profissionais que não exerciam a profissão docente, de três grupos de idade (jovens adultos, adultos de meia idade e idosos), encontrou os seguintes resultados: (1) poucas respostas de sabedoria, (2) um número mais elevado de respostas de sabedoria no grupo de adultos da meia idade do que nos restantes grupos de idade, e (3) respostas equivalentes nos docentes e nos profissionais não docentes (ou seja, o número de respostas de sabedoria dos docentes não era superior ao dado pelos profissionais não docentes). O primeiro resultado é consistente com os resultados obtidos pela equipe de Baltes (ver Smith, Staudinger & Baltes, 1994; Staudinger, Smith & Baltes, 1992) que mostram que são poucas as pessoas que dão respostas de sabedoria. O segundo resultado não confirma a hipótese de que é sobretudo nos adultos mais velhos que se encontra o maior número de respostas de sabedoria. O terceiro resultado mostra que a formação para professor e a prática docente (i. e., a prática de tutor ou de mentor e a experiência de um leque relativamente variado de condições humanas, dois factores que, de acordo com a equipe de Berlim activariam a sabedoria) não são *per se* suficientes para que esta se manifeste.

Num estudo mais recente (Marchand, 2002; 2003a, b), ainda em curso, em que a sabedoria está a ser estudada numa perspectiva desenvolvimentista — numa amostra constituída por docentes de três grupos etários (jovens, de meia idade e idosos) — foram identificados três tipos de respostas a dilemas de sabedoria. Num primeiro tipo (nível I), os inquiridos centram-se num dos personagens do dilema, bipolarizando e dicotomizando o problema. Os comportamentos e as opções dos personagens são encarados como estáveis e fixos; as opiniões são apresentadas de um modo categórico, sem incertezas, dúvidas, conflitos; os comportamentos são muito estereotipados e os sujeitos tendem a reduzir um problema complexo, deficientemente estruturado, a um problema simples e bem estruturado. Num segundo tipo de respostas (nível II), os sujeitos descentram-se de um único personagem, começam a ponderar os diversos aspectos da questão, os diferentes pontos de vista e manifestam consciência de que o problema está deficientemente estruturado. As opções e decisões começam a ser concebidas como relativas, idiossincráticas e dependendo de factores situacionais — i. e., começam a ter em conta os contextos, as prioridades e os objectivos. Geralmente não integram diferentes soluções e quando o fazem remetem-nas para o futuro. Num terceiro tipo de respostas (nível III), os sujeitos ponderam os diversos aspectos da questão, os diferentes pontos de vista, levantam várias hipóteses e manifestam consciência de que o problema está deficientemente estruturado e que as respostas não são simples nem universais. Têm em consideração os contextos, as prioridades e os objectivos. Por vezes expressam sentir necessidade de mais conhecimentos da situação. Tentam integrar soluções diferentes, estando conscientes da dificuldade de efectuar tais integrações. As opções são encaradas como resultado de um processo complexo de natureza interactiva (os meus objectivos, as minhas prioridades e as dos outros). Tais opções e argumentos, tendo em conta os contextos em que são feitas, são frequentemente avaliadas e reavaliadas.

O primeiro tipo de respostas tem algumas características semelhantes às do estádio conformista de Loevinger (1976/82), às do estádio absolutista de Kramer (1983) e às dos primeiros estádios de juízos reflexivos de Kitchener e King (1985; 1990a, b). Em termos de evolução do pensamento, consideramos tais respostas de nível I. O segundo tipo de respostas tem características que o aproximam do estádio relativista de Kramer, do nível de auto-conhecimento e do estádio de consciência de Loevinger e dos estádios 4 e 5 de Kitchener e King. Em termos de evolução do pensamento, consideramo-lo de nível II. O terceiro tipo de respostas tem características comuns às do estádio dialéctico de Kramer, dos estádios autónomos e de integração de Loevinger e dos estádios 6 e 7 de Kitchener e King. Em termos de evolução do pensamento, consideramos tais respostas de nível III. A distribuição dos sujeitos nos três níveis de resposta mostra: (a) que são muito poucos os docentes que se situam no nível III, (b) que os docentes de meia idade são os que dão uma maior percentagem de respostas de nível III, (c) que embora as percentagens de respostas de nível III sejam idênticas nas jovens docentes e nas docentes idosas, a distribuição destes dois grupos nos restantes níveis não é igual, havendo uma maior concentração das jovens docentes no nível I e uma distribuição mais homogénea das docentes mais velhas nos níveis I e II.

Estes resultados, que estabelecem ligações entre níveis de pensamento pós-formal e sabedoria, são consistentes com os obtidos por autores que estudam a cognição do adulto (*e. g.*, Kitchener, King, Wood & Davison, 1989; Kramer & Woodruff, 1986) que mostram: (1) que são poucos os sujeitos que manifestam os níveis mais elevados de pensamento e (2) que só na meia idade começam a surgir manifestações do pensamento dialéctico e dos níveis mais elevados de reflexividade.

Ambientes que desenvolvem a sabedoria

A maior parte dos autores que apresentam conceptualizações sobre sabedoria não se têm debruçado directamente sobre a questão das eventuais intervenções que activam o seu desenvolvimento. Pascual-Leone (1983, 1990), faz derivar a disposição do sujeito para se desenvolver e transcender, dos tipos de educação e dos modelos que o sujeito teve enquanto criança, sem, porém, os caracterizar. Para Meacham (1990), um dos raros autores que caracteriza a natureza dos ambientes que promovem sabedoria, esta desenvolve-se numa atmosfera particular, por ele designada de "atmosfera de sabedoria". Uma atmosfera de sabedoria é um ambiente em que as dúvidas, as incertezas não só podem, como devem, ser abertamente expressas. Numa atmosfera de sabedoria as ambiguidades e as contradições são consideradas como momentos particularmente ricos, desde que não conduzam ao imobilismo. Atitudes e afirmações de carácter absolutista quanto a assuntos de natureza pessoal, profissional, científica, política e social, não contribuem para o desenvolvimento de uma atmosfera de sabedoria. O questionar-se quanto à natureza do conhecimento, quanto ao valor do sucesso, do poder e da autoridade que se foi adquirindo e a partilha destas questões com os outros, nomeadamente com os jovens, contribui, na perspectiva de Meacham (1990), para o desenvolvimento da sabedoria. A postura dogmática frente ao conhecimento — que geralmente é acompanhada de isolamento social e de centração em si próprio, o que dificulta, ou torna mesmo impossível, a escuta e respeito pela opinião dos outros — e, numa dimensão oposta, a dúvida paralisante — que se reflecte na impossibilidade de entrar em diálogo com os outros e de encontrar nas trocas de opinião suporte para uma atitude mais confiante frente ao conhecimento e à acção — impossibilitam a criação de uma atmosfera que desenvolva a sabedoria.

Sternberg (2001a), baseando-se no seu modelo mais recente de sabedoria, i. e., *"the balance theory of wisdom"*, vai mais longe e defende que a escola deve explicitamente adoptar um currículo para ensinar sabedoria, indicando entre várias razões as seguintes: (1) porque o conhecimento *per se* não conduz à sabedoria e não garante satisfação ou felicidade, (2) porque a sabedoria é uma via que permite criar um mundo melhor e mais harmonioso, (3) porque os estudantes, que se tornarão pais e lideres, beneficiarão de uma aprendizagem sobre como ajuizar correcta e justamente, tendo em conta o bem estar da comunidade. Nas suas palavras "defendemos que se ensinem os estudantes não só a conhecer factos e a pensar criticamente (e também criativamente) sobre o conteúdo dos assuntos que aprendem, mas, também, a pensar com sabedoria sobre eles" (*op. cit.*, p. 237) e, ainda, "acreditamos que ensinar sabedoria no currículo do 2.º e 3.º ciclos do ensino básico [1], pode acrescentar riqueza, profundidade e orientação para a formação de elevados níveis de pensamento, nem sempre contemplados pelo actual currículo" (*op. cit.*, p. 240).

De acordo com Sternberg (*op. cit.*), existem dezasseis princípios para ensinar sabedoria, de que destacamos: (1) [2] explorar com os

---

[1] *Middle-school curriculum* (Sternberg, 2001a).

[2] A numeração é a apresentada por Sternberg (2001a). Dado que não nos referimos a todos os princípios propostos existem saltos na numeração.

estudantes a ideia de que competências convencionais e sucessos não são suficientes para dar satisfação, (2) demonstrar quanto a sabedoria é fundamental para a felicidade, (3) ensinar os estudantes sobre a utilidade da interdependência, (4) ser modelo de sabedoria porque o que se faz é mais importante do que o que se diz, (5) estimular os estudantes a ler juízos e decisões sábias, (7) ajudar os estudantes a aprender a balancear os seus próprios interesses com os das outras pessoas e com os das instituições, (8) ensinar os estudantes que não devem apenas ter em consideração os fins, mas também os meios pelos quais os fins são obtidos, (9) ajudar os estudantes a aprender os papéis de adaptação, de modelação, e selecção, e como os balancear, (11) encorajar os estudantes a pensar dialecticamente, e a ter consciência de que tanto as questões como as suas respostas evoluem ao longo do tempo, (12) mostrar aos estudantes a importância do pensamento dialógico, a partir do qual compreendem os interesses e as ideias de múltiplos pontos de vista, (13) ensinar os estudantes a procurar e a tentar alcançar o bem para todos *(common good)* i. e., um bem em que todos ganham, (14) encorajar e recompensar a sabedoria, (15) ensinar os estudantes a monitorizar os acontecimentos por eles vividos e os seus processos de pensamento quanto a esses acontecimentos, e (16) ajudar os estudantes a compreender a importância de se inocularem contra as pressões do auto-interesse e dos interesses não balanceados de pequenos grupos.

Sternberg propõe procedimentos a seguir para se ensinar sabedoria: pedir aos estudantes para ler obras clássicas da literatura e da filosofia de modo a conhecer e reflectir sobre a sabedoria de pessoas ditas sábias; usar discussões na sala de aula de modo a estimular o pensamento dialógico (i. e., de modo a estimular a abordagem de problemas significativos, de múltiplos pontos de vista) e o pensamento dialéctico (i. e., activar a compreensão de que as ideias e os paradigmas estão em contínua evolução); encorajar os estudantes a desenvolver os seus próprios valores; estimular o pensamento crítico, criativo e prático ao serviço de bons fins; encorajar os estudantes a pensar sobre o uso que podem fazer do que estudaram. Sternberg reforça, ainda, a ideia apresentada no princípio 4, acima descrito, de que os professores devem ser modelos de sabedoria e assumir "uma abordagem mais socrática de ensino do que a que os professores geralmente fazem" (*op. cit.*, p. 238). Por seu lado, os estudantes deverão ser capazes de construir e de reconstruir o conhecimento do seu próprio ponto de vista e do ponto de vista dos outros. Para facilitar as construções e reconstruções do conhecimento, e as decorrentes descentrações, Sternberg propõe que, no âmbito das várias disciplinas (em estudos sociais, nomeadamente na história, em estudos científicos, na literatura e na aprendizagem das línguas estrangeiras), que deveriam estar mais integradas do que na realidade se verifica, os conteúdos sejam tratados de modo a contrariar atitudes etnocentricas, os conhecimentos sejam apresentados de modo que os estudantes compreendam que o saber decorre de uma contínua construção, os problemas sejam contextualizados e o ensino/aprendizagem das línguas estrangeiras se efectue tendo em consideração a cultura em que se inserem.

Para avaliar o seu mais recente modelo de sabedoria e nomeadamente a sua aplicabilidade em contexto de sala de aula, Sternberg (2001a) descreve a metodologia de uma pesquisa quase experimental em que professores dos 2.º e 3.º ciclos do ensino básico vão ensinar, ao longo de 12 semanas, sabedoria aos estudantes do G. E., utilizando um currículo ("an infused curriculum", *op. cit.*, p. 240), que incide na análise de vários tópicos, por exemplo: o que é sabedoria; porque a sabedoria é importante para as pessoas, para a sociedade e o mundo; algumas ideias importantes sobre a sabedoria; exemplos famosos de pessoas sábias ou consideradas como tal; a sabedoria ao longo do tempo; a sabedoria na vida quotidiana dos estudantes; a sabedoria na criação de um mundo melhor.

Em termos de formação os professores envolvidos na pesquisa recebem 20 horas de formação prévia, nas quais se centram fundamentalmente na análise de um livro com indicações curriculares (*curriculum handbook*), fornecido pelos experimentadores, e 10 horas durante a aplicação do currículo, nas quais recebem *feedback* quanto ao modo como o estão a aplicar.

Algumas considerações em torno do ensino de sabedoria nas escolas

Depois de descritas as diferentes conceptualizações de sabedoria, os resultados de algumas pesquisas efectuadas no seu âmbito e a natureza dos ambientes que a estimulam, iremos, de seguida, fazer algumas considerações em torno da proposta de R. Sternberg de que se ensine sabedoria nas escolas

Como tivemos ocasião de mostrar, sendo a sabedoria um conceito muito apelativo, é, também, pela diversidade de dimensões que envolve, um conceito extremamente complexo (o que explica a contenção que a maior parte dos autores manifesta nas análises que dele fazem). Os resultados das poucas pesquisas efectuadas no seu âmbito são, como se viu, concordantes ao mostrar que apenas uma percentagem muito pequena das pessoas estudadas dão respostas de sabedoria. Nas palavras muito recentes de Kramer (2003), referindo-se aos resultados obtidos pela equipe de Berlim, "as respostas de sabedoria são raras, evidentes em aproximadamente 5% dos sujeitos testados, o que fundamenta a hipótese de que a sabedoria é uma forma de mestria que requer experiência, prática, e competências complexas" (p. 138). Uma replicação da pesquisa de Baltes, com uma amostra de docentes/profissionais não docentes portugueses, encontra, igualmente, percentagens muito baixas de respostas de sabedoria, tanto nos grupos de docentes como nos grupos de profissionais não docentes.

A maior parte dos autores que estuda sabedoria não a analisa numa perspectiva desenvolvimentista. O quadro teórico e a metodologia, essencialmente "somativa", de Baltes e colaboradores, em que a sabedoria é definida pela média obtida em cada um dos 5 critérios, dão-nos, por exemplo, muito pouca informação sobre a evolução da sabedoria e do conhecimento relacionado com sabedoria *(wisdom related knowledge)*, ao longo do ciclo de vida. Embora não tenham directamente pesquisado a sabedoria, Kitchener e Brenner (1990), Kramer (1990) e Arlin (1990) dão-nos indicações úteis em relação à evolução dos pré-requisitos de sabedoria (respectivamente o juízo reflexivo; o pensamento relativista e dialéctico; a descoberta de problemas) e Loevinger (1976/82) em relação ao desenvolvimento do eu. Os resultados das suas pesquisas são concordantes quanto ao momento em que estes pré-requesitos aparecem, a saber, durante a vida adulta e sobretudo a partir da meia idade, sendo, porém, poucos os sujeitos que os manifestam. A única pesquisa, que tenhamos conhecimento, que estudou a sabedoria numa perspectiva desenvolvimentista, utilizando uma amostra de docentes (Marchand, 2002; 2003), encontrou como atrás foi dito, uma evolução, nas respostas a dilemas de sabedoria, de uma dicotomização e bipolarização inicial (nível I), para progressivas descentrações, relativizações e contextualizações (nível II), que são posteriormente avaliadas e re-avaliadas (nível III). Se a maioria das jovens docentes se encontra no primeiro nível, é na meia idade, e não na terceira idade, que se encontra o maior número de respostas do nível mais reflexivo de pensamento, ou seja o maior número de respostas que mais se aproximam de sabedoria. No entanto — e com todas as reservas inerentes a um estudo com uma amostra reduzida de sujeitos e baseado essencialmente na análise de conteúdo das respostas — apenas poucos sujeitos da meia idade se situa nesse nível, distribuindo-se os restantes em níveis menos reflexivos, menos descentrados de pensamento e, consequentemente, menos expressivos de sabedoria.

Se a maioria dos professores não manifesta sabedoria como poderão, tal como Sternberg propõe (2001, 238), ensinar os seus estudantes a adquirirem sabedoria? Como poderão ser modelos de sabedoria? Como poderão estimular e recompensar acções de sabedoria? Ou, ainda, como poderão mostrar que a sabedoria é fundamental para que se alcance felicidade? Resta-nos pensar que se pode desenvolver sabedoria nos professores. Interessa, porém, saber de que modo. Sternberg propõe que os docentes efectuem uma formação centrada num manual com indicações curriculares *(curriculum handbook)*, fornecido pelos experimentadores, e que recebam *feedback* ao longo da intervenção. A questão consiste em saber se é esta a metodologia mais adequada para desenvolver sabedoria nos docentes que a não possuem (é importante não esquecer os resultados de diversas pesquisas que mostram que as percentagens de respostas de sabedoria em todos os grupos profissionais são muitíssimo baixas).

Numa perspectiva diferente, os autores desenvolvimentistas, construtivistas de formação, advogam que o desenvolvimento dos pré-requisitos de sabedoria, e da própria sabedoria, pressupõe uma metodologia em que é utilizado, deliberadamente, o conflito cognitivo e sócio-cognitivo. Num dos raros estudos sobre a activação da reflexividade em adultos, Kitchener e colaboradores (cf. Kitchener & King, 1990a; Kitchener, Lynch, Fischer, & Wood, 1993), mostram que, quando submetidos a treino — no qual são utilizadas situações deficientemente estruturadas que, ao provocar conflitos e desequilíbrios, vão confrontar os sujeitos com a insuficiência das suas concepções de conhecimento — os adultos evoluem, embora lentamente, um ou dois níveis acima dos que se encontravam antes do treino. Os resultados de Kitchener e colaboradores são consistentes com os resultados das pesquisas que tiveram por objectivo activar o desenvolvimento cognitivo e o desenvolvimento moral (e. g., Inhelder, Sinclair & Bovet, 1974; Marchand, 1991; Blatt, 1969) que mostram que, nestes domínios, os progressos são lentos e dependentes dos níveis iniciais de desenvolvimento em que os sujeitos se encontram. Sendo assim, qualquer programa de formação de professores que incida, ainda não sobre a sabedoria, mas nos seus pré-requisitos, deverá ter em consideração que as evoluções são necessariamente morosas. Além deste aspecto, interessa não esquecer que o facto de possuírem os pré-requisitos de sabedoria, não significa que as pessoas sejam sábias. Kramer chama a atenção (1990) para o facto de que não basta pensar dialecticamente para que se possua sabedoria. É necessário que os elevados níveis cognitivos estejam integrados com elevados níveis de desenvolvimento do Eu, e que estes sejam acompanhados por, igualmente, elevadas disposições motivacionais.

É justamente a complexidade e a multidimensionalidade da sabedoria que explica porque, durante séculos, esta foi apenas atribuída a poucas pessoas, que se destacavam da generalidade das outras pelas suas qualidades cognitivas e empáticas. É, ainda, por causa do elevado nível de competências que envolve, que a maior parte dos teóricos defende que a sabedoria se desenvolve com a idade, especialmente durante a última parte da vida adulta constituindo o ideal a que a pessoa ou a sociedade pode aspirar mais do que alcançar (Baltes & Smith, 1990; Clayton & Birren, 1980; Cornelius & Caspi, 1987; Denney, 1984; Erikson, 1959; Holliday & Chandler, 1986; Kitchener & Brenner, 1990; Kramer, 1990, entre outros).

Eleger a sabedoria como objectivo da educação, embora muito sedutor, poderá, por todas estas razões, ser excessivo. Pensamos que Kuhn e Udell (2001) assumem uma posição mais realista quando defendem que "os esforços de natureza educacional devem focar-se mais no objectivo, mais modesto, de que se ensinem as ferramentas da sabedoria, do que no objectivo de que se ensine a própria sabedoria" (p. 261). Aliás é nestes instrumentos que, na nossa opinião, uma parte da proposta de Sternberg [3] incide (por exemplo, quando propõe que se encorajem os estudantes a pensar dialecticamente, compreendendo que quer as questões quer as respostas a tais questões evoluem ao longo dos tempos; que se ensine os estudantes a monitorizar os acontecimentos e os processos de pensamento quanto a esses acontecimentos, entre outros).

O facto de pensarmos que dificilmente se pode "ensinar" sabedoria nas escolas não invalida que professores, com competência e preparação para o fazer, desenvolvam alguns dos princípios propostos por Sternberg, por exemplo: (1) explorem com os estudantes a noção de que as competências e conhecimentos não são suficientes para trazer felicidade (2) estimulem os estudantes a ler juízos e decisões sábias, (3) ensinem (diríamos antes "estimulem os estudantes a compreender") que os meios pelos quais se alcançam os fins devem ser tidos em consideração e não apenas os fins. Tal não invalida, ainda, que se tente desenvolver nas escolas, envolvendo todos os docentes e os profissionais não docentes, uma atmosfera de sabedoria

---

[3] Proposta, por vezes, confusa e extremamente ecléctica, sugerindo em alguns casos a doutrinação, noutros a activação do desenvolvimento, noutros ainda a modelação.

no sentido em que Meacham a define, ou seja, uma atmosfera em que as dúvidas, as incertezas sejam abertamente expressas; em que as ambiguidades e as contradições sejam consideradas como momentos particularmente ricos de desenvolvimento; em que se questionem as atitudes e afirmações de carácter absolutista quanto a assuntos de natureza pessoal, profissional, científica, política e social; em que se reflicta sobre a natureza do conhecimento, sobre o valor do sucesso, do poder e da autoridade que se foi adquirindo. Todas estas intervenções, que exigem uma intensa formação dos docentes e do pessoal não docente e uma política de escola diferente da que geralmente prevalece são, pensamos, condições necessárias para ajudar a desenvolver os pré-requisitos de sabedoria e a disposição para se transcender. Interessa saber se são suficientes para desenvolver um conceito tão complexo quanto a sabedoria.

Referências bibliográficas

Arlin, P. (1984). Adolescent and adult thought: a structural interpretation. In M. Commons, F. Richards & C. Armon (Eds.), *Beyond formal operations: Late adolescent and adult cognitive development* (pp. 258-271). New York: Praeger.

Arlin, P. (1990). Wisdom: the art of problem finding. In R. J. Sternberg (Ed.), *Wisdom, its nature, origins and development* (pp. 230-243). Cambridge: Cambridge University Press.

Baltes, P. B. & Smith, J. (1990). Toward a psychology of wisdom and its ontogenesis. In R. J. Sternberg (Ed.), *Wisdom, its nature, origins and development* (pp. 87-120). Cambridge: Cambridge University Press.

Baltes, P. B., & Staudinger, U. M. (1993). The search for a psychology of wisdom. *Current Directions in Psychological Science, 2* , 75-80.

Baltes, P. B., Dittmann-Kohli, F. & Dixon, R. A. (1984). New perspectives on the development of intelligence in adulthood: toward a dual-process conception and a model of selective optimization with compensation. In P. B. Baltes & O. G. Brim (Eds.), *Life-span development and behavior* (vol. 6, pp. 33-76). New York: Academic Press.

Baltes, P. B., Smith, J. & Staudinger, U. M. (1992). Wisdom and successful aging. In T. B. Sonderegger (Ed.), *Psychology and aging* (vol. 39, pp. 123-167). Lincoln: University of Nebraska Press.

Birren, J. E. & Fisher, L. M. (1990). The elements of wisdom: overview and integration. In R. J. Sternberg (Ed.), *Wisdom, its nature, origins and development* (pp. 317-332). Cambridge: Cambridge University Press.

Blatt, M. (1969). The effects of classroom discussion programs upon children's level of moral judgment. University of Chicago (Tese de doutoramento não publicada).

Brent, S. B. & Watson, D. (1980). *Aging and Wisdom: individual and collective aspects*. Paper presented at the Meeting of the Gerontological Society of America. San Francisco.

Chandler, M. J. & Holliday, S. (1990). Wisdom in a postapocalyptic age. In R. J. Sternberg (Ed.), *Wisdom, its nature, origins and development* (pp. 121-142). Cambridge: Cambridge University Press.

Clayton, V. P. & Birren, J. E. (1980). The development of wisdom across the life-span. A re-examination of an ancient topic. *Life-Span Development and Behavior, 3*, 103-135.

Cornelius, S. W. & Caspi, A. (1987). Everyday problem solving in adulthood and old age. *Psychology and Aging, 2*, 144-153.

Csikszentmihalyi, M. & Rathunde (1990). The psychology of wisdom: an evolutionary interpretation. In R. Sternberg (Ed.), *Wisdom, its nature, origins and development* (pp. 25-51). Cambridge: Cambridge University Press.

Denney, N. W. (1984). A model of cognitive development across the life span. *Developmental Review, 4*, 171-191.

Erikson, E. H. (1959). Identity and the life cycle. *Psychological Issues Monograph I*. New York: International Universities Press.

Dittmann-Kohli, F. & Baltes, P. B. (1990). Toward a neofunctionalist conception of adult intellectual development. Wisdom as a prototypical case of intellectual growth. In C. Alexander & E. Langer (Eds.), *Higher stages of human development: Perspectives on adult growth* (pp. 54-78). New York: Oxford University Press.

Holliday, S. G. & Chandler, M. J. (1986). *Wisdom: explorations in adult competence*. Basel: Karger.

Inhelder, B., Sinclair, H. & Bovet, M. (1974). *Apprentissage et structures de la connaissance*. Paris: Presses Universitaires de France.

Kitchener, K. S. & Brenner, H. (1990). Wisdom and reflective judgment: Knowing in the face of uncertainty. In R. Sternberg (Ed.), *Wisdom, its nature, origins and development* (pp. 212-229). Cambridge: Cambridge University Press.

Kitchener, K. S. & King, P. M. (1985). *Reflective Judgement Scoring Manual*.

Kitchener, K. & King, P. (1990a). The Reflective Judgment Model: Transforming assumptions about knowing. In J. Mezirow (Ed.), *Fostering critical reflection in adulthood: A guide to transformative and emancipatory learning* (pp. 159-176). San Francisco, Oxford: Jossey-Bass Publishers.

Kitchener, K. S. & King, P. M. (1990b). The Reflective judgement Model: Ten years of research. In M. L. Commons, C. Armon, L. Kohlberg, F. A. Richards, T. A. Grozer & J. D. Sinnott (Eds.), *Adult Development: Vol 2. Models and methods in the study of adolescent and adult thought* (pp. 63-78). New York: Praeger.

Kitchener, K. S., Lynch, C., Fischer, K. & Wood, P. (1993). Developmental range of reflective judgement: the effect of contextual support and practice on developmental stage. *Developmental Psychology, 29*, 893-906.

Kitchener, K., King, P., Wood, P. & Davison, M. (1989). Sequentiallity and consistency in the development of reflective judgment: A six-year longitudinal study. *Journal of Applied Developmental Psychology, 10*, 73-95.

Kramer, D. A. (1983). Post-formal operations? A need for further conceptualization. *Human Development, 26*, 91-105.

Kramer, D. A. (1990). Conceptualizing wisdom: the primacy of affect-cognition relations. In R. Sternberg (Ed.), *Wisdom, its nature, origins and development* (pp. 279- 309). Cambridge: Cambridge University Press.

Kramer, D. A. (2003). The ontogeny of wisdom in its variations. In J. Demick & C. Andreoletti, *Handbook of adult development* (pp. 131-151). New York: Kluwer Academic / Plenum Publishers.

Kramer, D. & Woodruff, D. (1986). Relativistic and dialectical thought in three adult age groups. *Human Development, 29*, 280-290.

Kuhn & Udell (2001). The path to wisdom. *Educational Psychologist, 36* (4), 261-264.

Loevinger, J. (1976/82). *Ego development*. San Francisco: Jossey-Bass.

Lynch, C. L. & Kitchener, K. S. (1989). *Environmental conditions for optimal performance in reflective judgment*. Paper presented at the Annual Meeting of the American Educational Research Association. San Francisco.

Marchand, H. (1991). *Apprentissage opératoire chez des enfants provenant de milieux socio-culturels défavorisés*. Lisboa: INIC.

Marchand, H. (1994). Sabedoria: uma questão milenária, uma questão actual. *Brotéria, 138*, 247-266.

Marchand, H. (1998). Wisdom: a case of high level of human performance. In A. C. Quelhas & F. Pereira (Eds.), *Cognition and Context* (pp. 367-380). Lisboa: ISPA.

Marchand, H. (2002). *Does wisdom increase with age?* Comunicação sob forma de poster apresentada no 32nd Annual Meeting of the Jean Piaget Society *The Embodied Mind and Counsciousness: Developmental Perspectives*. Filadélfia.

Marchand, H. (2003a). S*abedoria: uma abordagem desenvolvimentista*. Comunicação apresentada no seminário *Psicologia do Desenvolvimento: Temas de Investigação, Áreas de Intervenção*. Coimbra, 13 de Fevereiro de 2003.

Marchand, H. (2003b). *Is it possible to teach wisdom and- if so- can teachers, in general, do it?* Comunicação sob forma de poster apresentada no 33rd Annual Meeting of the Jean Piaget Society, *Play and Development*. Chicago.

Meacham, J. A. (1983). Wisdom and the context of knowledge: Knowing that one doesn't know. In D. Kuhn & J. A. Meacham (Eds.), *On the development of developmental psychology* (pp. 111-134). Basel, Switzerland: Karger.

Meacham, J. A. (1990). The loss of wisdom. In R. J. Sternberg (Ed.), *Wisdom, its nature, origins, and development* (pp. 181-212). Cambridge: Cambridge University Press.

Orwoll, L. & Achenbaum, W. A. (1993). Gender and the development of wisdom. *Human Development, 36*, 274-296.

Pascual-Leone, J. (1983). Growing into human maturity: toward a metasubjective theory of adult stages. In P. Baltes & O. Brim (Eds.), *Life-span development and behavior*, vol. 5. (pp. 117-156). New York: Academic Press.

Pascual-Leone, J. (1990). An essay on wisdom: toward organismic processes that make it possible. In R. J. Sternberg (Ed.), *Wisdom, its nature, origins, and development* (pp. 244-278). Cambridge: Cambridge University Press.

Rathunde, K. (1995). Wisdom and abiding interest: interviews with three noted historians in later life. *Journal of Adult Development, 2*, 3, 159-172.

Shedlock, D. J. & Cornelius, S. (2003). Psychological approaches to wisdom and its development. In J. Demick & C. Andreoletti, *Handbook of adult development* (pp. 153-167). New York: Kluwer Academic / Plenum Publishers.

Smith, J., Staudinger, U. M. & Baltes, P. B. (1994). Occupational settings facilitating wisdom-related knowledge: the sample case of clinical psychologists. *Journal of Consulting and Clinical Psychology, 62*, 5, 989-999.

Staudinger, U. M., Smith, J. & Baltes, P. B. (1992). Wisdom-related knowledge in a life review task: Age differences and the role of professional specialization. *Psychology and Aging, 7*, 271-281.

Staudinger, U. M., Smith, J. & Baltes, P. B. (1994). *Manual for the assessment of wisdom-related knowledge.* Max Planck Institute for Human Development and Education. Berlin.

Sternberg, R. (1985). Implicit theories of intelligence, creativity, and wisdom. *Journal of Personality and Social Psychology*, 49, 607-627.

Sternberg, R. (1990). Understanding wisdom. In R. J. Sternberg (Ed.), *Wisdom, its nature, origins, and development* (pp. 3-9). Cambridge: Cambridge University Press.

Sternberg, R. (2001a). Why schools should teach for wisdom: the balance theory of wisdom in educational settings. *Educational Psychologist, 36* (4), 227-245.

Sternberg, R. (2001b). How wise is to teach for wisdom? A reply to five critiques. *Educational Psychologist, 36* (4), 269-272.

Takahashi, M. & Overton, W. (2002). Wisdom: A culturally inclusive developmental perspective. *International Journal of Behavioral Development, 26* (3), 269-277.

9

Trajectórias dos nossos vínculos: Desenvolvimento, psicopatologia e aplicações clínicas *

Isabel Soares

Ao longo deste capítulo, iremos procurar cruzar a nossa trajectória no estudo da vinculação com a trajectória do desenvolvimento do próprio objecto de estudo, seguindo uma perspectiva histórica. Em ambos os casos, a trajectória foi deslizando no sentido de procurar compreender o desenvolvimento e a psicopatologia e examinar de que modo é que esse conhecimento poderá ser frutuoso para a prática psicoterapêutica.

Numa *visão geral* deste património, em termos esquemáticos, consideramos que a teoria e a investigação da vinculação se inscrevem no domínio do desenvolvimento e da psicopatologia, ancorado nos contextos biológico-evolutivo, transgeracional e cultural, com contribuições várias para a intervenção psicológica.

---

* Este capítulo foi elaborado com base na lição de síntese apresentada nas provas de agregação da autora, na Universidade do Minho, em Junho de 2002.

Numa perspectiva histórica, estes elementos encontram-se já, em níveis diferentes de aprofundamento, no que poderíamos considerar a *primeira fase da teoria e investigação da vinculação*, que poderá ser situada entre os anos 40 e os finais dos anos 60. Os primeiros escritos de Bowlby (1940, 1944) incidem em temáticas clínicas relacionadas com os efeitos da privação de cuidados maternos na disrupção da vinculação, relevantes para a compreensão do desenvolvimento da psicopatologia e que evidenciam a necessidade de um enquadramento conceptual novo para as questões que a psicanálise parecia não poder/querer responder. Nesta linha, a primeira obra da trilogia de Bowlby (1969) constitui um marcador importante do início da construção da teoria da vinculação, abrindo o nosso horizonte ao desenvolvimento da vinculação e alargando-o, posteriormente, à separação e à perda (Bowlby, 1973, 1980).

Na sequência de incursões na investigação empírica, começa a tomar corpo uma *segunda fase* durante a década de 70, com os estudos de Mary Ainsworth e colaboradores (1977, 1978) centrados na observação de bebés e mães em contextos naturalista e laboratorial. Esta fase avança, decisivamente, no plano da metodologia ao nível da construção de procedimentos (por exemplo, a *Situação Estranha*), os quais contribuem para fundamentar as preocupações conceptuais de Bowlby. Nesta fase ficam ancorados os pontos nucleares da metodologia do estudo da vinculação caracterizados por uma *abordagem-multi*: momentos, contextos, métodos, observadores. Por outro lado, a observação atenta e detalhada da organização da vinculação trouxe para primeiro plano a *figura de vinculação* e permitiu que a vinculação adquirisse, no terreno empírico, o estatuto de construto relacional.

Em meados da década de 80, começa a evidenciar-se a *terceira fase* do estudo da vinculação, alargando-se o foco para os adultos e movendo-o do domínio comportamental para o domínio representacional. A contribuição de Mary Main e colaboradoras, através da elaboração de uma entrevista biográfica e de tipo clínico designada por *Adult Attachment Interview – AAI*, torna evidente a(s) organização(ões) discursiva(s) e as narrativas sobre a vinculação e abre novas perspectivas para a compreensão da vinculação ao longo do ciclo da vida (George, Kaplan & Main, 1985; Main, Caplan & Cassidy, 1985). A identificação de padrões de organização mental em adultos, análogos aos padrões de organização comportamental identificados em bebés, permite a exploração empírica da transgeracionalidade da vinculação. Progressivamente, vão passando para primeiro plano algumas das questões que Bowlby tinha formulado a partir da sua experiência clínica, especialmente relevantes para a compreensão da psicopatologia e da psicoterapia, por exemplo, o modo como as experiências precoces vêm a influenciar posteriormente o desenvolvimento de perturbações psicológicas (*e. g.*, Atkinson, 1997; Dozier, Stovall & Albus, 1999), das relações amorosas (Feeney, 1999) ou da relação terapêutica (*e. g.*, Dozier & Tyrell, 1998; Slade, 1999). Nesta esteira, a investigação vai permitir clarificar e caracterizar a desorganização da vinculação (Solomon & George, 1999b) ao nível do comportamento e ao nível do pensamento e linguagem, abrindo um terreno de enorme complexidade e de inquestionável relevância clínica. Nesta linha, assistimos a investimentos interessantes do ponto de vista da investigação e da intervenção na "primeira" questão bowlbiniana relativa aos efeitos da disrupção precoce da vinculação no desenvolvimento humano (cf. revisão de Boris & Zeanah, 1999; Vondra & Barnett, 1999).

À medida que avança a investigação sobre as implicações da qualidade da vinculação nas múltiplas trajectórias de desenvolvimento, os investigadores-clínicos começam a demonstrar um interesse crescente sobre o modo como a teoria e a investigação podem contribuir para a compreensão do processo psicoterapêutico. Se este "reencontro" da teoria com as suas origens no terreno clínico é frutuoso, tanto mais que é o resultado de um *corpus* teórico-empírico de natureza desenvolvimental, que é uma mais-valia para a investigação da psicopatologia e para psicoterapia, também teremos de reconhecer que estão a ser dados os primeiros passos nesta exploração. Cremos estar a entrar numa *quarta fase* onde se reencontram abordagem múltiplas. Regresso às origens? Talvez, antes, um movimento em espiral.

É isso que iremos procurar evidenciar e fundamentar ao longo deste capítulo através de algumas das contribuições mais relevantes da teoria e da investigação. Nesta linha, começaremos pelas contribuições de Bowlby, depois pelas de Mary Ainsworth e, por fim, pelas de Mary Main, destacando duas em cada caso que, na nossa perspectiva, criaram vínculos seguros, isto é, constituíram bases de trabalho científico e tiveram um efeito propulsor significativo. Comecemos pelos *primórdios da vinculação e suas vicissitudes.*

A atenção aos efeitos da privação de cuidados parentais na infância desperta muito cedo em Bowlby, aos 21 anos, quando vai trabalhar para um internato de crianças e jovens problemáticos, cujas dificuldades lhe pareciam estar associadas a experiências muito adversas ocorridas na infância. Mais tarde, já como psicoterapeuta, encontra histórias semelhantes, e verifica que a separação prolongada da mãe ocorrida durante a infância estava associada a um tipo específico de psicopatia, que designou por "vazio de afecto", caracterizado por frieza e distanciamento emocional, ausência de calor ou de afecto na relação com o outro, comportamento social marcadamente solitário, não responsivo e insensível à punição ou ao reconhecimento social positivo (Bowlby, 1944).

O período pós-guerra vem acentuar a importância da problemática dos efeitos da privação de cuidados parentais. Neste contexto sócio-histórico, a Organização Mundial de Saúde estava particularmente interessada nas crianças privadas de cuidados parentais, tendo convidado Bowlby para realizar uma pesquisa sobre essa temática. Na sua revisão da investigação, Bowlby (1951) verificou que as crianças privadas de cuidados maternos tendiam a desenvolver os mesmos sintomas que os jovens delinquentes "vazios de afecto". Estas crianças institucionalizadas tornavam-se adultos emocionalmente frios, superficiais nos seus relacionamentos, com níveis elevados de hostilidade e com comportamentos anti-sociais. Ao situar o ponto crítico nos efeitos adversos da privação materna, Bowlby reconhece que muitas das dificuldades na infância e na idade adulta resultam das experiências efectivas, e, nesse sentido, demarca-se das posições kleinianas de valorização dos conflitos internos e fantasias.

A atenção de Bowlby aos efeitos das separações não se limitou às situações duradouras, mas incluiu também as hospitalizações com a "obrigatória" separação das figuras parentais. Com base na revisão de investigação e nas suas observações, Bowlby (1960, 1961) identificou uma sequência de comportamentos a partir dos 6 meses, em resposta à separação, constituída por 3 fases — *protesto, desespero* e *desvinculação*.

Face a estas observações várias perguntas se impunham: *como e porquê a privação materna produz efeitos adversos?* Que processos psicológicos contribuem para esta perturbação e para o fenómeno de desvinculação? Como se pode compreender a natureza da vinculação entre a criança e a figura parental? Estas são as questões que Bowlby (1969) coloca na primeira obra da sua trilogia e para as quais a psicanálise não lhe oferecia resposta. A teoria psicanalítica postulava que os laços afectivos que o bebé estabelece com a mãe assentavam na satisfação das suas necessidades alimentares, na gratificação oral. Ora esta concepção não se ajustava aos factos. Em primeiro lugar, os estudos com bebés e crianças em orfanatos ou hospitalizadas (*e. g.* Burlingham & Freud, 1942, 1944; Robertson, 1953) evidenciavam que, não obstante a satisfação das suas necessidades alimentares, estas crianças em situação de privação materna apresentavam sinais claros de perturbação psicológica, como por exemplo letargia emocional ou isolamento social. Por outro lado, as investigações de Harlow e da sua equipa (1958, 1959) ao mostrarem que os bebés macacos "rhesus" preferiam o contacto com uma "mãe" artificial de pano que não dava leite a uma "mãe" de arame lactante, tornavam também evidente a importância crucial do conforto do contacto no desenvolvimento das relações sociais precoces.

Ao procurar um paradigma alternativo, Bowlby encontra na Etologia o apoio para dar sentido teórico à evidência clínica e aos resultados da investigação empírica. Bowlby (1969) começa por reconhecer a importância vital do comportamento de vinculação para a espécie humana: a sobrevivência da nossa espécie só pode ser compreendida se concebermos que o bebé nasce com um sistema comportamental que tem por função protegê-lo do perigo. Assim, o sistema de vinculação serve a função biológica de protecção nas espécies que têm um período de desenvolvimento longo antes de alcançarem a maturidade reprodutiva. Como é que se assegura tal protecção? Pela possibilidade de o bebé, através de comportamentos específicos (por exemplo, chorar, agarrar, seguir), isto é, comportamentos de vinculação, manter ou estabelecer a proximidade com uma figura adulta mais capaz de se confrontar com situações de perigo e que lhe proporciona cuidados básicos, isto é, um figura de vinculação. Bowlby considera que os comportamentos de vinculação estão organizados num sistema comportamental com componentes cognitivos e emocionais. Durante o primeiro ano de vida, ao longo das interacções com as figuras que lhe prestam cuidados, a criança vai construindo um conjunto de conhecimentos e expectativas sobre essas figuras e sobre o seu próprio self, que Bowlby designa por modelos internos dinâmicos de vinculação. Estes modelos constituem-se como guias para a interpretação das experiências e para a orientação dos comportamentos de vinculação.

Numa *apreciação geral destas contribuições iniciais de Bowlby*, poderemos salientar alguns aspectos. Em primeiro lugar, o seu movimento conceptual — da observação da disrupção das relações de vinculação para a compreensão do desenvolvimento "normativo" — movimento este que está no cerne da Psicopatologia do Desenvolvimento, disciplina que pugna pela articulação das trajectórias (in)adaptativas como base fundamental para o conhecimento do desenvolvimento e suas vicissitudes.

Em segundo lugar, parece-nos claro que este movimento conceptual atravessa o contexto biológico/evolutivo — no reconhecimento das bases biológicas da vinculação e na sua perspectivação no plano filogenético — e o contexto transgeracional — ao assentar num modelo teórico explicitamente relacional, no qual a relação está presente desde o início e a vinculação é concebida como um processo de natureza interacional que decorre através das gerações.

Se o pensamento de Bowlby foi evoluindo ao longo da sua obra, contribuições subsequentes vierem detalhar, clarificar e enriquecer o seu pensamento. Comecemos pelas *contribuições posteriores sobre a disrupção*.

Mais de cinquenta anos após os primeiros estudos de Bowlby, os investigadores continuam a estudar os efeitos da privação grave de cuidados parentais e outros traumas relacionados com a vinculação (ver revisão de Boris & Zeanahn, 1999). Actualmente, poucas dúvidas poderemos ter sobre o papel da privação de cuidados parentais como um factor etiológico nas perturbações da vinculação, mas bastantes questões continuam por esclarecer, por exemplo, relacionadas com a gravidade dos problemas ou com a variabilidade intra-grupo.

Do conjunto de estudos com impacto no avanço do conhecimento da vinculação destacaríamos as investigações que têm sido conduzidas com as crianças romenas por Rutter e ERA Study Team (1998, 1999). Com a queda do ditador Ceausescu, em 1989, abrem-se as portas de instituições onde se aprisionavam milhares de crianças abandonadas em condições terríveis e monstruosas. Entre 1990 e 1991, muitas destas crianças, a maioria com menos de 5 anos de idade, foram adoptadas por famílias na Europa e na América. Os vários estudos vêm revelar as capacidades significativas de recuperação em muitas crianças, mas também evidenciam danos significativos em muitas outras, e a manutenção destes problemas está relacionada com a duração da experiência institucional (cf. Ames, 1997)

Ao confrontarmos a literatura mais recente com os escritos de Bowlby sobre os efeitos da privação materna, damos conta que a sua obra continua a ser uma referência significativa. Contudo, uma leitura crítica à luz dos estudos mais actuais, leva-nos a considerar que, relativamente às separações breves, o seus efeitos parecem ser menos nefastos e mais complexos do que Bowlby começou por considerar. Os estudos actuais oferecem-nos uma visão menos patologizante, sublinham a plasticidade do organismo humano face aos efeitos da adversidade e acentuam a subtileza dos vínculos — mais do que a separação (breve) em si mesma, há que atender ao seu significado no contexto interaccional em que ocorre.

Contudo, quando olhamos para as histórias de vida de crianças mais carregadas pelo infortúnio, a investigação parece ir de encontro ao que Bowlby defendia. O quadro existencial é preocupante, embora algumas crianças revelem capacidades de recuperação significativa. Além disso, estudos posteriores confirmaram o conceito de Bowlby dos ciclos de desvantagem, embora nem todas as crianças de famílias infelizes sigam uma trajectória "confirmatória" do infortúnio. É necessário um modelo complexo para explicar as diferenças individuais que tenha em conta a criança, a figura parental, os acontecimentos e suas significações e o contexto social envolvente. Isto pode ser conceptualizado em termos de trajectórias ao longo do desenvolvimento, tal como no modelo proposto por Bowlby: a sua metáfora das múltiplas linhas férreas que partem da estação central ou a metáfora da árvore com os seus múltiplos ramos (versão adoptada por Sroufe, Cooper & DeHart, 1996) é crucial para os investigadores ilustrarem, hoje em dia, a complexidade do desenvolvimento.

Em conclusão, olhando para a investigação actual, sublinharíamos que, na esteira de Bowlby, continuam a ser examinados os efeitos da privação de cuidados parentais no contexto biológico/evolutivo e no contexto transgeracional.

Centremo-nos, agora, nas *contribuições subsequentes relativas ao desenvolvimento da vinculação*. A partir dos finais dos anos 80, o estudo da ontogenia avança decisivamente permitindo compreender melhor a reorganização da vinculação na adolescência, em torno das relações com os pais e com os pares e o papel das relações amorosas (Allen & Land, 1999). A idade adulta passa também a receber a atenção dos investigadores, em especial o contexto das relações íntimas, com o mesmo sexo e com o sexo oposto (Feeney, 1999; Hazan & Zeifman, 1999; Mohr, 1999).

Ao longo destas décadas e na linha do pensamento transdisciplinar de Bowlby, o estudo do desenvolvimento da vinculação foi sendo reflectido por luzes, diversas da Psicologia, provenientes do estudo da Evolução, da Genética e das Neurociências. As considerações filogenéticas de Bowlby sobre a vinculação tiveram por base a conceptualização dominante da época relativamente à teoria da evolução, profundamente inspirada em Darwin. Avanços significativos posteriores permitem hoje ter um entendimento mais aprofundado da importância para a evolução da reprodução do material genético e não apenas da sobrevivência dos indivíduos. Mas, em qualquer dos casos, o núcleo "vitalmente" estruturante da vinculação permanece na evolução da espécie.

Num outro território, cruzam-se os investigadores da vinculação e das neurociências. A exploração das bases neurobiológicas das relações interpessoais, da experiência subjectiva e da mente em desenvolvimento exige pensar no que ocorre quando um cérebro interage com o outro, quando a comunicação emocionalmente carregada corre de um para outro. Entramos no território do que Siegel (2001) designa por neurociência afectiva, e, dada a natureza transdisciplinar da teoria da vinculação, a intersecção parece inevitável.

Actualmente, é claro que a maturação neurológica depende das experiências e que há certos ambientes que têm um impacto positivo na maturação dos sistemas neuronais que processam e regulam as emoções. Estes ambientes são fundamentalmente interpessoais e influenciam directamente a ontogenia dos sistemas biológicos que medeiam as capacidades (in)adaptativas do indivíduo. A primeira infância durante a qual se organizam as funções da vinculação é também um período crítico para a maturação dependente da experiência do hemisfério direito, não-verbal que domina neste período do desenvolvimento (Shore, 2001).

As concepções actuais desenvolvimentais que integram os domínios biológico e psicológico estão, assim, a aproximar-se cada vez mais no sentido de um modelo biopsicosocial que serve como fonte para novas questões, mas também para novas aplicações. Ao mesmo tempo, a ideia de Bowlby, em 1969, de que haveria ainda um continente a conquistar, continua actual e a teoria da vinculação poderá ser útil no desbravar da sua topografia.

Avancemos, agora, para a *segunda fase da teoria e investigação da vinculação*. Em 1987, a Associação Americana de Psicologia atribuiu a Mary Ainsworth um prémio de distinção profissional pelos seus *insights* sobre a natureza e o desenvolvimento da segurança humana, pelas observações da interacção mãe-bebé no Uganda e em Baltimore, pelas análises conceptuais da vinculação e da dependência e pela sua contribuição para a metodologia da avaliação da infância. Em nosso entender, este reconhecimento pela APA poderá ser ilustrado em duas contribuições de Ainsworth: ao nível metodológico, no que designamos por *abordagem "multi"*, e ao nível conceptual, no papel da figura de vinculação na construção da segurança da vinculação.

O ponto de partida da sua *abordagem multi* remete-nos para as observações de Mary Ainsworth (1963, 1967) numa tribo do Uganda. Durante sete meses Ainsworth visitou um conjunto de 25 mães e seus filhos, durante algumas horas à tarde, altura em que recebiam visitantes. Com base nas suas observações e nos registos dos comportamentos dos bebés e respectivas mães, Ainsworth identificou e caracterizou os padrões de vinculação e a sua evolução ao longo do primeiro e segundo ano de vida, bem como o papel da figura de vinculação como base segura e, além disso, ao evidenciar o fenómeno da vinculação num contexto de múltiplas figuras de cuidados, mostrou que os factores decisivos para a segurança não passam pelo número de figuras, mas pela continuidade e qualidade da interacção. Inspirada na teoria de Bowlby e nas suas observações no Uganda, quando regressou a Baltimore, Ainsworth avançou para um estudo longitudinal no contexto familiar. De três em três semanas, desde o nascimento do bebé até ao final do seu primeiro ano, Ainsworth e colaboradores (1978) deslocavam-se a casa de 26 famílias, onde permaneciam, em cada visita, durante algumas horas a observar e a registar os comportamentos do bebé e da mãe e das interacções que estabeleciam entre si e com outros. Cruzando as suas observações no Uganda e em Baltimore, Ainsworth reconheceu a necessidade de construir um procedimento laboratorial que estimulasse de um modo mais intenso o comportamento do bebé. Assim nasceu a *Situação Estranha*, que permitiu a identificação de diferenças individuais em torno de três padrões ou organizações comportamentais da vinculação, cujas características-chave estão subjacentes às próprias designações: padrão inseguro-evitante; padrão seguro; padrão inseguro-resistente ou ambivalente (ver Ainsworth et al., 1978).

Em nosso entender, mais importante do que identificar diferenças individuais, é ser capaz de as explicar. Ainsworth e a sua equipa conseguiram ambos os aspectos, justamente, porque se tratava de um estudo longitudinal e porque combinava observações em casa e no laboratório com recurso a instrumentos de observação variados. Os seus estudos permitiram compreender o desenvolvimento *no* contexto e marcaram a(s) trajectórias(s) da exploração da vinculação *no terreno* empírico: desenho longitudinal, observações em contextos naturalistas e laboratoriais, valorização da diversidade de contextos culturais, foco na interacção, recurso a métodos variados de recolha e de tratamento de dados.

O estudo de Baltimore, ao evidenciar que as diferentes organizações de comportamentos na *Situação Estranha* reflectem diferenças na natureza da relação do bebé com a mãe (Ainsworth *et al.*, 1978), traz para primeiro plano o outro protagonista da vinculação — a *figura de vinculação* —, permitindo assim que a vinculação adquirisse no terreno empírico, em definitivo, o estatuto de construto relacional.

Em traços gerais, poderemos dizer que as mães dos bebés seguros na *Situação Estranha* foram consideradas mais sensíveis, cooperantes e psicologicamente disponíveis, em comparação com as mães dos bebés inseguros. Por seu lado, as mães dos bebés evitantes foram avaliadas como as mais rejeitantes, interferentes e menos afectuosas no contacto corporal. A observação da interacção entre estas mães e os seus bebés evidencia um contacto corporal problemático e um conflito entre a aproximação e o evitamento. Por outro lado, as mães dos bebés resistentes foram consideradas como as menos responsivas ao choro e menos sensíveis aos sinais e comunicações dos seus bebés, os quais, por seu lado, também demoravam mais tempo a se acalmar e irritavam-se quando a mãe os pegava ao colo. A harmonia na relação entre o bebé e a mãe não parece evidente quando se cruzam os olhares sobre estas relações inseguras.

No sentido de (des)harmonia há outros resultados deste estudo relacionados com a interacção, que valerá a pena destacar. Ao contrário do que se poderia pensar, não são os episódios de separação que mais relevância têm para a avaliação da qualidade da vinculação. Se a separação activa de forma significativa o sistema de vinculação, é o modo como a criança recorre à figura de vinculação numa situação de stress emocional, ainda que moderado, que é fundamental. O ponto crítico na *Situação Estranha* é o reencontro, quando a figura de vinculação está disponível para proporcionar segurança, e não a separação quando a criança está perturbada, mas não tem a figura de vinculação para a acalmar. É a qualidade deste fluxo de trocas emocionais quando o bebé está em *stress*, que especifica a qualidade da vinculação. O foco de observação deverá ser colocado na relação e o sentimento de segurança deverá ser interpretado contextualmente, em termos da "eficácia" da figura de vinculação proporcionar segurança quando a criança necessita. Isto remete-nos para o conceito de sensibilidade da figura de vinculação aos sinais e comunicação da criança (Ainsworth *et al.*, 1978)

A segurança da vinculação reflecte um relação particular e não, inteiramente, uma característica da criança. É aqui que "emerge" a *vinculação como construto relacional*, concebida como um processo desenvolvimental construído a partir de uma matriz relacional. A partir desta matriz relacional precoce vai sendo construída uma organização interna e idiossincrática de emoções, cognições e comportamentos, com um impacto profundo na construção das relações de vinculação, construção essa que, em nosso entender, é um processo inacabado, aberto às interacções múltiplas entre o self e o(s) outro(s) e é, nesse sentido, que concebemos o espaço relacional como (des)organizador da vinculação.

Em que medida esta contribuição se constituiu numa base segura para as *investigações subsequentes?*

Na esteira da *abordagem multi de Ainsworth,* sobretudo durante os anos 80, disparou o número de estudos com a *Situação Estranha.* Numa apreciação geral dessas publicações, destacaríamos, por um lado, os estudos que vêm dar suporte à fidelidade, estabilidade e validade preditiva dos resultados obtidos (Solomon & George, 1999a) e, por outro lado, o desenvolvimento de múltiplos métodos de avaliação da vinculação, para além da primeira infância (Cassidy & Marvin, 1987; Crittenden, 1992; Main & Cassidy, 1988). Além disso, assistimos à emergência de uma outra linha de investigação orientada para uma abordagem bio-comportamental da vinculação (Gunnar, Mangelsdorf, Larson & Hertsgaard, 1989; Spangler & Grossmann, 1993).

Foi nesta linha que a nossa equipa de investigação realizou alguns estudos, em que avaliámos a actividade cardíaca e examinámos a fidelidade dos resultados da *Situação Estranha* através do método de teste/re-teste (Soares *et al.*, 1995). Os resultados evidenciaram uma grande estabilidade, entre os dois momentos, quer ao nível dos padrões, quer ao nível dos comportamentos interactivos. Em traços muito gerais, os resultados destes estudos mostram que os três tipos de organização da vinculação apresentam diferenças do ponto de vista psicofisiológico e que a *Situação Estranha* é, efectivamente, activadora de algum *stress* para os bebés — mesmo os bebés considerados evitantes, apresentam aumentos significativos da frequência cardíaca relativamente à sua linha de base. As crianças ambivalentes são as que apresentam níveis mais elevados de frequência cardíaca e, embora procurem o contacto com a figura de vinculação, isso não as acalma; em contraste, os bebés evitantes quando revelavam uma crescente activação cardíaca, não iam ter com a mãe, mas ficavam sós ou iam ter com a estranha.

No sentido de superar limitações decorrentes dos procedimentos utilizados, que não permitiam uma análise sincronizada da recolha do sinal biológico e do comportamento, desenvolvemos um sistema de informação multimédia para avaliação sincronizada da vinculação e da actividade cardíaca na *Situação Estranha* (Soares *et al.*, 1999ab), representado na Figuras 1 e 2. Na Figura 1 pode-se observar o sistema de informação multimédia que designámos por *BioBeAMS (Bio- -Behavior Attachment Multimedia System)* e que permite fazer a monitorização da actividade cardíaca do bebé e da figura de vinculação ao longo da *Situação Estranha*. A figura representa uma imagem do écran do computador: no canto inferior direito do computador corre o filme vídeo da *Situação Estranha* (onde aparece o bebé) e ao lado corre o sinal biológico sincronizado com o comportamento que se está a observar. Além de possibilitar a recolha e a análise sincronizadas do sinal biológico e do comportamento, permite também a análise e cotação directa dos comportamentos e a classificação com base no sistema de Ainsworth e cols. (1978), como ilustra a Figura 2: no écran do computador poderemos ver a folha de registos relativos à analise e classificação dos comportamentos observados.

O impacto de Ainsworth estendeu-se também aos estudos longitudinais que lhe sucederam e à investigação transcultural da vinculação. Relativamente aos estudos longitudinais salientaríamos, pela sua robustez no plano empírico e pela sua consistência conceptual, os estudos conduzidos em Bielefeld e em Regensburg com amostras de classe média (*e. g.* Grossmann, Grossmann Winter & Zimmermann, no prelo) e o "Minnesota parent-child project" com uma amostra de risco (*e. g.* Weinfield *et al.*, 1999). Estes estudos ilustram bem aqueles aspectos que salientámos, a propósito da abordagem *multi* de Ainsworth: observações em contextos diversos (casa, laboratório, jardim infantil, sala de aula, recreios, escolas, campos de férias), com recurso a múltiplos observadores (criança, pais, pares, professores, psicólogos) e múltiplos métodos (observação, entrevistas, questionários de auto e hetero relatos, Q-set).

Focando, agora, as *investigações subsequentes sobre a figura de vinculação*, poderíamos destacar quer os avanços metodológicos através da construção de novos procedimentos de observação, quer os desenvolvimentos no plano conceptual. É precisamente nesta linha que se inscrevem os trabalhos de George e Solomon (1996, 1999) que aprofundam a concepção de Bowlby, segundo a qual o comportamento da figura de vinculação está organizado num sistema de prestação de cuidados, concebido como recíproco ao da vinculação: o objectivo deste sistema é manter o bebé próximo da figura parental em situações de ameaça ou perigo, e a sua função é a protecção da criança.

Figura 1: Sistema de informação multimédia *BioBeAMS* – Bio-Behavior Attachment Multimedia System.

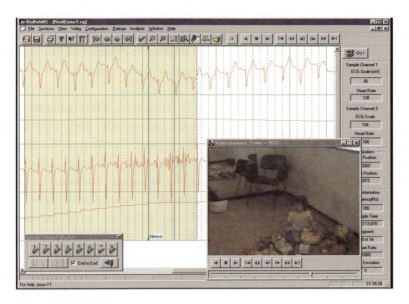

Figura 2: Folha de registos para análise e classificação dos comportamentos observados.

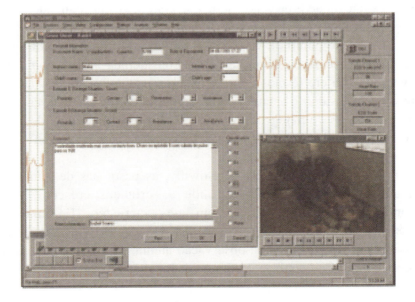

No âmbito desta conceptualização, George e Solomon (1989, 1996) procuraram examinar os modelos representacionais de cuidados que guiam a operação desse sistema, através de uma entrevista de tipo clínico designada *Caregiving Interview*, tendo encontrado diferenças significativas em torno da representação dos cuidados, as quais estavam relacionadas com a qualidade de vinculação das crianças.

As mães de crianças seguras foram caracterizadas como apresentando uma *estratégia flexível*, evidenciado num pensamento coerente em termos de integração dos aspectos positivos e negativos das suas experiências; as mães de bebés evitantes revelavam estratégias de protecção da criança à distância e enfatizavam aspectos negativos das suas interacções, sendo consideradas com uma *estratégia de rejeição*; em contraste, as mães de bebés resistentes evidenciavam uma *estratégia de incerteza*, revelando uma enorme dificuldade em tomar decisões em situações de perigo ou face acontecimentos negativos para a criança. Por seu lado, as mães de crianças desorganizados percepcionavam-se como incapazes de proteger os filhos (e muitas vezes a si próprias) de ameaças e perigos. Em contraste com os grupos anteriormente descritos que evidenciam uma estratégia de protecção, ainda que com distintas qualidades, neste caso parece haver *abdicação de cuidados*.

Do nosso ponto de vista, estes estudos contribuíram para que a figura de vinculação deixasse de ser considerada apenas como uma "variável" ou em termos de uma lista de qualidades (in)desejáveis e passasse a assumir o estatuto de protagonista da relação que, tal como a criança, põe em jogo sistemas que deverão funcionar de modo coerente e integrado.

Em síntese, na esteira de Bowlby, as pesquisas de Ainsworth avançam para os territórios onde as crianças crescem, numa comunidade tribal em África e em lares americanos. Em ambos os casos, o foco está na construção das relações de vinculação *"nos contextos"* através de uma observação atenta, guiada por um quadro teórico aberto ao confronto com os dados que vão emergindo. Neste âmbito, as contribuições de Ainsworth passam pela evidência empírica da vinculação em contextos culturais distintos e, simultaneamente, num contexto transgeracional específico. Os seus estudos ao fazerem emergir diferenças individuais abriram, também, as portas ao estudo do *"antes"* e do *"depois"* dessas diferenças, projectando-as numa história que se desenrola num contexto transgeracional. A construção da qualidade da vinculação é concebida como um processo de co-construção, podendo o foco estar mais num ou noutro dos protagonistas. Além disso, a identificação das diferenças individuais abre as portas ao conhecimento da diversidade de trajectórias (in)adaptativas.

Entrando, na *terceira fase do estudo da vinculação*, iremos olhar para as contribuições de Mary Main e colaboradores (1985, 1990, 1990ab, 1996, 1999) que retomam, num nível de maior complexidade, noções de Bowlby e Ainsworth e, ao mesmo tempo, criam sinergias para trabalhos subsequentes e novos desenvolvimentos. Na nossa perspectiva, o núcleo duro destas contribuições envolve a *transgeracionalidade da vinculação*.

Cinco anos depois de terem sido observados na *Situação Estranha* com os seus filhos, um grupo de mães e pais foi entrevistado com base na *Adult Attachment Interview – AAI* (George, Kaplan & Main, 1985) acerca das suas experiências com os progenitores, na infância e na adolescência. Os resultados deste estudo (Main *et al.*, 1985) foram reveladores da transgeracionalidade da vinculação: a análise destas entrevistas permitiu identificar na figura de vinculação um padrão de organização mental fortemente associado ao padrão de organização comportamental do bebé com essa figura na *Situação Estranha*, observado cinco anos antes. Para além disto, verificou-se também que a qualidade da relação de vinculação com a figura parental aos 12 meses predizia os padrões de discurso entre a criança e essa figura, cinco anos depois. Estes resultados estiveram, assim, na base do subtítulo da referida publicação: *uma mudança para o nível da representação*. Mais especificamente, foi encontrada uma relação significativa entre a organização segura dos bebés e uma organização discursiva e narrativa coerente, aberta e fluente apresentada por essa figura de vinculação, que Main qualificou como uma organização segura-autónoma. Por outro lado, este estudo mostrou que, tal como o bebé com uma organização insegura-evitante que, em situações de *stress*, se afasta ou ignora a figura de vinculação, de modo análogo esta figura tende a desvalorizar a importância das relações e a minimizar os efeitos de acontecimentos negativos, por isso considerada como apresentando uma organização desligada-rejeitante da vinculação. Por outro lado, tal como os bebés considerados inseguro-resistentes, que não são capazes de ser acalmados pela figura de vinculação e que têm dificuldade em explorar o meio, a organização discursiva da figura de vinculação tende a manifestar uma elevada preocupação e a ficar como que presa em acontecimentos negativos, e por isso foi designada como organização preocupada--emaranhada.

Apesar de vários estudos publicados apontarem no sentido de uma concordância intergeracional (cf. revisão de Hesse, 1999), há díades que não evidenciam concordância e há estudos que não apresentam resultados significativos. Por outro lado, tal como a qualidade da vinculação, a concordância intergeracional não é imutável: mudanças normativas e acontecimentos de vida críticos poderão gerar novas dinâmicas relacionais e reorganizações do comportamento e do pensamento sobre a vinculação, no sentido adaptativo ou inadaptativo.

À medida que a utilização da *Situação Estranha* passou a ser mais frequente, começaram a surgir referências na literatura a dificuldades na classificação de certos bebés, cujos comportamentos não se adequavam às categorias descritas por Ainsworth. Na revisão destes casos "não classificáveis", Main e Solomon (1986) notaram que estes bebés apresentavam uma variedade de comportamentos bizarros ou contraditórios, tendo em comum a ausência de uma estratégia coerente para lidar com a activação do sistema de vinculação numa situação de *stress* moderado. Não parecia haver um objectivo observável, intenção ou explicação para alguns dos comportamentos destes bebés. Contudo, parecia haver uma experiência emocional consistente traduzida por medo da figura de vinculação — o medo como afecto primário no contexto da relação parece ser antitético à expressão de raiva e pode interferir com o desenvolvimento de uma estratégia consistente para lidar com a activação do sistema de vinculação, desencadeando confusão no bebé e gerando sinais de desorganização. Neste sentido, foi utilizada a expressão *desorganização/desorientação* para qualificar o comportamento de vinculação destes bebés. Para Main, em contraste com o que se passa com os bebés com uma estratégia organizada, segura ou insegura, a desorganização no comportamento ocorre, porque o bebé foi *alarmado* pela figura de vinculação e não apenas pelas condições da situação externa. Dado que o bebé tende a procurar a proximidade quando está alarmado, qualquer comportamento da figura parental que directamente o ameace, coloca-o numa situação paradoxal irresolúvel: não se pode aproximar (estratégias segura ou insegura-resistente), nem pode afastar a sua atenção (estratégia insegura-evitante) — e, por isso, há um colapso de estratégia.

Se atendermos ao que ocorre na *Situação Estranha* entre o bebé e a figura parental e o que ocorre com esta figura durante a *AAI* ou durante a *Caregiving Interview,* o quadro é mais compreensivo e fica claro que estamos perante perturbações significativas no sistema de vinculação e no sistema de cuidados. Vários estudos têm verificado que muitas das figuras de vinculação, cujos bebés manifestam desorganização da vinculação, apresentam também sinais de desorganização na *AAI* quando abordam experiências traumáticas, sendo atribuídos nesses casos o estatuto não-resolvido/desorganizado (ver Main & Hesse, 1990a). Efectivamente, durante a *AAI,* a intrusão de lapsos de discurso ou de raciocínio na discussão de acontecimentos potencialmente traumáticos revela um colapso na organização da interacção com o entrevistador, análogo ao que se verifica no bebé com a figura de vinculação na *Situação Estranha* — em ambos os casos há um fracasso em lidar de modo organizado com a tensão que os invade, gerando incoerência e desorganização no comportamento e no discurso.

Em síntese, na esteira de Bowlby e de Ainsworth, as pesquisas de Main e cols. deslocam o foco para o nível representacional, abrindo, definitivamente, o horizonte da vinculação a todo o ciclo de vida. A compreensão da ontogenia da vinculação avança através de territórios marcados pela horizontalidade dos relacionamentos de intimidade com formatos adultos, e, por conseguinte, indo além da matriz inicial da relação pais-filho. Estas incursões fazem-se através da pesquisa das (des)organizações discursivas da vinculação e da sua (des)articulação com as organizações comportamentais. Entramos nas histórias da transgeracionalidade da vinculação.

Entre 1987 e 1997, foram publicados cerca de 800 artigos e capítulos dedicados à vinculação nos adultos. Revendo esta literatura, vários aspectos podem ser salientados. Se por um lado, é clara a proliferação de instrumentos de avaliação da vinculação em adultos, é também notório o interesse em examinar as relações entre a organização da vinculação da figura parental e do filho ou entre a representação da vinculação e o comportamento parental.

Por seu lado, a identificação da desorganização da vinculação abriu as portas para um domínio complexo e apaixonante. Começam a ser dados alguns passos na sua compreensão, por exemplo, ao nível dos correlatos fisiológicos da desorganização, bem como as trajectórias de desenvolvimento da primeira infância até ao período escolar, dando-nos conta da relação significativa entre desorganização da vinculação e psicopatologia. Do ponto de vista teórico, surgem abordagens relevantes para a compreensão e explicação da desorganização, mas, em qualquer dos casos, a teoria de Bowlby sobre a disrupção da vinculação parece ser uma referência significativa (ver Solomon & George, 1999)

Um outro eixo em torno do qual se move a investigação mais actual diz respeito à relação entre organizações da vinculação e psicopatologia. A meta-análise, conduzida por van IJzendoorn e Bakermans-Kranneburg (1996) revelou que, nas amostras clínicas de jovens e de adultos, há uma sobre-representação das organizações de vinculação insegura estatisticamente muito significativa, mas não foram encontradas relações sistemáticas entre um determinado tipo de organização insegura (desligada ou emaranhada) e um tipo específico de perturbação psicológica.

Acumulada já alguma evidência empírica sobre as relações entre determinadas organizações de vinculação e perturbações, consideramos necessário que a investigação avance para uma abordagem mais orientada para a fenomenologia clínica da organização sintomática e da organização da vinculação. Um estudo que temos em curso com pacientes com perturbações alimentares procura examinar estas relações cruzando-as com a actividade psicofisiológica, em termos de actividade cardíaca e do nível de condutância da pele, durante a *AAI* (Soares *et al.*, 2001). Neste âmbito foi construído um sistema que designámos por *BioDreAMS* — Bio-Behavior Dual--channel Representation Attachment Multimedia System —, que é idêntico ao *BioBeAMS* utilizado na *Situação Estranha* (Soares *et al.*, 1999). Como se pode observar na Figura 3, no écran do computador aparece o registo em vídeo, bem como os dois sinais biológicos sincronizados e em curso — frequência cardíaca e nível de condutância da pele. A Figura 4 apresenta uma imagem do filme, bem como uma folha de anotação para a classificação da entrevista *(AAI)*.

Num estudo preliminar com o BioDreAMS (Soares *et al.*, 2001) com base em três casos ilustrativos de cada uma das três organizações da vinculação — segura, desligada e emaranhada — encontrámos diferentes perfis psicofisiológicos. Relativamente ao nível de condutância da pele, verificou-se um aumento significativo só nos sujeitos inseguros, sugerindo um aumento de activação fisiológica. Em relação à frequência cardíaca, encontrou-se uma diminuição significativa no sujeito seguro e no sujeito desligado, sugerindo uma resposta de orientação ou de atenção para a *AAI*. Ao articularmos estes dois parâmetros nestes dois casos — desligado e seguro — verificámos, então, uma diferença na forma como fisiologicamente respondem à entrevista: enquanto o sujeito seguro parece orientar-se para a entrevista sem estar activado significativamente, o sujeito desligado parece estar orientado, mas também está activado, o que poderá estar relacionado com o nível alto de incoerência revelado ao longo da *AAI*.

Figura 3: Sistema de informação multimédia *BioDreAMS* Bio-Behavior Dual-channel Representation Attachment Multimedia System.

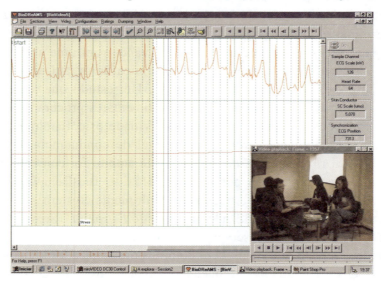

Figura 4: Folha de registos relativos à analise e classificação das observações através do *BioDreAMS* - Bio-Behavior Dual-channel Representation Attachment Multimedia System.

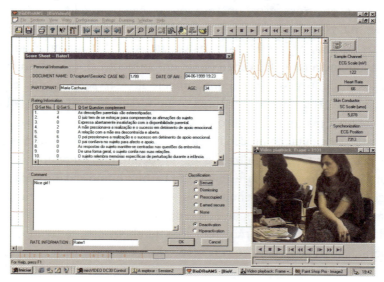

Em suma, o reencontro da teoria da vinculação com as suas origens clínicas está em curso, abrindo-se as portas para uma viagem promissora no conhecimento da psicopatologia à luz de uma perspectiva desenvolvimental. As organizações da vinculação ao envolverem padrões de auto-regulação emocional, crenças sobre o self e os outros, (in)capacidades para reflectir sobre as experiências de vinculação, interpretações adequadas ou enviezadas de cenários interpessoais, entre outros aspectos, parecem estar associados a certos tipos de comportamento sintomático e de funcionamento interpessoal e ter implicações na construção da aliança terapêutica, como a investigação tem sugerido (ver Malinckrodt, 2000, Strauss, 2000). Em 1988, Bowlby enunciou cinco tarefas psicoterapêutica em torno da construção da relação terapêutica concebida como uma base segura, para o paciente poder explorar com confiança as suas dificuldades passadas e presentes. Em nosso entender, o conhecimento da natureza e da dinâmica da organização da vinculação poderá ajudar o terapeuta a monitorizar e a ajustar as suas estratégias ao paciente, de modo a que a relação terapêutica vá sendo construída no sentido de uma base segura.

Estamos perante uma nova fase, sem um protagonista evidente, mas que é antes o resultado de múltiplas vozes, onde se (re)encontram abordagens e deslizam correntes convergentes ou divergentes do legado Bowlby-Ainsworth-Main. Obviamente, estamos perante um período de desafios acentuados à coerência teórica, à capacidade de dar sentido e de integrar os múltiplos dados e resultados, à luz do que já existe, do vasto património teórico e empírico. Esta abertura e diversidade traz novas questões, põe em cena velhas questões, coloca dúvidas onde pareciam estar certezas. É por aqui que a ciência avança. O desenvolvimento da vinculação pode ser concebido como um fenómeno relacional: através da relação com uma base segura construímos a segurança que irá, mais tarde, constituir-se numa base segura a partir da qual a geração seguinte poderá explorar o mundo. Curiosamente, ao longo de 60 anos, o estudo da vinculação parece-nos espelhar este fenómeno.

Referências bibliográficas

Ainsworth, M. (1963). The development of infant-mother interaction among the Ganda. In B. Foss (Ed.), *Determinants of infant behavior,* vol. 2. London: Methuen.

Ainsworth, M. (1967). *Infancy in Uganda: Infant care and the growth of love.* Baltimore: Johns Hopkins University Press.

Ainsworth, M. (1977). Infant development and mother-infant interaction among Ganda and American families. In P. H. Leiderman & S. Tulkin (Eds.), *Culture and infancy: Variations on human experience.* New York: Academic Press.

Ainsworth, M., Blehar, M., Waters, E. & Wall, S. (1978). *Patterns of attachment: A psychological study of the strange situation.* Hillsdale: Erlbaum.

Allen, J. & Land, D. (1999). Attachment in adolescence. In J. Cassidy & P. Shaver (Eds.), *Handbook of attachment: Theory, research and clinical applications* (pp. 319-335). NY: The Guilford Press.

Ames, E. (1997). *The development of Romanian orphanage children adopted to Canada.* Burnaby, BC: Simon Fraser University.

Atkinson, L. (1997). Attachment and psychopathology: From laboratory to clinic. In L. Atkinson & K. Zucker (Eds.), *Attachment and psychopathology* (pp. 3-16). NY: The Guilford Press.

Boris, N. & Zeanah. C. (1999). Disturbances and disorders of attachment in infancy: An overview. *Infant Mental Health Journal, 20,* 1, 1-9.

Bowlby, J. (1940). The influence of early environment in the development of neurosis and neurotic character. *International Journal of Psycho-Analysis, XXI,* 1-25.

Bowlby, J. (1944). Forty-four juvenile thieves: Their characters and home life. *International Journal of Psycho-Analysis, XXV,* 19-52.

Bowlby, J. (1951). *Maternal care and mental health.* Geneva: World Health Organization Monograph Series, No. 2.

Bowlby, J. (1960). Separation anxiety. *International Journal of Psycho-Analysis, 41,* 89-113.

Bowlby, J. (1961). Processes of mourning. *International Journal of Psycho-Analysis, 42,* 317-340.

Bowlby, J. (1969). *Attachment and loss: Attachment.* London: Basic Books.

Bowlby, J. (1973). *Attachment and loss: Separation.* London: Basic Books.

Bowlby, J. (1979). *The making and breaking of affectional bonds.* London: Tavistock.

Bowlby, J. (1980). *Attachment and loss: Loss, sadness and depression.* London: Basic Books.

Bowlby, J. (1988). *A secure base. Clinical implications of attachment theory.* London: Routledge.

Burlingham, D. & Freud, A. (1942). *Young children in wartime.* London: Allen & Unwin.

Burlingham, D. & Freud, A. (1944). *Infants without families.* London: Allen & Unwin.

Cassidy, J. & Marvin, R. (1987). *Attachment organization in three-and four-years-olds: Coding guidelines.* Manuscrito não publicado. McArthur Working Group on Attachment, Seattle, WA (edições seguintes: 1990, 1991, 1992).

Crittenden, P. (1992). Quality of attachment in the preschool years. *Development and Psychopathology, 4,* 209-244.

Dozier, M., Stovall, K. & Albus, K. (1999). Attachment and psychopathology in adulthood. In J. Cassidy & P. Shaver (Eds.), *Handbook of attachment: Theory, research and clinical applications* (pp. 497-519). NY: The Guilford Press.

Dozier, M. & Tyrell, C. (1998). The role of attachment in therapeutic relationships. In J. Simpson & W. Rholes (Eds.), *Attachment theory and close relationships* (pp. 221-248). NY: The Guilford Press.

Feeney, J. (1999). Adult romantic attachment and couple relationships. In J. Cassidy & P. Shaver (Eds.), *Handbook of attachment: Theory, research and clinical applications* (pp. 355-377). NY: The Guilford Press.

George, C., Kaplan, N. & Main, M. (1985). *Adult attachment interview.* Manuscrito não publicado. University of California at Berkeley.

George, C. & Solomon, J. (1999). Attachment and caregiving: The caregiving behavioural system. In J. Cassidy & P. Shaver (Eds.), *Handbook of attachment: Theory, research and clinical applications* (pp. 649-670). NY: The Guilford Press.

Grossmann, K., E., Grossmann, K., Winter, M. & Zimmermann, P. (no prelo). Attachment relationships and appraisal of partnership: From early experience of sensitive support to later relationship representation.

In L. Pulkkinen & A. Caspi (Eds.), *Paths to successful development*. Cambridge: Cambridge University Press.

Gunnar, M., Mangelsdorf, S., Larson M. & Hertsgaard, L. (1989). Attachment, temperament, and adrenocortical activity in infancy. A study of psychoendocrine regulation. *Developmental Psychology, 25*, 355-363.

Harlow, H. (1958). The nature of love. *American Psychologist, 13*, 673-685.

Harlow, H. & Zimmermann, R. (1959). Affectional responses in the infant monkey. *Science, 130*, 421.

Hazan, C. & Zeifman, D. (1999). Pair bonds as attachment: Evaluating the evidence. In J. Cassidy & P. Shaver (Eds.), *Handbook of attachment: Theory, research and clinical applications* (pp. 355-377). NY: The Guilford Press.

Hesse, E. (1999). The adult attachment interview. Historical and current perspectives. In J. Cassidy & P. Shaver (Eds.), *Handbook of attachment: Theory, research and clinical applications* (pp. 395-433). NY: The Guilford Press.

Main, M. (1990). Cross-cultural studies of attachment organization: Recent studies, changing methodologies, and the concept of conditional strategies. *Human Development, 33*, 48-61.

Main, M. (1996). Introduction to the special section on attachment and psychopathology: 2. Overview of the field of attachment. *Journal of Consulting and Clinical Psychology, 64*, 2, 237-243.

Main, M. (1999). Epilogue. Attachment theory: Eighteen points with suggestions for future studies. In J. Cassidy & P. Shaver (Eds.), *Handbook of attachment: Theory, research and clinical applications* (pp. 845-888). NY: The Guilford Press.

Main, M. & Cassidy, J. (1988). Categories of response to reunion with the parent at age 6: Predictable from infant attachment classifications and stable over a 1-month period. *Developmental Psychology, 24*, 1-12.

Main, M. & Hesse, E. (1990a). Parents' unresolved traumatic experiences are related to infant disorganized attachment status: Is frightening and/or frightening parental behavior the linking mechanism? In M. Greenberg, D. Cicchetti & E. Cummings (Eds.), *Attachment in the preschool years* (pp. 161-182). Chicago: Chicago University Press.

Main, M., Kaplan, N. & Cassidy, J. (1985). Security in infancy, childhood, and adulthood: A move to the level of representation. In I. Bretherton & E. Waters (Eds.), *Growing points of attachment theory and research. Monographs of the Society for Research in Child Development*, 50 (1-2, Serial No. 209), 66-104.

Main, M. & Solomon, J. (1990b). Procedures for classifying infants as disorganized/disoriented during the Ainsworth Strange Situation? In M. Greenberg, D. Cicchetti & E. Cummings (Eds.), *Attachment in the preschool years* (pp. 121-160). Chicago: Chicago University Press.

Malinckrodt, B. (2000). Attachment, social competencies, social support, and interpersonal process in psychotherapy. *Psychotherapy Research, 10,* 3, 239-266.

Mohr, J. (1999). Same-sex romantic attachment. In J. Cassidy & P. Shaver (Eds.), *Handbook of attachment: Theory, research and clinical applications* (pp. 378-394). NY: The Guilford Press.

Robertson, J. (1953). *A guide to the film "A two-year-old goes to hospital".* London: Tavistock Child Development Research Unit.

Rutter, M. & ERA Study Team (1998a). Developmental catch-up, and deficit, following adoption after severe global early privation. *Journal of Child Psychology and Psychiatry, 39,* 465-476.

Rutter, M. & The English and Romanian Adoption Adoptees Study Team (1998b). Developmental catch-up, and delay, following adoption after severe global early privation. *Journal of Child Psychology and Psychiatry, 39,* 465-476.

Shore, A. (2001). Effects of a secure attachment relationship on right brain development, affect regulation, and infant mental health. *Infant Mental Health Journal, 22,* 1-2, 6-66.

Siegel, D. (2001). Toward an interpersonal neurobiology of the developing mind: Attachment relationships, "mindsight" and neural integration. *Infant Mental Health Journal, 22,* 1-2, 67-94.

Slade, A. (1999). Attachment theory and research: implications for the theory and practice on individual psychotherapy with adults. In J. Cassidy & P. Shaver (Eds.), *Handbook of attachment: Theory, research and clinical applications* (pp. 575-594). NY: The Guilford Press.

Soares, I. (1996). *Representação da vinculação na idade adulta e na adolescência. Estudo intergeracional: mãe-filho(a).* Braga: Centro de Estudos em Educação e Psicologia, Instituto de Educação e Psicologia, Universidade do Minho (2.ª edição em 2000).

Soares, I., Dias, P., Neves, L., Freitas, A, Ferreira, A., Felgueiras, I., Cunha, J. P. (2001). *Psycophysiological activity during the Adult Attachment Interview in eating disorders patients: A preliminary study with case analysis.* Biennial Meeting of the Society for Research in Child Development. Minneapolis, EUA.

Soares, I., Machado, P. & Martins, C. (1997). *Working alliance and attachment memories: A preliminary study*. 28th Annual Meeting of the Society for Psychotherapy Research. Geilo, Noruega (poster).

Soares, I., Pinho, A., Martins, C. & Machado, P. (2000). *Attachment and eating disorders*. 7th Biennial Conference of the European Association for Research on Adolescence, Jena, Alemanha.

Soares, I., Santos, P., Martins, C., Jongenelen, I., Silva, A., Figueiredo, B., Mascarenhas, C., Almeida, C., Machado, G., Neves, L., Henriques, M., Serra, M., Silva, C. & Costa, O. (1995). Organização comportamental da vinculação na Situação Estranha: Avaliação da estabilidade através do método de teste-reteste. In L. Almeida & I. Ribeiro (Org.), *Avaliação psicológica: Formas e contextos*. Braga: APPORT.

Soares, I., Santos, P., Jongenelen, I., Henriques, M., Silva, A., Figueiredo, B., Mascarenhas, Machado, G., Neves, L., Serra, M., Silva, C., Cunha, J. P. & Costa, O. (1996). Avaliação da vinculação e da regulação autonómica da frequência cardíaca na Situação Estranha. In L. Almeida, S. Araújo, M. Gonçalves, C. Machado & M. Simões (Org.), *Avaliação Psicológica: Formas e Contextos*, IV Vol. Braga: APPORT.

Soares, I., Silva, M. C., Cunha, J. P., Costa, O. & Santos, P. (1999a). *Attachment organizations and heart-rate variability in the Strange Situation*. Aqui e além do cérebro – Actas do 2.º Simpósio da Fundação Bial. (285-291). Porto: Fundação Bial.

Soares, I., Silva, M. C, Costa, O. & Cunha, J. P. (1999b). Avaliação da vinculação e da frequência cardíaca em bebés de 12 meses na Situação Estranha. *Revista Portuguesa de Psicossomática, 1,* 1, 1010-114.

Solomon, J. & George, C. (1996). Defining the caregiving system: Toward a theory of caregiving. *Infant Mental Health Journal, 17,* 3, 183-197.

Solomon, G. & George, C. (1999a). The measurement of attachment security in infancy and childhood. In J. Cassidy & P. Shaver (Eds.), *Handbook of attachment: Theory, research and clinical applications* (pp. 287-316). NY: The Guilford Press.

Solomon, J. & George, C. (1999b). The place of disorganization in attachment theory: Linking classic observations with contemporary findings. In J. Solomon & C. George (Eds.), *Attachment disorganization* (pp. 3-32). NY: The Guilford Press.

Spangler, G. & Grossman, K. E. (1993). Biobehavioral organization in securely and insecurely attached infants. *Child Development, 64,* 1439-1450.

Sroufe, A., Cooper, R. & DeHart, G. (1996). *Child development. Its nature and course.* NY: McGraw Hill.

Strauss, B. (2000). Attachment theory and psychotherapy research – Editor's introduction to a special section. *Psychotherapy Research, 10,* 4, 381-389.

Weinfield, N., Sroufe, A. Egeland, B. & Carlson, E. (1999). The nature of individual differences in infant-caregiver attachment. In J. Cassidy & P. Shaver (Eds.), *Handbook of attachment: Theory, research and clinical applications* (pp. 68-88). NY: The Guilford Press.

West, M. & Keller, A. (1994). Psychotherapy strategies for insecure attachment in personality disorders. In M. Sperling & W. Berman (Eds.), *Attachment in adults. Clinical, developmental perspectives* (pp. 313-330). NY: The Guilford Press.

van IJzendoorn, M. & Kroonenberg, P. (1988). Cross-cultural patterns of attachment: A meta-analysis of the strange situation. *Child Development, 59,* 147-156.

Vondra, J. & Barnett, D. (1999). Atypical attachment in infancy and early childhood among children at developmental risk. *Monographs of the Society for Research in Child Development,* Serial N.º 258, Vol. 64, N.º 3.

Zhan-Jian, L., Soares, I., Silva, M. C., Pinho, A., Neves, L., Costa, O. & Cunha, J. P. (1999). BioBeAMS: A multimedia system for assessment of attachment organizations and heart-rate. *Aqui e além do cérebro* – Actas do 2.º Simpósio da Fundação Bial (pp. 275-281). Porto: Fundação Bial.

10

O estudo da cognição no adulto: Potencialidades do modelo piagetiano*

**M. T. Sousa Machado
& M. C. Taborda Simões**

As transformações que as sociedades têm experimentado ao longo dos anos não deixam seguramente de interferir no modo como a investigação em torno do desenvolvimento humano se processa. A interferência de tais transformações faz-se notar de diversas formas que vão desde o aperfeiçoamento metodológico à inovação e ao alargamento conceptual. Este último aspecto encontra-se bem documentado na redefinição do próprio conceito de desenvolvimento que hoje é entendido como um processo que coincide com o próprio ciclo da vida. A caracterização de novos períodos como o da "emergência da adultez" (Arnett, 2000) ou o dos "adultos muito idosos" (Newman & Newman, 2003) traduz esta nova concepção do desenvolvimento humano que o estudo da cognição do adulto tem vindo a fortalecer.

---

* Trabalho realizado no âmbito do Instituto de Psicologia Cognitiva, Desenvolvimento Vocacional e Social (FEDER/POCTI-SFA-160-192).

Queira-se ou não, a teoria de Jean Piaget continua a merecer o estatuto de referência obrigatória quando o que está em causa é a dimensão cognitiva do desenvolvimento (Montangero & Maurice--Naville, 1994; Taborda Simões, 2002). Trata-se, no entanto, de uma teoria que apenas incide sobre o período que vai do nascimento até ao começo da idade adulta. Além disso, não integra o estudo das diferenças individuais nem explora os factores ou variáveis do desenvolvimento, sendo que isso se revela essencial para compreender os diversos percursos cognitivos do adulto. Nesta medida, justifica-se questionar a relevância do modelo piagetiano para responder aos desafios colocados pela investigação que recai sobre tais percursos. Este é, no fundo, o objectivo que orienta o presente capítulo e cuja concretização passa por determinar as possibilidades do referido modelo no âmbito de uma abordagem das mudanças cognitivas ao longo da vida adulta.

1. Mudanças cognitivas ao longo da vida adulta

1. 1. O contexto de referência nas investigações iniciais

O estudo da cognição do adulto tem seguido orientações diversas que decorrem de perspectivas teóricas nem sempre consensuais acerca do modo como a inteligência se desenvolve [1]. Pese embora a falta de consenso, a verdade é que durante muito tempo se foi destacando a ideia de que a inteligência atingiria o seu *máximo* no final da adolescência para depois, no decurso da idade adulta, ser objecto de um declíneo progressivo. Esta é uma ideia que, como sugerem Cariou e colaboradores (1992), parece apoiar-se na afirmação de Wechsler segundo a qual "toda a capacidade humana, após ter atingido um máximo, começa a declinar". Entretanto, foram sendo ignoradas, com

---

[1] São de salientar, a este propósito, perspectivas como a psicométrica, a piagetiana, a neopiagetiana, a do ciclo da vida e a do processamento da informação (Marchand, 2001).

demasiada facilidade, as objecções surgidas logo nos anos 50 quanto à forma como este autor inferiu o "índice de deterioração mental" com a idade. Além disso, a tese do decréscimo cognitivo com a idade não tem na devida conta as implicações decorrentes de afirmações como as que o próprio Wechsler proferiu, na década de 30, a propósito das diferenças intra-individuais no "declínio intelectual" ou como as de Jones e Conrad que, também nos anos trinta, assinalaram o mesmo fenómeno nos subtestes da *Army Alpha*. Igualmente minimizadas parecem ter sido as críticas mais tarde dirigidas à interpretação global que estes autores apresentaram dos resultados obtidos no estudo que realizaram com militares (Schaie, 1983) [2].

Seja como for, a diferente sensibilidade dos testes ao "envelhecimento cognitivo" viria a induzir novos cuidados metodológicos na avaliação de sujeitos adultos e adultos-idosos. Apontaram-se, então, limites às metodologias transversais (*e. g.*, minimização do efeito de coorte), assim como às longitudinais (*e. g.*, efeito da prática e abandono selectivo dos sujeitos das amostras), limites esses que seriam responsáveis por uma subavaliação das mudanças cognitivas ao longo da vida, no primeiro caso, e por uma sobreavaliação, no segundo [3]. A par da crítica metodológica, instala-se a discussão em torno da própria orientação epistemológica subjacente à tese da inevitabilidade

---

[2] É certo que os resultados obtidos com a *Army Alpha* junto de mais de 15 000 oficiais mostravam uma tendência clara para o decréscimo contínuo das capacidades cognitivas a partir sensivelmente dos 25 anos. Todavia, não pode ignorar-se que, embora os sujeitos mais jovens da amostra pudessem ser representativos da população respectiva, os homens "mais inteligentes" dos 30, 40 e 50 anos poderiam estar isentos do serviço militar por se encontrarem em postos civis importantes, não tendo assim participado no estudo (Salthouse, 1991).

[3] Em alternativa, Schaie desenvolve planos de investigação que tentam conjugar as vantagens de cada uma das abordagens tradicionais (i. e., o carácter pontual, rápido e mais económico das abordagens transversais e a observação dos mesmos sujeitos em diferentes momentos das abordagens longitudinais), surgindo assim as abordagens sequenciais comparativas (Schaie, 1977; 1983; Schaie & Willis, 1991).

da regressão cognitiva com a idade. Neste ponto, serão invocados estudos nas áreas da saúde pública e da gerontologia. Trata-se de estudos que, alertando para a distinção entre idade cronológica e idade biológica [4], propõem uma nova definição de saúde como "estado completo de bem-estar físico, mental e social" e não apenas como ausência de doença (Yanguas, 2004, 54).

Gradualmente, a confirmação (ou infirmação) dos decréscimos cognitivos com a idade deixa de ser um tópico em si mesmo essencial e, em contrapartida, ganha relevo o estudo pormenorizado das circunstâncias de vida envolvidas na manutenção (ou perda) das capacidades cognitivas, em particular após a meia-idade. Este novo tópico é abordado segundo uma perspectiva multidisciplinar que se impõe tanto mais quanto, nas sociedades contemporâneas, "uma boa parte dos cidadãos de idades superiores aos 65 anos têm diversos problemas de saúde, escassos recursos económicos e falta de vínculos afectivos. Quer dizer, sem saúde, sem dinheiro e sem amor, que são as variáveis que explicam a maior parte da variância do bem-estar dos sujeitos (...), a *terceira idade* não é mais do que uma *idade de terceira*" (Fernández-Ballesteros, 1998, 240).

Além disso, o estudo das mudanças cognitivas ao longo da vida adulta não escamoteia, como outrora, a importância reconhecida às eventuais influências significativas que, em anteriores períodos do desenvolvimento, terão orientado o percurso desenvolvimental de cada sujeito. À semelhança do que acontece com os períodos mais precoces de desenvolvimento, nos quais se reconhece facilmente o papel fulcral da prevenção de desvios ou atrasos, assim como o papel das atitudes educativas (parentais, escolares, sociais) promotoras da

---

[4] MacDonald e colaboradores (2004) defendem que a idade biológica, sendo definida através de marcadores biológicos vários como, por exemplo, a acuidade sensorial e as medidas pulmonares ou cardiovasculares, funciona como mediadora das diferenças nos desempenhos cognitivos ao longo do envelhecimento. Os autores acrescentam ainda que a idade biológica é um bom preditor do desempenho cognitivo actual, independentemente da idade cronológica.

construção cognitiva, também se aceita hoje que a manutenção das capacidades cognitivas ao longo da vida adulta e da velhice é preparada em fases anteriores.

Enfim, face às anteriores considerações, parece legítimo afirmar-se que o ciclo da vida, concebido como um todo, foi progressivamente conquistando o seu espaço de investigação cujos resultados apelam para a reinterpretação dos dados que sustentavam a tese do "decréscimo inexorável significativo" com a idade.

1. 2. O *zeitgeist* favorável a uma nova abordagem da vida adulta

Entre as características das abordagens contemporâneas do desenvolvimento, destaca-se a que diz respeito à perda de hegemonia das designadas concepções "fortes" de que o modelo piagetiano é, com certeza, um bom exemplo (Baltes, Reese & Lipsitt, 1980; Goldhaber, 2000). Por concepção forte de desenvolvimento deve entender-se aquela que dá prioridade à operacionalização das mudanças de tipo sequencial, geral e universal (Lourenço, 1997). Ou seja, a concepção que realça os processos subjacentes às mudanças desenvolvimentais independentemente da sua expressão funcional, das particularidades interindividuais e das contingências situacionais. As formas de raciocínio operatório representam, sem dúvida, uma das operacionalizações desse tipo de mudanças.

Deve, no entanto, salientar-se que o estudo do processo de desenvolvimento humano não se esgota nas abordagens do geral e dos universais [5], voltando hoje a conjugação entre as análises diferenciais e as abordagens gerais a ser novamente [6] um dos desafios que se

---

[5] Neste contexto, quando se fala em *universais*, é claro que é por referência a um sujeito epistémico e nunca às actualizações que cada sujeito particular poderá vir a fazer das virtualidades do percurso de desenvolvimento cognitivo.

[6] É bem conhecida a clássica exposição de Lagache (1949/1978) acerca da integração das abordagens científicas do individual e do geral, assim como da sua importância para a própria legitimidade da psicologia.

coloca à investigação em torno do desenvolvimento operatório (Lehalle & Mellier, 2002). Esta integração acabou por seguir vários caminhos que, como é natural, se entrecruzam. Por exemplo, procurou-se ligar os estádios gerais ao funcionamento particular, dar conta da variabilidade possível no desenvolvimento (*e. g.*, diferentes percursos inter e intra-individuais na construção operatória) e integrar o papel dos factores sociais no desenvolvimento cognitivo. Embora tais caminhos de investigação não tenham surgido por influência directa ou exclusiva dos estudos com adultos, o facto é que correspondem a orientações que parecem adequar-se particularmente bem às mudanças ocorridas ao longo da vida adulta. Com efeito, dados de estudos recentes acerca de tais mudanças (seja qual for a sua conceptualização) apontam, sem ambiguidades, para a noção de pluralidade. Esta pode ser observada, desde logo, nas idades cronológicas em que, pela primeira vez, são notórias alterações significativas (*e. g.*, perdas cognitivas), assim como na própria amplitude dos decréscimos documentados em estudos sobre o envelhecimento. Neste aspecto, as diferenças interindividuais são, na verdade, bem marcadas (Fernández-Ballesteros, 1998; Schaie, 1983). Marcadas são também as diferentes possibilidades nas formas de expressão das mudanças cognitivas na vida adulta que podem traduzir-se em termos de manutenção, perda ou melhoria (Baltes, Reese & Lipsitt, 1980; Berger & Calderone, 1994; Goldhaber, 2000).

Se a pluralidade passa a ser norma nos percursos de vida adulta, isso significa que as investigações têm de dar conta da conjugação de maior número e tipo de factores. De acordo com os modelos da *life span,* de que os trabalhos da equipa de P. Baltes e K. Schaie são um bom exemplo, torna-se possível conjugar *influências normativas relativas à idade* (pautadas por factores biológicos e do meio) [7] com

---

[7] Por exemplo, entrada para o ensino básico sensivelmente nas mesmas idades e tendo por base as mesmas construções cognitivas/operatórias globais, nas sociedades industrializadas e pós-industrializadas.

influências normativas "históricas" ou contextuais [8] e *influências não-normativas associadas a acontecimentos de vida* (biológicos ou ambientais) que não dependem da idade nem são iguais para os sujeitos de uma dada coorte [9]. Compreende-se que o estudo das mudanças cognitivas nos adultos não possa ignorar o peso de variáveis de diversa ordem, nomeadamente as condições ambientais próximas ao sujeito e o seu estado de saúde [10]. Só incorporando estas variáveis se torna possível assegurar que as mudanças eventualmente observadas são (ou não), no essencial, função do aumento da idade. Quanto às condições ambientais próximas, factores como o estatuto social, a dissolução familiar e o isolamento social, entre outros, têm sido destacados pelo peso que parecem ter na manutenção ou perda das capacidades dos sujeitos mais velhos (Fernández-Ballesteros, 1998; Schaie, 1983). Estes factores devem ser interpretados como agindo em interdependência com outras variáveis (*e. g.*, nível de educação, profissão, características de personalidade) e nunca como exercendo qualquer tipo de relação causal. Em relação às variáveis de personalidade (*e. g.*, estilo cognitivo flexível ou rígido), é certo que elas podem interferir, nomeadamente induzindo atitudes comportamentais propícias (ou não) a uma progressiva adequação às próprias alterações das condições de vida ao longo dos anos (*e. g.*, alteração dos papéis que se vão assumindo ao longo da vida, mudança de emprego ou área de residência, alterações na constelação familiar, etc.). Estes indicadores de estilo cognitivo têm-se mostrado bastante sensíveis à direcção das alterações cognitivas posteriores, quando

---

[8] Por exemplo, para as coortes mais idosas, em Portugal, o exame da 4.ª classe era um marco muito significativo. Hoje não se justificaria sequer referi-lo.

[9] Estão neste caso alterações profissionais, acidentes, doença grave, divórcio, etc.

[10] A importância de um rigoroso diagnóstico diferencial é enfatizada por Woods (2002) que chama a atenção, em particular, para a sobreposição ou confusão frequente entre o diagnóstico de depressão e de demência, nos adultos idosos.

avaliados previamente na meia-idade (Newman & Newman, 2003; Schaie, 1983).

O facto de as mudanças cognitivas ao longo da vida adulta não serem uniformes, ou seja, dependerem (intra e interindividualmente) das capacidades em análise, coloca desafios teóricos e metodológicos vários. Entre eles, destacam-se as questões relativas à adequação das diversas medidas/instrumentos utilizados. Quer as clássicas provas estandardizadas quer as operatórias foram, desde sempre, alvo de críticas devido ao facto de terem sido originalmente criadas para populações mais jovens, cuja inteligência apresentaria características diferentes da dos adultos de meia idade e, mais ainda, da dos adultos idosos (Berg & Sternberg, 1992; Labouvie-Vief, 1997) [11]. Este tipo de objecções desencadeou, por sua vez, uma série de investigações que visam construir novas medidas, tanto no domínio dos testes de cariz estandardizado [12] como no domínio das provas operatórias.

---

[11] Um dos argumentos mais citados por estes autores consiste na afirmação de que para os jovens e jovens-adultos a inteligência é concebida em termos de protótipo académico, enquanto para os sujeitos mais idosos ela é concebida prioritariamente em termos da funcionalidade diária (inteligência prática do dia a dia). Estas diferenças de concepção influenciariam os desempenhos em diversos tipos de provas, induzindo, por exemplo, diferentes atitudes (maior ponderação nas respostas, diferenças de valorização e motivação para respostas padrão, etc.) e implicando ainda diferente familiaridade com o material e a situação de teste, fenómenos que não deixariam de surtir efeito na avaliação, penalizando os mais idosos (Berg & Sternberg, 1992). Para além disso, as provas tradicionais, tanto as psicométricas como as piagetianas, não permitiriam aos sujeitos mais idosos usufruir das vantagens que a "experiência de vida" eventualmente lhes haveria proporcionado, dado o carácter orientado ou fechado das respostas pressupostas. A interpretação deste tipo de dados suscita ainda controvérsias várias.

[12] É de referir o aparecimento de uma série de baterias ditas de "inteligência do dia a dia" *(everyday cognition measures)*, compostas por questões mais contextualizadas, com conteúdos familiares (*e. g.*, uso de medicação, questões de economia doméstica, preparação da alimentação) e menos estruturadas do que as dos itens "clássicos". As baterias de "inteligência do dia a dia" mais estruturadas têm apresentado relações muito significativas com as medidas psicométricas tradicionais relativas às capacidades básicas em apreço (i. e., raciocínio indutivo, conhecimento verbal e memória declara-

No âmbito das avaliações operatórias, a tese da inadequação das provas piagetianas aos adultos leva alguns autores a questionar a pertinência da caracterização do raciocínio operatório formal como a forma operatória típica do raciocínio adulto. Outros não vão tão longe, questionando apenas a adequação das provas operatórias formais criadas por Inhelder e Piaget para avaliar essa mesma capacidade operatória. A questão que se coloca diz assim respeito às possibilidades do modelo piagetiano para responder aos desafios contemporâneos da investigação sobre as mudanças cognitivas ao longo da vida adulta. Em que medida têm essas possibilidades sido exploradas? Mais, poderão os estudos inspirados no modelo piagetiano dar conta das múltiplas variáveis que influenciam aquelas mudanças sem comprometer a especificidade do próprio modelo?

2. O modelo piagetiano e as investigações ao longo da vida

2. 1. Possibilidades de alargamento

Piaget não integra no seu projecto de pesquisa o estudo das diferenças individuais. Considerando essas diferenças "como um ruído parasita que convém neutralizar, por intermédio de métodos apropriados, para ter acesso às leis gerais" (Lautrey, 1979/80, 685), procura acima de tudo "reter o que há de comum entre os indivíduos, isto é, atender, quaisquer que sejam as circunstâncias, aos elementos permanentes e estáveis de uma grande variedade de sujeitos cujo nível ou estádio de desenvolvimento é tido como idêntico" (Taborda

---

tiva). Quanto às baterias de "inteligência do dia a dia" pouco estruturadas, que recorrem essencialmente a conteúdos sócio-relacionais, as relações com as medidas clássicas parecem mais fracas (Allaire & Marsiske, 2002). Note-se, porém, que estas baterias também são sensíveis à idade (i. e. à semelhança dos testes tradicionais, sugerem decréscimos a nível do raciocínio indutivo, da memória declarativa e da memória de trabalho, e ausência de decréscimo nos testes de significado verbal e de conhecimentos específicos) (Allaire & Marsiske, 1999).

Simões, 1992, 28). Compreende-se, então, que as *formas comuns* retidas pelo modelo piagetiano sejam formas relativamente gerais e universais de raciocínio (as ditas formas operatórias) e não tipos específicos de conhecimento, estes últimos bastante mais dependentes de contextos particulares.

É de admitir que quanto mais complexas se tornam as competências operatórias (*e. g.*, operatório formal), mais se pressupõe um contexto rico e exigente em termos de solicitações cognitivas, contexto este que, não tendo necessariamente a mesma influência em todos os indivíduos, poderá induzir diferenças de ritmo ou de concretização das construções operatórias de complexidade superior (Inhelder, 1954; Piaget, 1970/1971). Por exemplo, no caso específico da compreensão das exigências do raciocínio científico, Inhelder destaca a influência que o meio escolar pode e deve exercer:

> A aquisição do método experimental deve-se à interdependência entre dois grupos de factores: o clima intelectual e as influências escolares, por um lado, e a formação de uma nova conduta psicológica, por outro. Não sonhamos sequer em reduzir o papel do meio, que nos parece de importância capital na elaboração de uma atitude objectiva. (...) Por volta dos 14-15 anos, os adolescentes bem dotados parecem possuir as disposições psicológicas necessárias à aquisição da metodologia experimental e indutiva, cabendo à escola criar o clima favorável à sua realização (1954, 282) [13].

O cruzamento das influências externas com as internas justifica também a afirmação segundo a qual a universalidade, defendida no modelo piagetiano, se refere essencialmente à sequência invariante das competências operatórias (Lourenço, 1994; 1997) e à possibili-

---

[13] Em relação ao aproveitamento que a escola faz das construções espontâneas dos sujeitos, Piaget mostra-se céptico: "Com as operações proposicionais e, sobretudo, com todas as combinatórias que elas tornam possível, entre os onze ou doze anos e os catorze ou quinze, encontramos a formação do espírito experimental (...). As nossas escolas, com frequência, não fazem a menor ideia das possibilidades de desenvolvimento que poderiam ser conseguidas com tais capacidades" (Piaget, 1969/1994, 13).

dade (virtual) de todos sujeitos construírem tais formas de raciocínio. É claro que isto não significa que o façam ou, numa abordagem diferencial, que o possam facilmente fazer. Com efeito, quanto mais complexas são as formas de raciocínio, *menos inevitável* (Lourenço, 1997) é a sua aquisição. Um dos problemas da interpretação do modelo piagetiano reside no facto desta questão (i. e., a descrição epistémica da construção operatória) ser tratada linearmente, como se de características factuais ou de leituras directas da realidade se tratasse.

As afirmações relativas à universalidade poderiam, numa interpretação mais superficial, induzir a ideia da impossibilidade da integração das diferenças nos percursos de desenvolvimento operatório e, nesse caso, estaria confirmada a inadequação do modelo piagetiano à abordagem das mudanças cognitivas ao longo da vida adulta, uma vez que, como antes se referiu, estas parecem pautar-se pela diversidade. Restaria saber ainda se esta diversidade ou pluralidade de percursos de desenvolvimento diz mais respeito à construção das competências operatórias, à sua aplicação (mesmo que entre as duas haja uma interligação estreita) ou a ambos os níveis. Note-se, por outro lado, que a própria teoria piagetiana prevê, mesmo se não a estuda, a diversidade:

> (…) há uma diversificação enorme nas estruturas. E as mesmas estruturas supõem indivíduos diferentes… (…). A acomodação é a fonte de diferenciações indefinidas. As mesmas estruturas são muito generalizadas. Não é porque o número é o mesmo para todos e a série de números inteiros a mesma para todos que os matemáticos não são originais individualmente. Há uma tal diversificação nas estruturas…
> (Piaget, in Bringuier, 1977/1978, 72-73).

A interdependência entre os processos de assimilação e acomodação mostra como, desde o início da vida, "(…) o contacto com o objecto modifica de certo modo a actividade do reflexo e, mesmo se essa actividade estava hereditariamente orientada para esse contacto, este não é menos necessário à consolidação daquela" (Piaget, 1936/1986, 45). Ou seja, logo a partir deste mesmo momento (início do sensório-motor) se pode observar como se processa a diferenciação, continuando a pressupor, no entanto, a(s) mesma(s) capacidade(s) ou esquema(s) subjacente(s). Trata-se do que Piaget chama uma *utilização individual da experiência*: "enquanto mecanismo que dá lugar a um exercício e, consequentemente, a um tipo de aprendizagem, o reflexo de sucção supõe, para além da hereditariedade, uma utilização individual da experiência" (Piaget, 1936/1986, 54). Saliente-se que estes jogos entre assimilação e acomodação manter-se-ão ao longo de toda a vida e, mais ainda, assumirão uma complexidade crescente:

> As funções de acomodação, assimilação e de organização que descrevemos a propósito do exercício de um mecanismo reflexo voltam a encontrar-se durante os estádios posteriores, adquirindo uma importância progressiva. De certo modo, veremos mesmo que quanto mais as estruturas intelectuais se complicam e aperfeiçoam, mais este centro funcional se constitui como essencial a estas mesmas estruturas (Piaget, 1936/1986, 56).

Compreende-se assim que a utilização individual da experiência ao longo do desenvolvimento e, em particular, ao longo da vida adulta (que implica maiores escolhas pessoais) possa justificar o recurso diferencial aos esquemas operatórios formais (que seriam mais típicos dos adultos) ou mesmo as diferenças a nível da sua plena construção [14]. Estas são, aliás, hipóteses que o próprio Piaget não deixou de sugerir:

---

[14] Saliente-se que há uma percentagem significativa de adolescentes e mesmo de adultos que mostram não ter acedido plenamente ao raciocínio operatório formal. Com efeito, "todas as recensões de publicações acerca da aquisição das operações formais chegam à mesma conclusão: raramente mais de 50% dos estudantes das amostras analisadas funcionam em termos de nível operatório formal" (Larivée, 1986, 247). Este fenómeno, que vários autores referem (Cole, Cole & Ligtfoot, 2005; Lourenço, 1997; Newman & Newman, 2003; Papalia & Olds, 1995), tem tido repercussões importantes no aproveitamento escolar, nomeadamente nas situações em que parece não ter sido tomado em consideração (Machado, 1999). Justifica-se, perante a observação da diversidade interindividual na construção desta forma de raciocínio,

Ora, se a ordem de sucessão dos estádios se revelou constante, porque cada um é necessário à formação do seguinte, as idades médias, pelo contrário, variam sensivelmente de um meio social ou mesmo de um país ou de uma região para outros. (...) Quanto às estruturas do pensamento formal, poder-se-ia então admitir que se formam com um atraso maior ainda (por exemplo, entre os 15 e 20 e não entre os 11 e 15 anos) (...). A nossa hipótese é de que todos os indivíduos normais conseguem chegar, se não entre os 11-12 e 14-15 anos, em todo o caso entre os 15-20 anos, às operações e às estruturas formais, mas que o fazem em domínios diferentes, e estes domínios dependem das suas aptidões e das suas especializações profissionais (...) (1970/1971, 92-93).

De acordo com investigações entretanto realizadas [15], impõe-se, porém, a ideia de que nem todos os sujeitos "normais" acedem ao raciocínio formal, avaliado pelas provas piagetianas, em particular, ao *formal consolidado* (Machado, 2003b). Mas, por outro lado, é provável que alguns adultos transcendam o uso mais objectivo ou lógico (no sentido piagetiano) das competências formais, o que contribui ainda mais para a presença da diversidade interindividual. Apresentam, então, o que se tem designado por raciocínios pós-formais, sejam estes concebidos como forma de raciocínio *paralela* ou como forma *posterior* ao clássico raciocínio formal piagetiano (Marchand, 2001; 2002).

Face ao exposto, é legítimo aderir à tese que considera o modelo de Piaget como "um sistema aberto e pleno de potencialidades de alargamento" (Taborda Simões, 1992, 30). Aliás, essas potencialidades obrigam, em cada momento, a tomar em consideração o facto de as investigações sobre o desenvolvimento estarem de tal forma imbuídas da influência das concepções piagetianas que se torna, por vezes, difícil destrinçar onde começam as novas abordagens. Como refere Lourenço (1994), o impacto da teoria de Piaget é demasiado

---

que se proponham currículos alternativos, particularmente a partir do 7.º ano de escolaridade (Morgado, 1997).

[15] Para uma síntese destas investigações, veja-se Machado (1999).

omnipresente para ser notado. Tal parece resultar das características do próprio modelo que gera, ele mesmo, as condições necessárias ao seu alargamento, podendo este conduzir a um grau de perfeição mais elevado ou permitir a revisão de aspectos essenciais. "Trata-se, pois, de um sistema que, em certo sentido, parece garantir a sua própria revisibilidade" (Taborda Simões, 1992, 32) [16]. Uma, entre as várias possibilidades que o modelo piagetiano deixou em aberto, diz precisamente respeito à construção de uma *psicologia diferencial genética:* "tanto quanto é possível avaliar a este propósito, a possibilidade de construir uma psicologia diferencial genética não é de modo nenhum estranha à teoria piagetiana, antes lhe deve a sua existência" (Taborda Simões, 1992, 30). A concretização deste alargamento torna-se, no contexto em análise, particularmente significativa e parece ir ao encontro das interpretações que sugerem a *pluralidade* de *percursos individuais* dentro da construção operatória (Machado, 1999; 2003b).

No que diz respeito às mudanças cognitivas ao longo da vida, as análises acerca da construção do operatório formal permitem explorar a adequação do modelo piagetiano ao estudo dessas mudanças. E se assim é, deve salientar-se, em consonância com a tese das possibilidades de alargamento do referido modelo, o facto de uma dessas possibilidades se ter concretizado a partir da verificação de que os esquemas formais são adquiridos em idades diferentes por sujeitos diferentes (Longeot, 1969; 1978). Mais, recorrendo às noções de *factor geral* (que seriam as estruturas de conjunto no modelo

---

[16] Das possibilidades de alargamento da teoria piagetiana podem citar-se exemplos vários que vão desde os trabalhos sobre a aprendizagem das noções operatórias (*e. g.*, Ferreira da Silva, 1968; Bovet, 2004; Inhelder, Sinclair & Bovet, 1974; Morgado, 1988), ao desenvolvimento social da inteligência (*e. g.*, Doise & Mugny, 1981) e à construção da noção de tempo (*e. g.*, Montangero, 1977). Outras potencialidades estão traduzidas, por exemplo, nas investigações comparativas em psicologia genética. Umas assentam na aplicação da teoria piagetiana à patologia, outras põem em evidência a influência do meio no desenvolvimento cognitivo (Taborda Simões, 1992; Machado 2003b).

piagetiano) e de *factor de grupo* (ou aquisições regionais, traduzidas por desempenhos operatórios formais específicos de domínios particulares), Longeot confirma, para o raciocínio operatório formal, a existência de *um factor geral* (correspondente ao nível operatório do sujeito) e de *dois factores de grupo* (um associado à combinatória e outro ao grupo INRC) [17] (Machado, 1999). De salientar ainda é a observação de Longeot segundo a qual "a ordem de aquisição destes últimos variaria de indivíduo para indivíduo" (in Machado, 1999, 114).

Com base nas considerações anteriores, torna-se possível concluir que o estudo das mudanças cognitivas ao longo da vida é de contar entre as possibilidades de alargamento do modelo em análise.

2. 2. O raciocínio operatório formal como forma de raciocínio do adulto

Piaget estuda uma "abstracção", o *sujeito epistémico* (Piaget, 1968/1981; Vonèche, 1998), com o intuito de traçar o percurso de desenvolvimento intelectual que culminaria na capacidade do sujeito se envolver em raciocínios de tipo científico. Esta forma de raciocínio é possível graças à construção do raciocínio operatório formal que se inicia na adolescência, embora talvez só se desenvolva por completo no adulto. Independentemente da localização do formal consolidado numa ou noutra faixa etária (questão secundária em termos piagetianos), o que importar saber é se esta operacionalização da cognição permite caracterizar o raciocínio do adulto em todos os contextos. Papalia e Olds (1995), por exemplo, afirmam que se trata de uma "perspectiva estreita da cognição". Seja como for, essa operacionalização conta-se entre as mais significativas e distintivas de um raciocínio lógico complexo (mais específico dos adultos), mesmo não sendo suficiente para traduzir a especificidade do que se admite ser o

---

[17] Outros autores defendem que será mais adequado considerar três tipos de competências no formal: a combinatória, o grupo INRC e a proporcionalidade/probabilidade (Machado, 2003a).

"raciocínio de um adulto criativo" como, aliás, o exprimiu Piaget em obra póstuma:

> Se considerarmos, tal como sugere Pailhous, as condutas do adulto como 'um estádio particular do desenvolvimento', deveremos, porém, evitar qualificá-lo, como ele o faz, de 'estádio último' *(stade ultime)* e muito menos o poderemos definir (...) apenas pela contrução do pensamento 'formal'. Os diferentes estádios das condutas cognitivas, para falar apenas destas, são, com efeito, caracterizados pelas *invenções contínuas* de estruturas. (...) O pensamento formal do adolescente marca uma nova etapa mas, quando pensamos no adulto, impõe-se uma outra distinção fundamental (...). Para falar apenas dos extremos, temos, por um lado, o adulto 'acabado' *(arrivé)* que não inventa mais nada, mas utiliza e explora o que lhe foi ensinado, e podemos aceitar que, nesse caso, estamos perante um estádio 'último', embora já não se trate de estádio no sentido dos precedentes pois não há mais criatividade. Mas, no outro extremo, há o adulto criador em todos os domínios (...) (1987, 847).

Estas palavras de Piaget sugerem, sem dúvida, a possibilidade da construção cognitiva ao longo de toda a vida. Não alimentam, no entanto, ilusões acerca da concretização da mesma por todos os sujeitos. Nem o poderiam fazer, uma vez que qualquer teoria sólida prevê, precisamente, a impossibilidade de estipular à partida todas as concretizações sem, contudo, cair no *imprevisível epistemológico*, já que as próprias variabilidades podem ser previstas nos modelos que concebem o desenvolvimento cognitivo como um processo *multidimensional* e *multidireccional* (Baltes, Dittmann & Dixon, 1984).

2. 3. O desenvolvimento operatório ao longo da vida adulta

Nas décadas de 60 e 70 começaram a surgir estudos que procuravam determinar as capacidades cognitivas dos adultos com base em provas operatórias. Entre tais estudos, podem distinguir-se, por um lado, as avaliações realizadas com amostras clínicas para verificar o efeito de patologias degenerativas no desenvolvimento operatório e, por outro, as avaliações efectuadas com jovens adultos, adultos de meia-idade e idosos para validar a hipótese de que o raciocínio operatório formal constituiria o raciocínio típico do adulto (Blackburn & Papalia, 1992; Taborda Simões, 1990).

Nas investigações levadas a cabo com amostras clínicas, os resultados traduzem, em geral, uma deterioração significativa ao nível de diversas noções operatórias (*e. g.*, conservações, tempo e até mesmo permanência do objecto) nos adultos idosos com demência degenerativa (Blackburn & Papalia, 1992; Taborda Simões, 1990). Observou-se ainda que a desintegração parecia não afectar a operatividade de modo uniforme e homogéneo. Por exemplo, as operações sobre relações espaciais tendiam a deteriorar-se mais rapidamente do que as operações de tipo lógico-matemático — como refere Inhelder (1963) ao comentar os trabalhos clínicos sobre a desintegração operatória desenvolvidos no seguimento da publicação da sua tese [18].

Quanto às investigações com amostras da comunidade, em termos globais, os dados sugerem que, embora os jovens adultos e os adultos de meia-idade apresentem competências operatórias concretas nos domínios observados (*e. g.*, conservações e classificações), entre os idosos saudáveis (e não institucionalizados) muitos desempenhos eram de "não-conservação" e alguns apresentavam mesmo justificações similares às das crianças pré-operatórias. Resultados semelhantes — desempenhos nitidamente superiores nos adultos de meia-idade relativamente aos idosos — foram obtidos com provas de inclusão de classes e classificações múltiplas (Blackburn & Papalia, 1992). No entanto, estudos que recorreram a treinos ou situações de aprendizagem com idosos mostram uma rápida evolução na qualidade operatória das respostas e nas justificações, o que só pode ser interpretado como recuperação operatória e não propriamente como aprendizagem de novas estruturas [19].

---

[18] A sugestão da possibilidade de comparar o processo de desintegração operatória com o modo (inverso) da sua construção genética (Inhelder, 1963, xx), seria posteriormente contestada.

[19] Sobre os critérios de aprendizagem operatória, veja-se Morgado (1988). Quanto a Piaget, é conhecido o seu cepticismo em relação ao efeito directo ou linear do exterior para o interior do sujeito: "(...) a estrutura lógica

Nos casos em que foram utilizadas provas de raciocínio formal, as investigações, nomeadamente as que apareceram nas décadas de 70 e 80, embora mais escassas, sugerem também uma grande variabilidade na qualidade das respostas dos adultos, encontrando-se quer justificações operatórias concretas quer justificações operatórias formais (Blackburn & Papalia, 1992; Marchand, 1992). Uma vez que muitas dessas investigações utilizaram adultos jovens e adultos de meia-idade ainda inseridos na vida activa, não fazia sentido invocar, como aconteceu nos primeiros estudos, uma possível regressão operatória com o aumento de idade. Por outro lado, sabendo que só raramente mais de 50% dos sujeitos (adolescentes ou adultos) das amostras da comunidade apresentam raciocínios operatórios formais, os estudos transversais com idosos não podem pressupor, ao contrário do que por vezes se admitiu (Fontaine, 1999/2000), que estes sujeitos perderam tal capacidade operatória. Na verdade, nada indica que antes a possuíam. Investigações transversais não permitem, de facto, concluir acerca das competências anteriores dos idosos e, quando o fazem, podem estar a subvalorizar o efeito da escolarização (factor de desenvolvimento do raciocínio formal) que, em termos médios, tende a ser menos prolongada em sujeitos de idades mais avançadas (Berger, 2000; Blackburn & Papalia, 1992). Deve ainda admitir-se que, à semelhança do que se tem observado nas avaliações psicométricas— avaliações que apresentam, aliás, correlações significativas com as avaliações operatórias —, é provável que, pelo menos em alguns casos, a dita regressão operatória com a idade possa resultar não tanto do aumento da idade mas da conjugação de factores vários (*e. g.*, nível de educação, tipo de actividade que o adulto mantém, saúde física e psicológica) (Schaie & Willis, 1991; Stuart-Hamilton, 2002).

---

não resulta da experiência física (…). A estrutura lógica só é integrada por equilibração interna, por auto-regulação e o reforço externo (…) não é suficiente". Ou, mais ainda, "um estímulo é um estímulo apenas na medida em que se torna significativo e só se torna significativo no momento em que existe uma estrutura que o pode assimilar" (Piaget, 1964, 15-16).

Quanto ao argumento de que as medidas tradicionais estandardizadas, estando isentas da influência dos contextos de vida, não permitiriam captar benefícios que os adultos trariam da sua experiência e familiaridade com eventuais problemas, a ser válido, aplicar-se-á de igual modo às provas piagetianas tradicionais (Allaire & Markiske, 2002) [20]. E, com efeito, este tipo de questões tem sido também avaliado no contexto do modelo piagetiano.

Alguns autores têm procurado construir provas com uma estrutura semelhante às provas de Piaget, mas que, ao contrário destas, incluem materiais familiares aos adultos. Estão neste caso a "prova das plantas" e a "prova dos detergentes" [21] (Carretero, Palacios & Marchesi, 1998; Khun, Pennington & Leadbeater, 1983) aplicadas a donas de casa com baixo nível social e de escolarização. Trata-se de provas que apresentam problemas cuja resolução exige lidar com o controlo de variáveis (à semelhança das provas piagetianas do pêndulo ou das varetas flexíveis). Comparando os desempenhos de 41 donas de casa nas provas do pêndulo e das plantas, observou-se que, na primeira, o número de raciocínios operatórios formais era menor.

---

[20] O confronto entre as qualidades dos instrumentos tradicionais e as das mais recentes medidas de inteligência do dia a dia ultrapassa os objectivos deste trabalho. Importa, todavia, reconhecer que, para fins de intervenção (e. g., despistar idosos em situação de risco e que necessitem de serviços de apoio ou institucionalização), o recurso a ambos os tipos de avaliação (que, aliás, se sabe estarem relacionadas entre si) faz todo o sentido.

[21] Na "prova das plantas" apresentam-se quatro situações, duas com plantas saudáveis num vaso e duas com plantas doentes noutro vaso. As variáveis em causa para cada uma das quatro situações são o tamanho do vaso que contém água, a presença ou a ausência de vitaminas, o adubo claro ou o adubo escuro e ainda a presença ou a ausência de óleo para folhas. O problema consiste em identificar qual será o estado de saúde das plantas em duas novas situações em que são apresentadas as condições em jogo (i. e., tamanho do vaso, presença ou ausência de vitaminas e tipo de adubo). A "prova dos detergentes" tem uma estrutura similar, jogando agora com o efeito sobre nódoas de supostos detergentes químicos com designação fictícia para evitar a influência de crenças prévias (Carretero, Palacios & Marchesi, 1998).

Todavia, estudos complementares (*e. g.*, confronto entre a "prova das plantas", a "prova dos detergentes" e questionários complementares) sugerem que não é a familiaridade em si mesma que justifica a maior frequência de desempenhos de nível operatório de complexidade superior, mas antes a interferência (ou não) de crenças prévias acerca dos fenómenos [22] (Carretero, Palacios & Marchesi, 1998).

O desenvolvimento destas provas alternativas às provas operatórias clássicas não serve assim para confirmar a tese de que seria a natureza da prova a penalizar os sujeitos adultos. No entanto, sugere que, à semelhança do que se observou em adolescentes escolarizados, também nos adultos a influência do material é, de facto, um factor relevante e, ainda, que a diversidade na qualidade operatória é a norma (ausência de raciocínio formal, formal emergente e formal consolidado). Além disso, sugere que são escassas as diferenças entre o raciocínio formal que aparece entre os 15-20 anos e o raciocínio que se observa ao longo da vida adulta (com excepção para os idosos). Parece confirmar-se progressivamente a ideia de Piaget (1970/1971), que não foi na altura muito desenvolvida, de que o recurso espontâneo a estratégias complexas de raciocínio (i. e., o operatório formal) não ocorre em todos os sujeitos e, quando se verifica, é influenciado pelo domínio de especialidade dos mesmos. Ou seja, "tudo parece ir na direcção dos actuais estudos cognitivos que incidem no confronto entre *experts* e *novice* e que mostram que a solução de problemas complexos requer não só capacidades inferenciais — que foram caracterizadas como pensamento formal — mas também redes conceptuais ou informação específica" (Carretero, Pozo & Asensio, 1989, 24).

Estas novas provas operatórias não contemplam, porém, conteúdos sócio-relacionais, embora estes sejam, para diversos inves-

---

[22] O que justificaria a superioridade da complexidade dos raciocínios observados, com os mesmos sujeitos, na "prova dos detergentes" relativamente à "prova das plantas". Nesta última, com efeito, alguns sujeitos deixavam de fazer uma leitura objectiva das variáveis para responderem de acordo com o que julgavam efectivo (fosse o efeito do adubo ou das vitaminas, por exemplo).

tigadores, os conteúdos em que a experiência de vida adulta traria vantagens sobre os sujeitos mais novos. Nas abordagens operatórias, tais vantagens têm sido invocadas para justificar a operacionalização do chamado raciocínio pós-formal.

Kuhn, Pennington e Leadbeater (1983) desenvolveram uma investigação que parece conseguir captar as alterações qualitativas nos desempenhos operatórios dos adultos, criando para tal problemas apelativos, com forte componente sócio-relacional e cuja interpretação implica ter em consideração múltiplos factores. Trata-se de situações de júri (situações em que qualquer adulto norte-americano tem probabilidades de vir a participar), nas quais o sujeito terá de estabelecer raciocínios de inferência causal (com exigência de interpretação e exclusão de uma série de variáveis) e, simultaneamente, considerar os contextos de referência de cada situação. A análise das respostas permite distinguir diversos níveis de complexidade, tanto em termos da inferência causal como do relativismo. Mostra também uma grande variabilidade individual entre os adultos entrevistados. A viabilidade deste tipo de análises merece destaque, na medida em que consegue elucidar alterações desenvolvimentais específicas nos desempenhos operatórios ao longo da vida adulta [23], evitando assim as meras descrições gerais. Parece, no entanto, que este tipo de investigações não encontrou muitos seguidores.

Na base da descrição de uma forma de raciocínio operatório para além do formal esteve, entre outras, a tentativa de apreender as especificidades do raciocínio operatório do adulto com maturidade, especificidades estas que o modelo clássico de Piaget não apreenderia (nem pretendia, em boa verdade, apreender). Partiu-se da afirmação de que, "(...) em contraste com o desenvolvimento das crianças e adolescentes, que é caracterizado por uma orientação para o exterior e

---

[23] As respostas dos adultos foram também comparadas com as de alunos entre o sexto e o décimo segundo anos. Nestes últimos, observou-se igualmente uma substancial variabilidade interindividual que foi relacionada com o aumento da idade (Kuhn, Pennington & Leadbeater, 1983).

para a aquisição de normas e padrões culturais, a maturação durante a vida adulta é mais adequadamente caracterizada por uma orientação para o interior" (Labouvie-Vief, Chiodo, Goguen & Orwoll, 1995, 404). Quer isto dizer que os juízos do adulto com maturidade reflectem uma reflexão pessoal acerca da vida, imbuída de uma progressiva integração de factores contextuais, históricos e emocionais que dificilmente poderiam estar presentes em sujeitos mais novos.

A progressiva integração de cada vez mais factores na interpretação de problemas ou situações que envolvem outros (e não objectos) levou a diversas operacionalizações do que seria o desenvolvimento do raciocínio no adulto, após a construção do operatório formal. Surgem então propostas que parecem ter apostado na inovação em lugar de procurarem traçar um percurso desenvolvimental coerente e claro. É neste sentido que se compreende a diversidade de designações do raciocínio pós-formal que, para uns, é um *pensamento dialéctico* (*e. g*., Basseches, 1984; Riegel, 1975) e, para outros, uma *descoberta de novos problemas* (*e. g*., Arlin, 1975; 1984; 1989; 1990) ou um *pensamento relativista* (*e. g*., Kahlbaugh & Kramer, 1995; Kramer, 1990; Perry, 1970; Sinotte, 1989), entre outras opções (Lourenço, 1997; Machado, 1999; Marchand, 2001; 2002). Todas estas designações pretendem, no essencial, dar conta das eventuais mais-valias que a experiência de vida traria para os desempenhos operatórios e que se traduzem, nos casos referidos, na aceitação e integração da contradição [24] (i. e. na procura de conciliação entre perspectivas opostas, entre abordagens lógicas e abordagens emotivas e considerando a influência de cada contexto).

A definição de raciocínio pós-formal — que assenta nas ideias de aceitação da contradição e consciência do relativismo, ou seja, em

---

[24] Subjacente a esta noção encontra-se a ideia, talvez mais difundida sobre o pós-formal, da relatividade dos pontos de vista ou da inexistência de verdades absolutas. Todavia, esta interpretação tem dado azo a alguns excessos e erros que se baseiam na afirmação, supostamente derivada da teoria de Einstein, de que "tudo é relativo", quando, na verdade, como tem o cuidado de salientar Marchand (2002), o que se deveria extrair da divulgação da teoria da relatividade é que "algumas coisas são invariantes".

ideias que descrevem "uma forma de conhecimento que provém de grande número de experiências de vida relativamente ricas, dilemáticas e complexas, como acontece com muitas das experiências vividas pelo adulto" (Lourenço, 1997, 403) — não pode, por si só, justificar que se trate de uma forma operatória mais complexa do que o pressuposto na definição piagetiana de operatório formal. Tratar-se-á antes, nos casos citados, de um desenvolvimento inerente ao sujeito individual, uma especialização das competências operatórias (formais, neste caso), fenómeno aliás já previsto por Piaget (1970/1971). Mas também a ideia da integração, na vida adulta, das dimensões afectivas nas dimensões da razão, integração que favorece um conhecimento mais adaptado à realidade, foi intuída por Piaget que a considera conseguida após a inserção do sujeito no mundo do trabalho:

> A verdadeira adaptação à sociedade far-se-á finalmente de forma automática quando de reformador o adolescente se torna realizador. Tal como a experiência reconcilia o pensamento formal com a realidade das coisas, também o trabalho efectivo e seguido, uma vez empreendido numa situação concreta e bem definida, cura todos os devaneios. (...) Vimos como estas construções sucessivas (leia-se, construções operatórias, desde o sensório-motor ao formal) consistiram incessantemente em descentrar o ponto de vista imediato e egocêntrico de partida, para o situar numa coordenação cada vez mais lata de relações e de noções (...). Ora, paralelamente a esta elaboração intelectual, vimos a afectividade libertar-se a pouco e pouco do eu para se submeter, graças à reciprocidade e à coordenação dos valores, às leis da cooperação. (...). Mas a afectividade nada é sem a inteligência, que lhe fornece os meios e aclara os objectivos. (...) na realidade, a tendência mais profunda de toda a actividade humana é a marcha para o equilíbrio e a razão, que exprime as formas superiores deste equilíbrio, reúne em si a inteligência e a afectividade (1964/1983, 100-102).

Dever-se-á notar ainda que esta mais completa adaptação das competências operatórias formais aos contextos de vida (ou seja, o seu eventual alargamento para além das tarefas que lidam com fenómenos físicos) não estará forçosamente associada aos idosos, mas será antes uma característica do pensamento do adulto no seu apogeu (entre os

40-50 anos para as amostras analisadas) (Labouvie-Vief, 1992; 1997; Labouvie-Vief, Chiodo, Goguen & Orwoll, 1995) [25]. O facto de tal ter sido documentado em alguns estudos com idosos parece justificar-se mais pela noção de estabilidade do que pela hipótese de que só tardiamente seria construída. Esta ideia é reforçada em estudos que, incidindo especificamente no desenvolvimento da *sabedoria* (Marchand, 2001), encontram desempenhos idênticos nos jovens adultos e nos idosos e desempenhos superiores nos sujeitos de meia--idade. Porém, os estudos sobre o pós-formal, assim como acerca do desenvolvimento da sabedoria, não parecem ter conseguido ainda traduzir, numa operacionalização coesa, os desenvolvimentos que se verificariam ao longo da vida adulta. Para além da escassez de trabalhos, os que existem parecem ter passado à margem da possibilidade de captar a especificação de uma forma operatória de raciocínio (o formal) que seria construída sobretudo pela experiência de vida e que, não sendo forçosamente desenvolvida por todos, estaria justificada em termos epistémicos.

Conclusões

A investigação sobre as mudanças operatórias ao longo da vida tem vindo a ganhar terreno, embora a um ritmo talvez demasiado lento. São, com feito, ainda escassos os estudos contemporâneos que tomam tais mudanças como objecto de análise, em particular os que aos sujeitos mais idosos se referem. Compreende-se até certo ponto que assim aconteça dada a dificuldade, maior para a última fase da vida, em identificar os casos nos quais patologias de ordem orgânica interferem no funcionamento cognitivo, sendo que essa interferência invalidaria logo à partida uma análise desenvolvimental. De qualquer modo, a possibilidade de integrar o estudo destes mesmos casos no modelo piagetiano continua a fazer sentido. Na verdade, a avaliação

---

[25] Lourenço (1997) revê também alguns trabalhos empíricos que apontam no mesmo sentido.

de sujeitos idosos com base em provas operatórias, nomeadamente as de nível operatório concreto que se apresentam menos sensíveis ao factor escolarização, pode contribuir para diagnosticar eventuais patologias. Por exemplo, desempenhos de nível pré-operatório tendem, independentemente da idade daqueles sujeitos, a ser interpretados como indicativos de deterioração mental (Picone & Maglio, 1993).

De salientar é o facto de os estudos mais recentes especificarem, em termos de desempenhos operatórios formais, algumas mudanças típicas do adulto. Embora não invalidem nem substituam a clássica definição de raciocínio formal, o certo é que apontam para particularidades que, no essencial, são construídas na vida adulta e a seguir, nos casos em que essa construção se verifica, aperfeiçoadas sensivelmente até à maturidade cujo termo quase sempre se associa à meia idade. A par de semelhantes particularidades surgem, nos conjunto dos referidos estudos, argumentos favoráveis à tese da variabilidade interindividual. Assim sendo, torna-se legítimo esperar que, nos sujeitos reais se encontrem tanto adultos com raciocínios predominantemente operatórios concretos como adultos com raciocínios de nível formal, podendo ainda estes últimos distinguir-se quanto ao grau de consolidação do formal. Por outro lado, a refutação da inevitabilidade das perdas cognitivas com a idade tem vindo a ser fortalecida por dados entretanto recolhidos a propósito da regressão nos desempenhos operatórios de sujeitos adultos e idosos. Ao que tudo indica, tratar-se-á de uma regressão que, não sendo senão aparente, se explica à luz de factores relacionados com a educação, a profissão e a saúde (Blackburn & Papalia, 1992).

Em suma, os estudos sobre as mudanças cognitivas ao longo da vida adulta realizados sob inspiração do modelo piagetiano apresentam resultados cuja relevância não é de minimizar. Seja como for, continua a ser necessário ir mais longe e explorar todas as potencialidades que este modelo encerra quer em termos conceptuais quer em termos metodológicos.

Referências bibliográficas

Allaire, J. C. & Marsiske, M. (1999). Everyday cognition: Age and intellectual ability correlates. *Psychology and Aging, 14* (4), 627-644.

Allaire, J. C. & Marsiske, M. (2002). Well- and ill-defined measures of everyday cognition: Relationship to older adults' intellectual ability and functional status. *Psychology and Aging, 17* (1), 101-115.

Anastasi, A. (1990). *Psychological testing* (6th ed.). New York: Macmillan Publishing Company.

Arlin, P. (1975). Cognitive development in adulthood. A fifth stage? *Development al Psychology,* 11, 602-606.

Arlin, P. (1984). Adolescent and adult thought: A structural interpretation. In M. Commons, F. Richards & C. Armon (Eds.), *Beyond formal operations* (pp. 258-271). New York: Praeger.

Arlin, P. (1989). Problem-solving and problem finding in young artists and youg scientists. In M. Commons, J. Sinnott, F. Richards & C. Armon (Eds.), *Adult development* (vol. 1, pp. 197-216). Westport: Praeger.

Arnett, J. J. (2000). Emerging adulthood. A theory of development from the late teens through the twenties. *American Psychologist, 55* (5), 469-480.

Baltes, P. B. (1979). Life-span developmental psychology: Some converging observations and theory. In P. Baltes & O. Brim (Eds.), *Life-span development and behavior* (vol. 2, pp. 255-279). New York: Academic Press.

Baltes, P. B., Dittmann, F. & Dixon, R. A. (1984). New perspectives on the development of intelligence in adulthood. In P. Baltes & O. Brim (Eds.), *Life-span development and behavior* (vol. 6, pp. 33-76). New York: Academic Press.

Baltes, P. B., Reese, H. W. & Lipsitt, L. P. (1980). Life-span developmental psychology. *Annual Review of Psychology, 31,* 65-110.

Berg, C. & Calderone, K. S. (1994). The role of problem interpretations in understanding the development of everyday problem solving. In R. J. Sternberg & R. K. Wagner (Eds.), *Mind in context. Interactionist perspectives on human intelligence* (pp. 105-132). New York: Cambridge University Press.

Berg, C. & Sternberg, R. J. (1992). Adults' conceptions of intelligence across the adult life span. *Psychology and Aging, 7* (2), 221-231.

Berger, K. S. (2000). *Psychologie du développement* Québec: Modulo.

Blackburn, J. A. & Papalia, D. E. (1992). The study of adult cognition from a Piagetian perspective. In R. J. Sternberg & C. A. Berg (Eds.), *Intelectual development* (pp. 141-160). New York: Cambridge University Press.

Bachesses, M. (1984). *Dialectical thinking and adult development.* New Jersey: Norwood.

Bovet, M. (2004). Aprendizagem das estruturas lógicas: Investigações piagetianas. *Psychologica, 35*, 183-201.

Bringuier, J.-C. (1978). *Conversando com Jean Piaget.*(M. J. Guedes, Trad.). Rio de Janeiro: Difel. (Original publicado em 1977).

Cariou, M., Troy, F. & Serfaty, D. (1992). Vieillissement, crise d'identité et détérioration intellectuelle. *Bulletin de Psychologie, XLV* (404), 9-13.

Carretero, M., Pozo, J. I. & Asensio, M. (1989). *La enseñanza de las Ciencias Sociales.* Madrid: Visor.

Carretero, M., Palacios, J. & Marchesi, A. (Org.). (1998). *Psicologia evolutiva. 3. Adolescencia, madurez y senectud.* Madrid: Alianza Editorial.

Carstensen, L. (1992). Social and emotional patterns in adulthood: Support for socioemotional selectivity theory. *Psychology and Aging, 7* (3), 331-338.

Cole, M., Cole, S. R. & Lightfoot, C. (2005). *The development of children* (5th ed.). New York: Worth Publishers.

Diehl, M. & Willis, S. (2003). Everyday competence and everyday problem solving in aging adults: The role of physical and social context. In H.-W. Wahl, R. Scheidt & P. Windley (Eds.), *Annual Review of Gerontology and Geriatrics* (vol. 23, pp. 130-166). New York: Springer.

Dixon, R. A. & Cohen, A.-L. (2003). Cognitive development in adulthood. In R. Lerner, M. A. Easterbrooks & J. Mistry (Eds.), *Handbook of psychology* (vol 6: *Developmental psychology*). New Jersey: John Wiley & Sons.

Doise, W. & Mugny, G. (1981). *Le développement social de l'intelligence.* Paris: Inter-Éditons.

Fernández-Ballesteros, R. (1998). Hacia una vejez competente: Un desafio a la ciencia y a la sociedad. In M. Carretero, J. Palacios & A. Marchesi (Org.), *Psicologia evolutiva. 3. Adolescencia, madurez y senectud* (pp. 239-258). Madrid: Alianza Editorial.

Ferreira da Silva, J. (1968). *Aprendizagem de uma estrutura operatória formal. Com um estudo introdutório sobre os modelos na psicologia da inteligência.* Dissertação de doutoramento não publicada. Faculdade de Letras, Universidade de Coimbra.

Fontaine, R. (2000). *Psicologia do envelhecimento* (J. Nunes de Almeida, Trad.). Lisboa: Climepsi. (Original publicado em 1999).

Fung, H., Carstensen, L. & Lutz, A. (1999). Influence of time on social preferences: Implications for life-span development. *Psychology and Aging, 14* (4), 595-604.

Goldhaber, D. E. (2000). Life span cohort perspectives. In D. E. Goldhaber. *Theories of human development. Integrative perspective* (pp. 303-324). Mountain View: Mayfield Publishing Company.

Inhelder, B. (1954). Les attitudes expérimentales de l'enfant et de l'adolescent. *Bulletin de Psychologie, 7* (5), 272-282.

Inhelder, B. (1963). *Le diagnostique du raisonnement chez les débiles mentaux* (2ème ed.). Neuchâtel: Delachaux et Niestlé.

Inhelder, B. (1988-89). Du sujet épistémique au sujet psychologique. *Bulletin de Psychologie, XLII* (390), 466-467.

Inhelder, B., Ackermann-Valladao, E., Blanchet, A., Karmiloff-Smith, H., Kilcher-Hagedorn, H., Montangero, J. & Robert, M. (1976). Des structures cognitives aux procédures de découverte. *Archives de Psychologie, XLIV* (171), 57-72.

Inhelder, B., Sinclair, H. & Bovet, M. (1974). *Apprentissage et structures de la connaissance.* Paris: PUF.

Kahlbaugh, P. & Kramer, D. (1995). Brief report: Relativism and identity crisis in youg adulthood. *Journal of Adult Development, 2,* 63-70.

Kramer, D. (1990). Conceptualizing wisdom: The primacy of affect--cognition relations. In R. Sternberg (Ed.), *Wisdom – Its nature, origins, and development* (pp. 279-309). Cambridge: Cambridge University Press.

Kuhn, D., Pennington, N. & Leadbeater, B. (1983). Adult thinking in developmental perspective. In P. Baltes & O. Brim (Eds.), *Life-span development and behavior* (vol. 5, pp. 157-195). New York: Academic Press.

Labouvie-Vief, G. (1992). A neo-piagetian perspective on adult cognitive development. In R. S. Sternberg & C. Berg (Eds.), *Intellectual development* (pp. 197-228). New York: Cambridge University Press.

Labouvie-Vief, G. (1997). Cognitive-emotional integration in adulthood. In K. W. Schaie & M. P. Lawton (Eds.), *Annual Review of Gerontology and Geriatrics* (vol. 1, pp. 206-237). New York: Springer.

Labouvie-Vief, G., Chiodo, L., Goguen, M. D. & Orwoll, L. (1995). Representations of self across the life span. *Psychology and Aging, 10* (3), 404-415.

Lagache, D. (1978). *A unidade da psicologia* (C. Felgueiras, Trad.). Lisboa: Ed. 70. (Original publicado em 1949).

Lang, F. R. & Carstensen, L. (2002). Time counts: Future perspective, goals, and social relationships. *Psychology and Aging, 17* (1), 125-139.

Larivée, S. (1986). Le développement du shème des corrélations chez les adolescents et les jeunes adultes. *Revue des Sciences de l'Éducation, XII* (2), 233-250.

Lautrey, J. (1979/80). La variabilité intra individuelle du niveau du développement opératoire et ses implications théoriques. *Bulletin de Psychologie, 33*, 685-698.

Lehalle, H. & Mellier, D. (2002). *Psychologie du développement. Enfance et adolescence*. Paris: Dunod.

Longeot, F. (1969). *Psychologie différentielle et théorie opératoire de l'intelligence*. Paris: Dunod.

Longeot, F. (1978). *Les stades opératoires de Piaget et les facteurs de l'intelligence*. Grenoble: P.U.G.

Lourenço, O. (1994). *Além de Piaget? Sim, mas devagar!...* Coimbra: Almedina.

Lourenço, O. (1997). *Psicologia de desenvolvimento cognitivo. Teoria, dados e implicações*. Coimbra: Almedina.

MacDonald, S. W. S., Dixon, R. A. & Cohen, A.-L. (2004). Biological age and 12-year cognitive change in older adults: Findings from the Victoria longitudinal study. *Gerontology, 50* (2), 64-81.

Machado, T. S. (1999). *O raciocínio operatório formal: Análise do seu estatuto no desenvolvimento*. Dissertação de doutoramento não publicada. Faculdade de Psicologia e de Ciências da Educação, Universidade de Coimbra.

Machado, T. S. (2003a). Raciocínio operatório formal: O que se mantém da original definição piagetiana? *Psychologica, 32,* 147-169.

Machado, T. S. (2003b). Investigações interculturais de cariz piagetiano. *Análise Psicológica, 2* (XXI), 201-212.

Marchand, H. (1992). Em torno do operatório formal. *Revista Portuguesa de Psicologia, 28*, 205-226.

Marchand. H. (2001). *Temas de desenvolvimento psicológico do adulto e do idoso*. Coimbra: Quarteto.

Marchand, H. (2002). Em torno do pensamento pós-formal. *Análise Psicológica, XX* (2), 191-202.

Montangero, J. (1977). *La notion de durée chez l'enfant de 5 à 9 ans*. Paris: PUF.

Montangero, J. & Maurice-Naville, D. (1994). *Piaget ou l'intelligence en marche*. Liège: Mardaga.

Morgado, L. M. (1988). *Aprendizagem operatória da conservação das quantidades numéricas*. Coimbra: INIC.

Morgado, L. M. (1997). Construtivismo, aprendizagem operatória e diversificação curricular: Pistas para um debate. *Revista Portuguesa de Psicologia, 32*, 21-33.

Morse, C. K. (1993). Does variability increase with age? An archival study of cognitive measures. *Psychology and Aging, 8* (2), 156-164.

Newman, B. & Newman, P. (2003). *Development through life. A psychosocial approach* (8th ed.) : Thomson Wadsworth.

Papalia, D. & Olds, S. W. (1995). *Human Development*. New York: McGraw Hill.

Perry, W. (1970). *Forms of intellectual and ethical development in the college years*. New York: Holt, Rinehart and Winston.

Piaget, J. (1964). Development and learning. In R. E. Ripple & V. W. Rockcastle (Eds.), *Piaget rediscovery*. New York: Cornell University.

Piaget, J. (1994). Science of education and the psychology of the child. In S. P. Ligth & M. Woodhead (Eds.), *Learning to think* (3rd ed.). London, New York: Routledge. (Original publicado em 1969).

Piaget, J. (1971). A evolução intelectual entre a adolescência e a maturidade (J. Ferreira da Silva, Trad.). *Revista Portuguesa de Pedagogia, 5*, 83-95. (Original publicado em 1970).

Piaget, J. (1981). *O estruturalismo* (F. P. Tomaz, Trad.). Lisboa: Moraes. (Original publicado em 1968).

Piaget, J. (1983). *Seis estudos de psicologia* (Nina Pereira, Trad.). Lisboa: D. Quixote. (Original publicado em 1964).

Piaget, J. (1986). *O nascimento da inteligência na criança* (M. L. Lima, Trad.). Lisboa: D. Quixote. (Original publicado em 1936).

Piaget, J. (1987). Les conduites de l'adulte. Introduction. In J. Piaget, P. Mounoud & J.-P. Bronckart (Dir.), *Psychologie, Encyclopédie de la Pléiade* (pp. 847-852). Paris: Gallimard.

Picone, L. & Maglio, L. (1993). L'évaluation des compétences cognitives chez la personne âgée. In J. Montangero (Dir.), *Psychologie de la personne âgée* (pp. 179-197). Paris: PUF.

Quaresma, M. L. B. (2000). Gerontologia. In AAVV *Enciclopédia Luso--Brasileira de Cultura,* Ed. séc. XXI (vol. 13). Lisboa/São Paulo: Verbo.

Rexand-Galais, F. (2003). *Psychologie et psychopathologie de la personne âgée.* Paris: Vuibert.

Rigel, K. (1975). Toward a dialectical theory of human development. *Human Development,* 18, 50-64.

Rubinstein, R. & Medeiros, K. (2003). Ecology and the aging self. In H.-W. Wahl, R. Scheidt & P. Windley (Eds.), *Annual Review of Gerontology and Geriatrics* (vol. 23, pp. 59-84). New York: Springer.

Salthouse, T. A. (1991). Age-related changes in basic cognitive processes. In M. Storandt & G. R. VandenBos (Eds.), *The Adult Years: Continuity and change* (pp. 9-39). Washington D.C.: A.P.A.

Schaie, K. W. (1977). Quasi-experimental research designs in the psychology of aging. In J. E. Birren & K. W. Schaie (Eds.), *Handbook of the psychology of aging* (pp. 39-58). New York: Van Nostrand Reinhold Company.

Schaie, K. W. (1983). The Seattle longitudinal study: A 21-year exploration of psychometric intelligence in adulthood. In K. W. Schaie (Ed.), *Longitudinal studies of adult psychological development* (pp. 64-135). N.Y., London: Guilford Press.

Schaie, K. W. & Willis, S. L. (1991). *Adult development and aging* (3rd ed.). New York: Harper Collins.

Simões, A. (1990). Alguns mitos respeitantes aos idosos. *Revista Portuguesa de Pedagogia, XXIV,* 109-121.

Sinnott, J. (1989). Life-span relativistic postformal thought: Methodology and data from everyday problem-solving studies. In M. Commons, J. Sinnott, F. Richards & C. Armon (Eds.), *Adult development* (vol. 1, pp. 239-269). Westport: Praeger.

Stuart-Hamilton, I. (2002). Intellectual changes in late life. In R. T. Woods (Ed.), *Psychological problems of ageing. Assessment, treatment and care* (pp. 27-47). Chichester: John Wiley & Sons.

Taborda Simões, M. C. (1990). Aplicações da teoria piagetiana à investigação em patologia. *Revista Portuguesa de Psicologia, 26,* 173-222.

Taborda Simões, M. C. (1992). *O diálogo sujeito-objecto na produção de novas coordenações cognitivas.* Lisboa: Rumo.

Taborda Simões, M. C. (2002). A psicologia na obra de Jean Piaget. *Psychologica, 29,* 89-111.

Vonèche, J. (1998). Piaget se serait-il trompé? *Bulletin de Psychologie, 51* (3), 265-272.

Woods, R. T. (2002). Psychological assessment of older people. In R. T. Woods (Ed.), *Psychological problems of ageing. Assessment, treatment and care* (pp. 219-252). Chichester: John Wiley & Sons.

Yanguas, J. J. (2004). Calidad de vida relacionada com la salud en personas mayores: aproximación conceptual, evaluación e implicación en gerontologia. *Rev. Esp. Geriatr. Gerontol., 39* (3), 54-66.